"十四五"职业教育国家规划教材

成本计算与管理

CHENGBEN JISUAN YU GUANLI （第三版）

新准则 新税率

主　编　舒文存　谷小城
副主编　陈东升　程　竞　蔡成武
参　编　张智慧　李　玲　侯宝亮

新形态
教材

本书另配：教学课件
课程标准
参考答案

中国教育出版传媒集团
高等教育出版社·北京

内容提要

本书是"十四五"职业教育国家规划教材。

本书以习近平新时代中国特色社会主义思想为指导，全面贯彻落实党的二十大精神。本书共有十二个项目：成本计算认知、生产费用的核算、辅助生产费用的核算、制造费用和生产损失的核算、生产费用在完工产品与在产品之间的分配、产品成本计算方法认知、产品成本计算的品种法运用、产品成本计算的分批法运用、产品成本计算的分步法运用、产品成本计算的辅助方法运用、成本报表编制与分析、成本控制。为了利教便学，本书另配有《成本计算与管理学习指导、习题与项目实训》（第三版）、课程标准、教学课件、习题与项目实训答案等。

本书既可作为高等职业院校大数据与会计专业学生用书，也可作为在职会计人员培训及企业管理人员参考用书，同时还可以作为1＋X业财税融合成本管控技能等级证书培训用书。

图书在版编目(CIP)数据

成本计算与管理 / 舒文存，谷小城主编. —3 版
. —北京：高等教育出版社，2023.8
ISBN 978 - 7 - 04 - 059887 - 2

Ⅰ.①成… Ⅱ.①舒… ②谷… Ⅲ.①成本计算-高等职业教育-教材 Ⅳ.①F231.2

中国国家版本馆 CIP 数据核字(2023)第 130483 号

策划编辑	毕颖娟	责任编辑	蒋 芬 张文博	封面设计	张文豪	责任印制 高忠富

出版发行	高等教育出版社	网 址	http://www.hep.edu.cn	
社 址	北京市西城区德外大街 4 号		http://www.hep.com.cn	
邮政编码	100120	网上订购	http://www.hepmall.com.cn	
印 刷	上海叶大印务发展有限公司		http://www.hepmall.com	
开 本	787mm×1092mm 1/16		http://www.hepmall.cn	
印 张	15.75	版 次	2014 年 2 月第 1 版	
			2023 年 8 月第 3 版	
字 数	396 千字			
购书热线	010 - 58581118	印 次	2023 年 8 月第 1 次印刷	
咨询电话	400 - 810 - 0598	定 价	35.00 元	

第三版前言

本书是"十四五"职业教育国家规划教材。

"成本计算与管理"课程是大数据与会计专业群课程体系中的一个重要组成部分,是大数据会计专业群继"基础会计""财务会计"课程后开设的一门专业课程。它是一门以制造业为主,与企业单位会计岗位紧密联系的课程,也是一门实践性、技术操作性较强的课程。学好"成本计算与管理"课程是学生走向社会、胜任会计岗位工作的看家本领之一。

2023年5月,国家发改委等部门联合发布《关于做好2023年降成本重点工作的通知》,要求以习近平新时代中国特色社会主义思想为指导,全面贯彻落实党的二十大精神,坚持稳中求进工作总基调,完整、准确、全面贯彻新发展理念,加快构建新发展格局,着力推动高质量发展,更好统筹经济社会发展,大力推进降低实体经济企业成本,支持经营主体纾困发展,助力经济运行整体好转。为加强企业产品成本核算,保证产品成本信息真实、完整,促进企业和经济社会的可持续发展,财政部2013年8月16日下发通知,自2014年1月1日起在除金融保险业以外的大中型企业范围内施行《企业产品成本核算制度(试行)》,鼓励其他企业执行。后来,财政部又陆续印发了《企业产品成本核算制度——石油石化行业》(财会〔2014〕32号)、《企业产品成本核算制度——钢铁行业》(财会〔2015〕20号)、《企业产品成本核算制度——煤炭行业》(财会〔2016〕21号)、《企业产品成本核算制度——电网经营行业》(财会〔2018〕2号)、《企业产品成本核算制度——油气管网行业》(财会〔2021〕21号)等文件。

为全面贯彻党的二十大精神,全面反映上述最新文件精神,满足大数据会计类专业教学需要,我们根据高等职业院校大数据与会计类专业教学标准的要求,依据财政部颁布的《企业会计准则》以及《企业产品成本核算制度(试行)》,采用校企合作模式对原书进行修订。

本书特色如下:

1. 课程思政,立德树人

培养德智体美劳全面发展的社会主义建设者和接班人,注重学生世界观、人生观和价值观的塑造,加强学生职业素养的培养。

2. 与时俱进,内容最新

根据最新的行业发展和教学改革精神进行编写,增加了2018—2022年国家相关制度的规定,确保内容始终与当今社会最新发展保持一致。

3. 理论够用,注重实用

根据高等职业教育的特点,按照职业岗位培养目标的要求,融"教、学、做"于一体进行编写,内容通俗易懂,由浅入深,循序渐进,利于学生理论知识的学习和实操技能的培养。

4. 体例新颖,形式活泼

每个项目都设有【职业能力目标】【典型工作任务】【任务引例】【知识准备与业务操作】【引

例解析】【做中学】【工作任务】【项目小结】栏目,双色设计,重点突出,体例新颖,形式活泼,有利于吸引学生的学习兴趣,更好地学习相关知识。

5. 业财融合,学做合一

注重业财融合与成本管控的结合,强调成本核算与成本管理的融合,注重讲解成本信息在企业经营控制与管理决策中的运用,学做合一。

6. 典型案例,以案为鉴

增加了真实企业的成本核算与管理案例,将抽象的成本计算与管理理论融入现实企业的真实业务中,生成适宜教学的典型案例,深入浅出地展示教学内容,利于业务操作。

7. 资源丰富,利教便学

为了利教便学,部分学习资源以二维码形式提供在相关内容旁,可扫描获取。此外,我们精心设计了大量例题,另配套有《成本计算与管理学习指导、习题与项目实训》(第三版),与本书结合使用;本书另配有教学课件、课程标准、习题与项目实训参考答案等教学资源,供教师教学使用。

本次修订由安徽工商职业学院舒文存、谷小城担任主编,湖南信息职业技术学院陈东升、安徽国际商务职业学院程竞、志邦家居股份有限公司蔡成武担任副主编,安徽工商职业学院张智慧、李玲、侯宝亮参与了编写。具体分工如下:舒文存、程竞编写项目一、项目三,张智慧编写项目二、项目十一,陈东升编写项目四、项目十二,李玲编写项目六、项目七,侯宝亮编写项目八、项目九,蔡成武编写项目五、项目十。全书由舒文存总纂定稿,谷小城参与全书框架和体例的制订。本次修订过程中,我们参考了大量的资料,也得到了北京工商大学博士生导师谢志华教授和湖南中德安普大数据网络科技有限公司谭秋云董事长的指导。自 2014 年本书第一版出版以来,我们得到了很多院校一线教师给予的宝贵的意见和建议,在此一并表示感谢。

本书为舒文存主持的国家级财经类双师师资培养培训基地和 2023 年安徽省高校哲学社会科学重大研究项目的阶段性成果之一。同时本书也是主编谷小城主持的 2022 年职业教育国家在线精品课程"Excel 在会计中的应用"的应用成果。

因编者水平有限,书中难免有疏漏之处,恳请读者批评指正。

编　者
2023 年 7 月

目　录

项目一　成本计算认知

项目一思政案例导入

◇ **职业能力目标**

1. 认知成本的内涵和作用。
2. 了解成本核算的对象、职能和成本会计组织的构成。
3. 熟悉成本核算的要求,能根据业务资料进行成本费用的分类与归属。
4. 掌握成本核算的一般程序和账务处理,能设置、登记与成本核算相关的账户。

◇ **典型工作任务**

成本的内涵和作用,成本核算的对象和职能,成本核算的要求,成本费用的分类与归属;成本核算的一般程序和账务处理,与成本核算相关的账户设置与登记。

任务一　认 知 成 本

任务引例

合肥大湖机械制造公司会计小王在整理原始凭证时发现,公司 3 月发生以下部分业务:

(1) 从仓库领用原材料 58 000 元,其中 39 000 元用于产品生产,12 000 元用于车间一般耗用,7 000 元供公司管理部门使用。

(2) 公司行政部购买办公用品 2 320 元,其中 1 250 元用于车间办公使用,其余供行政办公使用。

(3) 报销差旅费 5 860 元,其中采购员出差费用 2 250 元,销售员出差费用 1 950 元,财务人员出差费用 1 660 元。

(4) 报销业务招待费 3 250 元。

(5) 计算发放人员薪酬 48 600 元,其中生产工人 31 000 元,车间管理人员 5 000 元,销售人员 8 500 元,行政人员 4 100 元。

(6) 向希望工程办公室捐款 10 000 元。

(7) 以存款支付车间设备维修费 25 600 元。

(8) 以存款支付违章经营罚款 5 000 元。

要求:请分析以上各项支出哪些属于成本,哪些属于费用,哪些不能作为成本费用列支。

1

【知识准备与业务操作】

一、成本的内涵

（一）成本的含义

成本是商品经济的价值范畴，是商品价值的组成部分。人们要进行生产经营活动或达到一定的目的，就必须耗费一定的资源（人力、物力和财力），其所耗费资源的货币表现及其对象化称为成本。随着商品经济的不断发展，成本概念的内涵和外延都处于不断的变化发展之中。

美国会计学会（AAA）所属的成本与标准委员会对成本的定义是：为了达到特定目的而发生或未发生的价值牺牲，它可用货币单位加以衡量。

中国成本协会（CCA）发布的CCA2101：2005《成本管理体系术语》标准中第2.1.2条对成本术语的定义是：成本是为过程增值和结果有效已付出或应付出的资源代价。

在财政部于2013年8月16日发布的《企业产品成本核算制度（试行）》中对产品成本下的定义是：产品成本是指企业在生产产品过程中所发生的材料费用、职工薪酬等，以及不能直接计入而按一定标准分配计入的各种间接费用。产品是指企业日常生产经营活动中持有以备出售的产成品、商品、提供的劳务或服务。

为了加强企业产品成本核算工作，保证产品成本信息真实、完整，促进企业和经济社会的可持续发展，根据《中华人民共和国会计法》《企业会计准则》等国家有关规定，财政部在2013年8月16日发布了《企业产品成本核算制度（试行）》（以下简称《制度》），自2014年1月1日起执行。《制度》适用于大中型企业，包括制造业、农业、批发零售业、建筑业、房地产业、采矿业、交通运输业、信息传输业、软件及信息技术服务业、文化业以及其他除金融行业的企业。财政部2014年12月24日印发了《企业产品成本核算制度——石油石化行业》（财会〔2014〕32号），自2015年1月1日起在大中型石油石化企业范围内施行，其他石油石化企业参照执行。2015年11月12日印发了《企业产品成本核算制度——钢铁行业》（财会〔2015〕20号），自2016年1月1日起在大中型钢铁企业范围内施行，其他钢铁企业参照执行。2016年9月30日印发了《企业产品成本核算制度——煤炭行业》（财会〔2016〕21号），自2017年1月1日起在大中型煤炭企业范围内施行，其他煤炭企业参照执行。2018年1月5日印发了《企业产品成本核算制度——电网经营行业》（财会〔2018〕2号），自2019年1月1日起在电网经营企业范围内施行，有配电业务的售电公司，其配电业务参照执行。2021年9月17日印发了《企业产品成本核算制度——油气管网行业》（财会〔2021〕21号），自2022年1月1日起施行。

（二）成本与费用的关系

我国《企业会计准则》中对费用的定义表述为：费用是企业生产经营过程中发生的各项耗费，是企业在日常活动中发生的、会导致所有者权益减少的、与向所有者分配利润无关的经济利益的总流出。费用和成本是两个独立的概念，但两者又有一定的关系。两者的联系在于：成本是按一定对象归集的费用，是对象化了的费用。也就是说，成本是针对一定的成本计算对象（如某产品、某类产品、某批产品、某生产步骤等）对当期发生的费用进行归集而形成的；期末当期已销产品的成本结转计入当期的费用中。两者的区别是：费用是资产的耗费，它是针对一定的期间而言的，与生产哪一种产品无关；成本与一定种类和数量的产品或商品相联系，不论其发生在哪一个会计期间。

（三）生产成本与期间费用

生产成本（或制造成本），是企业为生产商品和提供劳务所发生的各种耗费和支出，包括各项直接支出和制造费用。直接支出包括直接材料(原材料、辅助材料、备品备件、燃料及动力等)、直接人工(生产人员的工资和补贴)、其他直接支出;制造费用是指企业内的分厂、车间为组织和管理生产所发生的各项费用,包括分厂、车间管理人员工资、折旧费及其他制造费用(办公费、差旅费、劳保费等)。

期间费用是指企业本期发生的、不能归入营业成本,而是直接计入当期损益的各项费用。它是随着时间推移而发生的、与当期产品的管理和产品销售直接相关,而与产品的产量、产品的制造过程无直接关系,即容易确定其发生的期间、而难以判别其所应归属的产品,因而不能计入产品制造成本,而在发生的当期从损益中扣除。期间费用包括直接从企业的当期产品销售收入中扣除的销售费用、管理费用和财务费用。

成本是一个广义的概念,主要是为成本管理服务的。

二、成本的作用

成本的作用体现在以下四个方面:

(1) 成本是反映和监督劳动耗费的工具。

(2) 成本是补偿生产耗费的尺度。

(3) 成本可以综合反映企业工作质量,是推动企业提高经营管理水平的重要杠杆。

(4) 成本是制定产品价格的一项重要依据。

引例解析

引例各项支出中属于成本的有:① 产品生产和车间一般耗用材料;② 车间用办公用品;③ 生产工人和车间管理人员薪酬。

属于费用的有:① 公司管理部门耗用材料;② 行政部门使用办公用品;③ 差旅费;④ 业务招待费;⑤ 销售人员、行政人员薪酬;⑥ 车间设备维修费。

不能作为成本费用列支的有:① 向希望工程捐款;② 违章经营罚款。

任务二 认知成本核算与管理

任务引例

大华公司原来是按实际成本核算企业产品成本的,但由于企业内部物流、信息流传递不畅,企业生产消耗的原材料不能及时传递给财务部核算企业产品成本,产品成本每月波动较大。原材料购进后,原始单据又不能及时提交给财务部门,造成企业的库存材料和财务账核对不一致,成本核算岗位也不能正确核算企业产品成本,导致企业不知自己有多少原材料,该什么时候购买,以至于需用的材料紧缺,采购成本增加。企业不能根据市场需求确定自己产品的价格,贻误市场战机,企业经营不好,当然,也不可能进行成本考核。

要求:分析大华公司对上述问题应该如何改进。

【知识准备与业务操作】

一、成本核算

(一) 成本核算的含义

成本核算是指将企业在生产经营过程中发生的各种耗费按照一定的对象进行分配和归

1

集，以计算总成本和单位成本。成本核算通常以会计核算为基础，以货币为计算单位。成本核算是成本管理的重要组成部分，对于企业的成本预测和企业的经营决策等起着直接影响作用。进行成本核算时，首先，审核生产经营管理费用，看其是否已发生，是否应当发生，已发生的是否应当计入产品成本，实现对生产经营管理费用和产品成本直接的管理和控制。其次，对已发生的费用按照用途进行分配和归集，计算各种产品的总成本和单位成本，为成本管理提供真实的成本资料。

企业应当根据产品生产过程的特点、生产经营组织的类型、产品种类的繁简和成本管理的要求，确定产品成本核算的对象、项目、范围，及时对有关费用进行归集、分配和结转。

（二）成本计算的含义

成本计算，就是对实际发生各种费用的信息进行处理。

成本计算是以计算对象为主体，对其直接费用的汇总，对间接费用的归集与分配，以及对对象的总成本、单位成本、完工产品成本和在产品成本所进行的计价。其实质就是通过一系列的计算，明确计算对象的"四成本"——总成本、单位成本、完工产品成本和在产品成本。

（三）成本核算的意义

成本核算主要以会计核算为基础，以货币为计算单位。

成本核算是成本管理工作的重要组成部分，它是将企业在生产经营过程中发生的各种耗费按照一定的对象进行分配和归集，以计算总成本和单位成本。成本核算的正确与否，直接影响企业的成本预测、计划、分析、考核和改进等控制工作，同时也对企业的成本决策和经营决策的正确与否产生重大影响。成本核算过程，是对企业生产经营过程中各种耗费如实反映的过程，也是为更好地实施成本管理进行成本信息反馈的过程。因此，成本核算对企业成本计划的实施、成本水平的控制和目标成本的实现起着至关重要的作用。

通过成本核算，可以检查、监督和考核预算和成本计划的执行情况；反映成本水平；对成本控制的绩效以及成本管理水平进行检查和测量；评价成本管理体系的有效性；研究在何处可以降低成本，并进行持续改进。

二、成本管理

（一）成本管理的含义

成本管理是指企业生产经营过程中各项成本核算、成本分析、成本决策和成本控制等一系列科学管理行为的总称。成本管理一般包括成本预测、成本决策、成本计划、成本核算、成本控制、成本分析、成本考核等职能。成本管理是指在成本方面指挥和控制组织的协调活动。

加强成本管理的目的是充分动员和组织企业全体人员，在保证产品质量的前提下，对企业生产经营过程的各个环节进行科学合理的管理，力求以最少的生产耗费取得最大的生产成果。加强成本管理能起到降本增效的作用。

（二）成本管理的内容和环节

成本管理由成本规划、成本核算、成本控制和业绩评价四项内容组成。

成本规划是根据企业的竞争战略和所处的经济环境制定的，也是对成本管理做出的规划，为具体的成本管理提供战略思路和总体要求。成本规划是根据企业的竞争战略和所处的经济环境制定的，主要包括确定成本管理的重点，规划控制成本的战略途径，提出成本计算的精度要求,确定业绩评价的目的和标准。成本核算是成本管理系统的信息基础。企业规模有大有小,经营性质和项目各不相同,因而如何组织成本核算,如何确定成本计算对象,需要具体问题具体分析,依实际情况而定。成本控制是利用成本核算提供的信息,采取经济、技术和组织等手段实现降低成本或以成本改善为目的的一系列活动。成本控制是企业根据一定时期预先建立的成本管理目标,由成本控制主体在其职权范围内,在生产耗费发生以前和成本控制过程中,对各种影响成本的因素和条件采取的一系列预防和调节措施,以保证成本管理目标实现的管理行为。业绩评价,是指运用数理统计和运筹学的方法,通过建立综合评价指标体系、对照相应的评价标准、定量分析与定性分析相结合,对企业一定经营期间的盈利能力、资产质量、债务风险以及经营增长等经营业绩和努力程度等各方面进行的综合评判。业绩评价是对成本控制效果的评估,目的在于改进原有的成本控制活动和激励约束员工和团体的成本行为。

(三) 现代成本管理理论

20 世纪 70 年代初,美国教授乔治·斯托布斯(G. T. Staubus)首次提出了作业和作业会计的概念,但是当时未引起人们的足够重视。80 年代以后,随着生产自动化程度的提高,人们认识到传统的成本核算方法已经越来越不适应生产实际。英国教授罗宾·库珀(Robin Copper)和美国教授罗伯特·S. 卡普兰(Robert S. Kaplan)等人在分析了传统成本会计的弊端后,提出了作业成本计算方法。这种方法可以将企业发生的各种费用通过成本动因更为精确地分摊到产品成本中,从而为企业决策者提供更为准确的产品成本信息。

作业成本计算是作业成本管理的基础。作业成本管理使用作业成本的信息,其目的不仅要使所销售的产品和服务合理化,更重要的是,明确改变作业与过程以提高生产力。它将成本管理的重心深入到供应链作业层次,尽可能消除"非增值作业",改进"增值作业",优化"作业链"和"价值链",从成本优化的角度改造作业和重组作业流程;并且对供应链中的各项作业进行成本和效益分析,确定关键作业点,对关键作业点进行重点控制。应该说作业成本管理的出现使人们眼前一亮,它突破了传统的人们对于成本的种种认识,并为管理者增加了企业降低成本的途径。

(四) 成本管理的作用

成本管理的主要作用有以下几点。

(1) 构建全面的企业成本管理思维,寻求改善企业成本的有效方法。

(2) 跳出传统的成本控制框架,从公司整体经营的视角,更宏观地分析并控制成本。

(3) 掌握成本核算的主要方法及各自的优缺点,根据情况的变化改良现有的核算体系。

(4) 掌握成本分析的主要方法,为决策者提供关键有效的成本数字支持。

三、成本会计

(一) 成本会计的含义

成本会计是随着社会经济的发展而逐渐形成和发展起来的,是特定经济环境下的产物,成本会计既受当时经济条件的影响和制约,又服务于当时的经济社会。所以,成本会计的含义也随着经济的发展而变化。

在早期成本会计阶段,研究成本会计的专家劳伦斯(W.B.Lawrence)对成本会计的定义是:成本会计就是应用普通会计的原理、原则,系统地记录某一工厂在生产和销售产品时所发

1

生的一切费用,并确认各种产品或服务的单位成本和总成本,以供工厂管理当局决定经济的、有效的和有利的产销政策时参考。

到了近代成本会计阶段,成本会计又被英国会计学家杰·贝蒂(J.Batty)定义为:成本会计是用来详细描述企业在预算和控制它的资源(指资产、设备、人员及所耗的各种材料和劳动)利用情况方面的原理、惯例、技术和制度的一种综合术语。

在现代会计阶段,成本会计的含义又有了新的发展,一般认为:现代成本会计是成本会计与管理会计的直接结合,它根据成本核算和其他资料,采用现代数学和数理统计的原理和方法,针对不同业务,建立起数量化的管理技术,用来帮助人们按照成本最优化的要求,对企业的生产经营活动进行预测、决策、控制、分析、考核,促使企业的生产经营实现最优运转,从而大大提高企业的竞争能力和适应能力。

现代成本会计拓宽了传统成本会计的内涵和外延,其涉及的内容广泛,以我国会计界目前的共识来看,现代成本会计的基本内容是:成本预测、成本决策、成本计划、成本控制、成本核算、成本分析、成本考核、成本检查。

(二) 成本会计的对象

企业应当根据生产经营特点和管理要求,确定成本核算对象,归集成本费用,计算产品的生产成本。

1. 制造企业

制造企业一般按照产品品种、批次订单或生产步骤等确定产品成本核算对象。

(1)大量大批单步骤生产产品或管理上不要求提供有关生产步骤成本信息的,一般按照产品品种确定成本核算对象。

(2)小批单件生产产品的,一般按照每批或每件产品确定成本核算对象。

(3)多步骤连续加工产品且管理上要求提供有关生产步骤成本信息的,一般按照各生产步骤确定成本核算对象。

产品规格繁多的,可以将产品结构、耗用原材料和工艺过程基本相同的产品适当合并作为成本核算对象。

2. 批发零售企业

批发零售企业一般按照商品的品种、批次、订单、类别等确定成本核算对象。

3. 建筑企业

建筑企业一般按照订立的单项合同确定成本核算对象。

4. 房地产企业

房地产企业一般按照开发项目、综合开发期数并兼顾产品类型等确定成本核算对象。

5. 交通运输企业

交通运输企业中以运输工具从事货物、旅客运输的,一般按照航线、航次、单船(机)、基层站段等确定成本核算对象。

从事货物等装卸业务的,可以按照货物、成本责任部门、作业场所等确定成本核算对象;从事仓储、堆存、港务管理业务的,一般按照码头、仓库、堆场、油罐、筒仓、货棚或主要货物的种类、成本责任部门等确定成本核算对象。

企业应当按照制度规定确定产品成本核算对象,进行产品成本核算。企业内部管理有相关要求的,还可以按照现代企业多维度、多层次的管理需要,确定多元化的产品成本核算对象。

1

（三）成本会计的职能

成本会计的职能随着社会经济发展和管理水平的提高在不断地扩大。

（1）反映（或核算）职能。这是成本会计最初、最基本的职能。反映职能就是对企业生产经营过程中发生的一切耗费，运用专门的会计方法进行计量、记录、归集、分配、汇总，计算出各成本对象的总成本和单位成本。通俗地讲，这项职能就是进行实际成本的计算，把生产经营过程的实际消耗如实地反映出来，达到积聚成本的目的，并用积累的成本资料反映企业的实际生产耗费和补偿价值的情况，从而判断企业经营效果的好坏。

（2）计划与预算职能。它主要包括全部商品产品的成本计划、主要产品单位成本计划和生产费用预算。

（3）控制职能。它包括投产前的成本控制和投产后的成本控制。

（4）分析、评价职能。

（四）成本会计的工作组织

1. 设置成本会计机构

成本会计机构是处理成本会计工作的职能单位。它是根据企业规模和成本管理要求考虑的，如在专设的会计机构中单独设置成本会计科、室或组，或者只配备成本核算人员来专门处理成本会计工作。

2. 配备必需的成本会计人员

成本会计人员是指在会计机构或专设成本会计机构中所配备的对企业日常的成本工作进行处理的工作人员。成本核算是企业核算工作的核心，成本指标是企业一切工作质量的综合表现，为了保证成本信息质量，企业对成本会计人员业务素质要求比较高，包括以下一些条件：

（1）会计知识面广，对成本理论和实践有较好的基础。

（2）熟悉企业生产经营的流程（工艺过程）。

（3）刻苦学习和任劳任怨。

（4）良好职业道德。诚实守信，能保守企业商业秘密。

3. 确定成本会计工作的组织原则和组织形式

任何工作的组织都必须遵循一定的原则，成本会计工作也不例外，它的组织原则主要有：

（1）成本核算必须与成本管理相结合。

（2）成本会计工作必须与技术相结合。

（3）成本会计工作必须与经济责任制相结合。

成本会计工作的组织形式，主要是从方便成本工作的开展和及时准确地提供成本信息的需要，而按成本要素划分为材料成本组、人工成本组和间接费用组组织核算。

（1）材料成本组。一般由企业厂部成本会计人员与仓库材料管理人员共同负责，主管材料物资和低值易耗品的采购、入库、领用、结存的明细分类核算，定期盘点清查，计算材料成本费用，并对全过程进行控制和监督。

（2）人工成本组。主管应付职工的工资、奖金的计算与分配的核算，并对全过程进行严格的控制和监督。

（3）间接费用组。间接费用的核算一般是由厂部成本会计人员负责进行，这部分费用可按成本习性分为变动费用和固定费用，而变动费用以弹性预算进行控制，固定费用则用固定预

1

算进行控制。

4. 制定成本会计制度

成本会计制度是指对进行成本会计工作所做的规定。它的内涵与外延随着经济环境的变化在不断发展变化。在商品经济条件下,现代企业的成本会计制度内容包括成本预测、决策、规划、控制、计算、分析和考核等所做出的有关规定,指导着成本会计工作的全过程,这也称作广义的成本会计制度。

具体的成本会计制度有:成本预测、决策制度;计划(或标准成本)成本编制的制度;成本核算制度;成本控制制度;成本分析、考核制度等。

引例解析

1. 诊断分析

(1) 公司物流信息流转不畅。

(2) 成本核算方法不能适应市场经济的发展。

(3) 没有一套系统的预算制度。

(4) 生产车间未能按当月实际耗费即时上报财务部门。

2. 解决方案

根据现场调研确定企业亏损的内因后,对企业进行组织流程再造,明确信息传递流程,建立标准成本核算方法;以生产结果为核算对象,按标准成本实施控制,并在事后进行差异分析,简化企业成本核算步骤,为价格决策提供成本标准。同时,企业对差异成本进行会计分析与技术分析,据此进行成本控制和成本考核,并对标准成本进行修订。

3. 效果

实施后,企业财务人员感觉此方法简单,并且比原来轻松,企业决策者也能及时知道自己产品成本,可以更好地适应市场行情的变化。

任务三　了解成本核算的要求

任务引例

安徽雅致家具制造有限公司是一个刚成立不久的中小型家具制造企业,其生产流程较多,内部管理有待进一步完善。

要求:分析该公司在成本核算上应注意哪些问题。

【知识准备与业务操作】

一、成本核算的要求

成本核算是一项比较复杂的工作。但是,不管是哪一种类型的企业,也不论核算什么成本,成本核算的基本原理、一般原则和基本程序却是共同的。总的来看,成本核算都要遵守以下要求。

(一) 合理确定成本计算对象

所谓成本计算对象,就是费用归集的对象,或者说是成本归属的对象。进行成本计算,必须首先确定成本计算对象。企业应当根据生产经营特点和管理要求,确定成本计算对象,归集成本费用,计算产品的生产成本。如果成本计算对象确定得不准确或不恰当,就会大大增加成本计算的难度,计算出来的成本不能满足企业管理的需要,甚至不能完成成本计算的任务。

如何确定成本计算的对象呢? 一般来说,成本计算的对象就是各种耗费的受益物,也就是耗费各种投入品后形成的产出物,是"制造"活动取得的直接成果,即"产品"。如工厂生产的工业品,农场生产的粮食,建筑企业建造的楼房,文艺组织摄制的电影、电视剧等,都是一种"产品",都是成本的计算对象。

(二)恰当确定成本计算期

所谓成本计算期,就是多长时间计算一次成本。从理论上说,产品成本计算期应该与产品的生产周期相一致。但这种情况只适合于企业的生产过程为一批(件)接一批(件)地进行,即第一批(件)完工了再生产第二批(件)的情况。而事实上现代企业的生产大都采用流水线的形式,不是一批接一批地生产,而是不断投产,不断完工,绵延不断,无法分清前后批次。在这种情况下,按批计算成本显然是很困难的,只有人为地划分成本计算期(一般是以一个月作为一个成本计算期),成本计算才有可行性。

(三)正确选择成本计算方法

由于企业的情况千差万别,成本的具体计算方式也不可能有一个统一的模式。经过人们的长期实践,形成了几种常用的成本计算方法,即品种法、分批法和分步法等。

恰当地确定成本计算的对象,不是一件容易的事。企业的规模、生产组织形式和技术特点不同,成本计算的对象也会不一样。例如,有的企业只生产最终的产成品,而有的企业除生产最终的产成品外,还生产各种各样的半成品;有的企业采用大批量生产,而有的企业采用小批量生产,甚至是单件生产等。

如果企业的产品不是成批生产,且只有一个步骤,一般可以直接以产品品种作为成本计算对象,这种方法称为品种法。

如果产品生产是按批生产为主的,则以批次作为成本的计算对象,这种方法称为分批法。

如果产品生产要分成若干个步骤,中间有半成品,并且产品是连续不断地大量生产或大批量地生产,则以每个步骤的半成品和最终产品为成本的计算对象,这种方法称为分步法。

(四)合理设置成本项目

为了比较全面、系统地反映产品的成本耗费情况,使成本计算能提供比较丰富的信息,在计算产品成本时,不仅要计算产品的总成本和单位成本,而且要对总成本按用途分类,以反映产品成本的组成和结构。这样,便于我们对成本进行控制,也便于我们分析产品生产中的经济效益问题和对生产部门进行考核评价。

企业应当根据生产经营特点和管理要求,按照成本的经济用途和生产要素内容相结合的原则或者成本性态等设置成本项目。按照制度以及财政部对石油石化企业、钢铁企业、煤炭企业成本核算的规定,各行业成本项目如下:

1. 制造企业

制造企业一般设置直接材料、燃料和动力、直接人工和制造费用等成本项目。

直接材料,是指构成产品实体的原材料以及有助于产品形成的主要材料和辅助材料。

燃料和动力,是指直接用于产品生产的燃料和动力。

直接人工,是指直接从事产品生产的工人的职工薪酬。

制造费用,是指企业为生产产品和提供劳务而发生的各项间接费用,包括企业生产部门(如生产车间)发生的水电费、固定资产折旧、无形资产摊销、管理人员的职工薪酬、劳动保护费、国家规定的有关环保费用、季节性和修理期间的停工损失等。

2. 批发零售企业

批发零售企业一般设置进货成本、相关税费、采购费等成本项目。

进货成本,是指商品的采购价款。

相关税费,是指购买商品发生的进口关税、资源税和不能抵扣的增值税等。

采购费,是指运杂费、装卸费、保险费、仓储费、整理费、合理损耗以及其他可归属于商品采购成本的费用。采购费金额较小的,可以在发生时直接计入当期销售费用。

3. 建筑企业

建筑企业一般设置直接人工、直接材料、机械使用费、其他直接费用和间接费用等成本项目。

直接人工,是指按照国家规定支付给施工过程中直接从事建筑安装工程施工的工人以及在施工现场直接为工程制作构件和运料、配料等工人的职工薪酬。

直接材料,是指在施工过程中所耗用的、构成工程实体的材料、结构件、机械配件和有助于工程形成的其他材料以及周转材料的租赁费和摊销等。

机械使用费,是指施工过程中使用自有施工机械所发生的机械使用费,使用外单位施工机械的租赁费,以及按照规定支付的施工机械进出场费等。

其他直接费用,是指施工过程中发生的材料搬运费、材料装卸保管费、燃料动力费、临时设施摊销、生产工具用具使用费、检验试验费、工程定位复测费、工程点交费、场地清理费,以及能够单独区分和可靠计量的为订立建造承包合同而发生的差旅费、投标费等费用。

间接费用,是指企业各施工单位为组织和管理工程施工所发生的费用。

建筑企业将部分工程分包的,还可以设置分包成本项目。分包成本,是指按照国家规定进行分包,支付给分包单位的工程价款。

4. 房地产企业

房地产企业一般设置土地征用及拆迁补偿费、前期工程费、建筑安装工程费、基础设施建设费、公共配套设施费、开发间接费、借款费用等成本项目。

土地征用及拆迁补偿费,是指为取得土地开发使用权(或开发权)而发生的各项费用,包括土地买价或出让金、大市政配套费、契税、耕地占用税、土地使用费、土地闲置费、农作物补偿费、危房补偿费、土地变更用途和超面积补交的地价及相关税费、拆迁补偿费用、安置及动迁费用、回迁房建造费用等。

前期工程费,是指项目开发前期发生的政府许可规费、招标代理费、临时设施费以及水文地质勘查、测绘、规划、设计、可行性研究、咨询论证费、筹建、场地通平等前期费用。

建筑安装工程费,是指开发项目开发过程中发生的各项主体建筑的建筑工程、安装工程费及精装修费等。

基础设施建设费,是指开发项目在开发过程中发生的道路、供水、供电、供气、供暖、排污、排洪、消防、通信、照明、有线电视、宽带网络、智能化等费用及环境卫生费、园林绿化费、景观工程费等。

公共配套设施费,是指开发项目内发生的、独立的、非营利性的且产权属于全体业主的,或无偿赠与地方政府、政府公共事业单位的公共配套设施费用等。

开发间接费,指企业为直接组织和管理开发项目所发生的,且不能将其直接归属于成本核算对象的工程监理费、造价审核费、结算审核费、工程保险费等。为业主代扣代缴的公共维修基金不得计入产品成本。

借款费用,是指符合资本化条件的借款费用。

房地产企业自行进行基础设施、建筑安装等工程建设的,可以比照建筑企业设置有关成本项目。

5. 交通运输企业

交通运输企业一般设置营运费用、运输工具固定费用与非营运期间费用等成本项目。

营运费用,是指企业在货物或旅客运输、装卸、堆存过程中发生的营运费用,包括货物费、港口费、起降及停机费、中转费、过桥过路费、燃料和动力费、航次租船费、安全救生费、护航费、装卸整理费、堆存费等。铁路运输企业的营运费用还包括线路等相关设施的维护费等。

运输工具固定费用,是指运输工具的固定费用和共同费用,包括检验检疫费、车船税、劳动保护费、固定资产折旧、租赁费、备件配件费、保险费、驾驶及相关操作人员薪酬及其伙食费等。

非营运期间费用,是指受不可抗力制约或行业惯例等原因暂停营运期间发生的有关费用等。

6. 信息传输企业

信息传输企业一般设置直接人工、业务费、电路及网元租赁费等成本项目。

直接人工,是指直接从事信息传输服务的人员的职工薪酬。

业务费,是指支付通信生产的各种业务费用,包括频率占用费,卫星测控费,安全保卫费,码号资源费,设备耗用的外购电力费,自有电源设备耗用的燃料和润料费等。

电路及网元租赁费,是指支付给其他信息传输企业的电路及网元等传输系统及设备的租赁费。

7. 软件及信息技术服务企业

软件及信息技术服务企业一般设置直接人工、外购软件与服务费、场地租赁费、转包成本、水电费、办公费等成本项目。

直接人工,是指直接从事软件及信息技术服务的人员的职工薪酬。

外购软件与服务费,是指企业为开发特定项目而必须从外部购进的辅助软件或服务所发生的费用。

场地租赁费,是指企业为开发软件或提供信息技术服务租赁场地支付的费用等。

转包成本,是指企业将有关项目部分分包给其他单位支付的费用。

8. 文化企业

文化企业一般设置开发成本和制作成本等成本项目。

开发成本,是指从选题策划开始到正式生产制作所经历的一系列过程,包括信息收集、策划、市场调研、选题论证、立项等阶段所发生的信息搜集费、调研交通费、通信费、组稿费、专题会议费、参与开发的职工薪酬等。

制作成本,是指产品内容制作成本和物质形态的制作成本,包括稿费、审稿费、校对费、录入费、编辑加工费、直接材料费、印刷费、固定资产折旧、参与制作的职工薪酬等。

1

9. 石油石化企业

石油石化企业炼化产品成本项目主要包括：

原料及主要材料，是指经过加工构成炼化产品实体的各种原料及主要材料，主要包括原油、天然气、液化气、轻烃等。

辅助材料，是指炼化产品生产过程中投入的有助于产品形成，但不构成产品实体的材料，主要包括各种催化剂、引发剂、助剂、化工添加剂、包装材料、生产过程中使用的净化材料等。

燃料，是指炼化产品生产过程中直接耗用的各种固体、液体、气体燃料，主要包括天然气、干气、液化气、瓦斯、柴油、重油、煤等。

动力，是指炼化产品生产耗用的各种水、电、汽、风、氮气等。

直接人工，是指炼化产品生产企业直接从事产品（劳务）生产人员的各种形式的报酬及各项附加费用，主要包括职工工资及各项津贴、福利费、工会经费、职工教育经费、社会保险费、住房公积金、商业人身险、其他劳动保险及劳务费等。

制造费用，是指生产炼化产品的基本生产车间（部门）和辅助生产车间（部门）为组织和管理生产所发生的各项间接费用。

10. 钢铁企业

钢铁企业产品成本项目主要包括：

原料及主要材料，是指为生产产品直接投入的构成产品实体的物料。

辅助材料，是指为生产产品投入的不能构成产品实体，但有助于产品形成的物料。

燃料和动力，是指生产过程中耗费、成本归属对象明确、一次性耗费受益的能源介质。

直接人工，是指直接从事产品生产人员的各种形式的报酬及各项附加费用。

制造费用，是指以成本中心为基础，为组织和管理生产所发生的各项间接费用。

11. 煤炭企业

煤炭企业产品成本项目主要包括：

直接材料，是指为生产产品直接投入的原料及主要材料、辅助材料。

燃料和动力，是指生产过程中耗用的、成本归属对象明确、一次性耗费受益的各种燃料，以及电、风、水、气等动力。

直接人工，是指直接从事产品生产人员的各种形式的报酬及各项附加费用。

制造费用，是指以成本中心为基础，为组织和管理生产所发生的各项间接费用，主要包括车间管理人员的人工费、折旧费、折耗及摊销、安全生产费、维护及修理费、运输费、财产保险费、外委业务费、低值易耗品摊销、租赁费、机物料消耗、试验检验费、劳动保护费、排污费、信息系统维护费等。

除以上已明确规定的以外，其他行业企业应当比照以上类似行业的企业确定成本项目。

（五）合理选定费用分配标准

生产过程往往是比较复杂的，一项费用发生后，其用途往往不止一个，生产的产品不止一种，成本计算的对象也不止一个。这样，一项费用发生后，往往不能直接、全部地记入反映某一个对象的明细账户，而需要把这项费用在几个对象之间进行分配。

那么，哪个对象负担的费用应该多一点，哪个对象负担的费用应该少一点呢？其分配的原则是"谁耗费，谁负担"，或者是"谁受益，谁负担"。但是，要对费用进行精确的分配是比较困难的,要对一定对象发生的成本消耗(受益)情况进行准确的计量,同样是比较困难的。在对费用进行具体分配时,一般是选择一定的标准来进行分配。例如,材料费用一般可以按产品的重量、体积或定额消耗量进行分配,人工费用可以按工时进行分配等。

企业应当根据生产经营特点,以正常生产能力水平为基础,按照资源耗费方式确定合理的分配标准。这样就能够比较真实地反映一定对象实际发生的消耗情况。另外,某一种标准一旦被选定,不要轻易变更,否则就违反了一致性原则。因为分配标准的不同,也会人为地造成计算出来的成本不一样。

二、成本费用的分类

为了正确地归集和反映各项生产费用,妥当地计算产品成本和期间费用,必须对企业发生的各项生产费用进行合理的分类。它是按照管理要求核算生产费用,正确计算产品生产成本的重要条件。生产费用可以按不同的标准分类,其中最基本的是按生产费用的经济内容和经济用途进行的分类。

(一) 生产费用按经济内容分类

产品的生产过程,也是物化劳动(包括劳动对象和劳动手段)和活劳动的耗费过程。因而生产过程中发生的费用,按其经济内容分类,可划归为劳动对象方面的费用、劳动手段方面的费用和活劳动方面的费用三大类。其次,还可以在此基础上进一步划分为如下的要素费用。

1. 材料费用

材料费用指企业为生产产品而耗用的原料及主要材料、半成品、辅助材料、包装物、修理用备件和低值易耗品等费用。

2. 燃料费用

燃料费用指企业为生产产品而耗用的各种固体、液体和气体燃料费用。

3. 外购动力费用

外购动力费用指企业为生产产品而耗用的一切从外单位购进的各种动力费用。

4. 薪酬费用

薪酬费用指企业应计入生产费用的职工工资和职工福利费用。

5. 折旧费

折旧费指企业直接用来生产产品的固定资产和车间管理用固定资产提取的折旧费用。

6. 其他费用

其他费用指不属于以上各要素费用但应计入产品生产成本的生产费用,如差旅费、租赁费、外部加工费以及保险费等。

生产费用按经济内容进行分类的作用,主要体现在以下三个方面。

(1) 有利于分析企业各个时期发生的各种费用的支出水平和结构,加强费用管理。

(2) 可以为企业制定各种费用预算、确定各项消耗定额和储备资金定额、编制企业的物资采购资金预算、考核储备资金周转速度等提供必要的资料,从而加强企业的预算管理和定额管理。

(3) 可以为计算工业净产值和国民收入提供资料。工业净产值是工业总产值减去工业生产中的物质消耗后的差额,而国民收入是根据各行各业的净产值汇总计算的。由于这种分类能够分别提供企业物质消耗和非物质消耗的资料,因此,可以为计算工业净产值和国民收入提供依据。

这种分类方法的不足主要表现在：它不能反映各项费用的用途和发生地点，不能反映各项费用支出与产品成本之间的关系，从而不便于分析产品成本的变化原因和各项费用支出的合理性。

（二）生产费用按经济用途分类

工业企业在生产经营中发生的费用，首先可以分为计入产品成本的生产费用和直接计入当期损益的期间费用两类。下边分别讲述这两类费用按照经济用途的分类。

1. 计入产品成本的生产费用按经济用途的分类

根据生产特点和管理要求，生产费用按照经济用途可分为以下四类。

（1）直接材料。直接材料是指产品生产过程中耗用的构成产品实体或有助于产品形成的各种材料。

（2）燃料及动力。燃料及动力是指产品生产过程中耗用的外购或自制的燃料和动力。

（3）直接人工。直接人工是指企业直接从事产品生产工人的劳动薪酬。

（4）制造费用。制造费用是指企业直接用于产品生产，但又不能直接计入产品成本以及间接用于产品生产的各项费用。

计入产品成本的费用按经济用途划分的项目又叫产品成本项目，是对产品成本构成内容所作的分类。设置成本项目可以反映产品成本的构成情况，满足成本管理的目的和要求，有利于了解企业生产费用的经济用途，便于企业分析和考核产品成本计划的执行情况。

2. 直接计入当期损益的期间费用按经济用途的分类

工业企业的期间费用按照经济用途可分为销售费用、管理费用和财务费用。

（1）销售费用。销售费用是指企业在产品销售过程中发生的费用，以及为销售本企业产品而专设的销售机构的各项经费。包括应由要企业负担的运输费、装卸费、包装费、保险费、委托代销手续费、广告费、展览费、租赁费（不含融资租赁费）和销售服务费，以及专设的销售机构的人员工资及福利费、差旅费、办公费、折旧费、修理费、物料消耗等。

（2）管理费用。管理费用是指企业行政管理部门为组织和管理生产经营活动而发生的各项费用，包括工厂总部管理人员工资及福利费、差旅费、办公费、业务招待费、修理费、物料消耗、低值易耗品摊销，以及企业的工会经费、职工教育经费、劳动保险费、待业保险费、董事会费、咨询费、审计费、诉讼费、排污费、绿化费、土地使用费（海域使用费）、土地损失补偿费、技术转让费、技术开发费、折旧费、无形资产摊销、开办费摊销、存货盘亏、毁损和报废（减盘盈）等。

（3）财务费用。财务费用是指企业为筹集生产经营所需资金而发生的各项费用，包括企业生产经营期间发生的利息支出（减利息收入）、汇兑损失（减汇兑收益）、调剂外汇手续费和金融机构手续费等。

（三）生产费用按计入产品成本的方法分类

按计入产品成本的方法，生产费用可以分为直接计入费用和间接计入费用。直接计入费用是指可以分清为哪种产品所耗用、可以直接计入某种产品成本的费用。间接计入费用是指不能分清为哪种产品所耗用、不能直接计入某种产品成本，而必须按照一定标准分配计入有关的各种产品成本的费用。

引例解析

　　由于家具制造业走向规范化、程序化、大生产化时间较短,大多数企业管理基础、成本核算基础薄弱,尤其是成本核算所需要的原始资料不准、不齐、不全,甚至没有。企业应根据自身的实况制定成本核算制度,建立健全各种原始记录,建立并严格执行物料的计量、检验、领发料、进料、盘点、退库等制度;建立健全各种物料消耗、燃料、动力、工时等消耗定额的测算、记录、计量、计算制度,并规范成简单标准的表格定期申报,把复杂抽象的理论尽量简单化程序化,以适合大多数家具制造企业文化素质并不高的实际情况,从管理人性化及制度上保证成本核算的基础信息来源稳定畅通。

　　家具制造业产、供、销、人、财、物是一个有机的整体,且多属于多品种、多批次、多步骤式作业,过程较复杂,它们之间存在大量的信息交换。然而手工管理信息不系统、不完善、不及时、不准确,"信息孤岛"难共享。因此,有条件的企业应逐步改善核算管理的手段,走信息化发展之路。家具制造业的成本核算涉及企业运作的方方面面,涉及每个细节。成本核算结果的准确率和及时率更多的是靠全员参与的过程控制。企业应营造全员重视并参与成本核算氛围,可采取培训、加强制度考核等多种途径,增加全员成本核算的意识,让他们知道成本核算是什么,还要知道为什么,才能自觉配合并参与企业的成本核算和考核工作。只有加强源头和过程控制,才能保证最后的结果是可靠及时的。

任务四　成本核算程序

任务引例

　　安徽合肥市鸿顺发食品厂设有糕点、饼干、糖果三个车间和厂部管理部门。糕点车间生产炉制糕点和油炸糖制糕点;饼干车间生产散装饼干和盒装饼干;糖果车间生产硬糖和软糖。该厂生产工艺过程比较简单,例如饼干的生产过程为打面、专车压切、炉烤、码堆、包装。打面就是把原材料配好后,装入机器中搅拌;打好的面再送进专车压切,使之成为各种形状的饼干;切好后送到炉中去烘烤;烤熟后再码成小堆;最后包装待售。糕点、糖果的生产工艺过程也很简单。这些产品的生产周期均很短,且月终一般没有在产品。

　　要求:设计该厂成本核算基础制度中的成本开支范围和费用开支标准。

【知识准备与业务操作】

一、成本核算的一般程序

　　成本计算一般分为以下几个步骤。

(一)生产费用支出的审核

　　对发生的各项生产费用支出,应根据国家、上级主管部门和本企业的有关制度、规定进行严格审核,以便对不符合制度和规定的费用,以及各种浪费、损失等加以制止或追究经济责任。

(二)确定成本计算对象和成本项目,开设产品成本明细账

　　企业的生产类型不同,对成本管理的要求不同,成本计算对象和成本项目也就有所不同,

1

应根据企业生产类型的特点和对成本管理的要求,确定成本计算对象和成本项目,并根据确定的成本计算对象开设产品成本明细账。

(三) 进行要素费用分配

对发生的各项要素费用进行汇总,编制各种要素费用分配表,按其用途分配计入有关的生产成本明细账。对能确认某一成本计算对象耗用的直接计入费用,如直接材料、直接工资,应直接记入"基本生产成本"账户及其有关的产品成本明细账;对于不能确认某一成本计算对象的费用,则应按其发生的地点或用途进行归集分配,分别记入"制造费用""辅助生产成本"和"废品损失"等账户。

(四) 进行综合费用分配

对记入"制造费用""辅助生产成本"和"废品损失"等账户的综合费用,月终采用一定的分配方法进行分配,并记入"基本生产成本"以及有关的产品成本明细账。

(五) 进行完工产品成本与在产品成本的划分

通过要素费用和综合费用的分配,所发生的各项生产费用均已归集在"基本生产成本"账户及有关的产品成本明细账中。在没有在产品的情况下,产品成本明细账所归集的生产费用即为完工产品总成本;在有在产品的情况下,就需将产品成本明细账所归集的生产费用按一定的划分方法在完工产品和月末在产品之间进行划分,从而计算出完工产品成本和月末在产品成本。

(六) 计算产品的总成本和单位成本

在品种法、分批法下,产品成本明细账中计算出的完工产品成本即为产品的总成本;在分步法下,则需根据各生产步骤成本明细账进行顺序逐步结转或平行汇总,才能计算出产品的总成本。

以产品的总成本除以产品的数量,就可以计算出产品的单位成本。

二、成本核算主要账户的设置

一般情况下,设置"生产成本"账户,用来核算企业进行工业性生产发生的各项生产成本,并按产品品种等成本核算对象设置"基本生产成本"和"辅助生产成本"二级明细账。

辅助生产费用发生较多的企业,也可将"基本生产成本"和"辅助生产成本"作为总账账户。本书将"基本生产成本"和"辅助生产成本"作为总账账户处理。

(一) "基本生产成本"账户

"基本生产成本"账户借方登记企业为进行基本生产而发生的各种生产费用;贷方登记转出的完工入库的产品成本;余额在借方,表示基本生产的在产品成本。该账户应当分别按照基本生产车间和成本核算对象(产品的品种、类别、订单、批别、生产阶段等)设置明细账(或称产品成本计算单),并按规定的成本项目设置专栏。

(二) "辅助生产成本"账户

工业企业的辅助生产,是指主要为基本生产车间、企业行政管理部门等单位提供服务而进行的产品生产和劳务供应。

辅助生产车间为生产产品或提供劳务而发生的原材料费用、动力费用、工资及福利费用以及辅助生产车间的制造费用,被称为辅助生产费用。为生产和提供一定种类和一定数量的产品或劳务所耗费的辅助生产费用之和,构成该种产品或劳务的辅助生产成本。

"辅助生产成本"账户的借方登记为进行辅助生产而发生的各种耗费;贷方登记完工入库

产品的成本或分配转出的劳务成本;余额在借方,表示辅助生产在产品的成本。

该账户应按辅助生产车间和生产的产品、劳务分设明细分类账,账中按辅助生产的成本项目或费用项目分设专栏或专行,进行明细登记。

期末,应当对共同负担的辅助生产费用按照一定的分配标准分配给各受益对象。

(三)"制造费用"账户

制造费用是工业企业为生产产品(或提供劳务)而发生的,应计入产品成本,但没有专设成本项目的各项生产费用。为了核算企业为生产产品和提供劳务而发生的各项制造费用,应设置"制造费用"账户。该账户的借方登记实际发生的制造费用;贷方登记分配转出的制造费用;除季节性生产企业外,该账户月末应无余额。该账户,应按车间、部门设置明细分类账,账内按费用项目设立专栏进行明细登记。期末,将共同负担的制造费用按照一定的分配标准分配记入各成本核算对象。

三、成本核算的账务处理

(一)材料、燃料、动力的归集和分配

不论是外购的,还是自制的,发生材料、燃料和动力等各项要素费用时,对于直接用于产品生产、构成产品实体的材料、燃料和动力,对于能分产品领用的,应根据领退料凭证直接记入相应产品成本的"直接材料"项目。对于不能分产品领用的,需要采用适当的分配方法,分配计入各相关产品成本的"直接材料"成本项目。

在消耗定额比较准确的情况下,原材料、燃料也可按照产品的材料定额消耗量比例或材料定额费用比例进行分配。

(二)职工薪酬的归集和分配

职工薪酬是企业在生产产品或提供劳务活动过程中所发生的各种直接和间接人工费用的总和。"职工薪酬计算表(或工资表)"一般按车间、部门分别填制,是职工薪酬分配的依据。直接进行产品生产的生产工人的职工薪酬,直接记入产品成本的"直接人工"成本项目,不能直接记入产品成本的职工薪酬,按工时、产品产量、产值比例等方式进行合理分配,记入各有关产品成本的"直接人工"项目。

如果取得产品的实际生产工时数据比较困难,而产品的单件工时定额比较准确,也可按产品的定额工时比例分配职工薪酬。

(三)辅助生产费用的归集和分配

辅助生产费用的归集是通过辅助生产成本总账及明细账进行。一般按车间及产品和劳务设立明细账。辅助生产的分配应通过辅助生产费用分配表进行。辅助生产费用的分配方法很多,通常采用直接分配法、交互分配法、计划成本分配法、顺序分配法和代数分配法等。

(四)制造费用的归集和分配

制造费用包括机物料消耗,车间管理人员的薪酬,车间管理用房屋和设备的折旧费、租赁费和保险费,车间管理用具摊销,车间管理用的照明费、水费、取暖费、劳动保护费、设计制图费、试验检验费、差旅费、办公费以及季节性及修理期间停工损失等。制造费用应通过"制造费用"账户进行归集,月末按照一定的方法从贷方分配转入有关成本计算对象。

制造费用应当按照车间分别进行,不应将各车间的制造费用汇总,在企业范围内统一分配。制造费用分配方法很多,通常采用生产工人工时比例法(或生产工时比例法)、生产工人工

1

资比例法(或生产工资比例法)、机器工时比例法和年度计划分配率分配法等。

(五) 废品损失和停工损失的核算

1. 废品损失的核算

废品损失是在生产过程中发生的和入库后发现的不可修复废品的生产成本,以及可修复废品的修复费用,扣除回收的废品残料价值和应收赔款以后的损失。经质量检验部门鉴定不需要返修、可以降价出售的不合格品,以及产品入库后由于保管不善等原因而损坏变质的产品和实行"三包"企业在产品出售后发现的废品均不包括在废品损失内。废品损失可单独核算,也可在"基本生产成本""原材料"等账户中反映。辅助生产一般不单独核算废品损失。

不可修复废品损失的生产成本,可按废品所耗实际费用计算,也可按废品所耗定额费用计算,对于可修复废品,"废品损失"账户只登记返修发生的各种费用,不登记返修前发生的费用。回收的残料价值和应收的赔款,应从"废品损失"账户贷方分别转入"原材料"和"其他应收款"账户的借方。结转后"废品损失"账户的借方反映的是归集的可修复损失成本,应转入"基本生产成本"账户的借方。

2. 停工损失的核算

停工损失是生产车间或车间内某个班组在停工期间发生的各项费用,包括停工期间发生的原材料费用、人工费用和制造费用等。应由过失单位或保险公司负担的赔款,应从停工损失中扣除。不满一个工作日的停工,一般不计算停工损失。停工损失可单独核算,也可直接反映在"制造费用"和"营业外支出"等账户中。辅助生产一般不单独核算停工损失。

对于应计入产品成本的停工损失,如果停工车间只生产一种产品,应将"停工损失"账户归集的费用记入该产品成本明细账的"停工损失"项目;如果停工车间生产多种产品,一般按照制造费用分配方法在各种产品之间进行分配。

对"作业成本法"的理解

引例解析

遵照国家目前的统一规定,用"制造成本法"核算产品生产成本。纳入产品生产成本范畴的费用包括直接材料费、直接人工费和制造费用三项。

(1)直接材料费。直接材料指产品生产过程中所耗用的原材料,具体分为原料、辅助材料、燃料和动力、其他材料四类。原料包括面粉、食糖、植物油、猪油、鸡蛋等;辅助材料包括糖精、色素、香料、苏打等;燃料和动力主要是指烘烤中使用的煤和电;其他材料主要是指包装产品用的盒、袋以及修理用备件等。

(2)直接人工费。直接人工费包括在产品生产过程中直接从事产品加工生产、包装等人员的工资、奖金、津贴、补贴、应付职工福利费等。

(3)制造费用。制造费用包括为生产产品而发生的各项间接费用,主要有:三个车间管理人员(车间主任、核算员等)的工资、奖金、津贴、补贴、福利费;三个车间的固定资产折旧费;机物料消耗,车间水电费、办公费、劳动保护费等。

项 目 小 结

本项目内容结构如图 1-1 所示。

1

```
                                          ┌─ 成本的含义
                         ┌─ 成本的内涵 ────┼─ 成本与费用的关系
            ┌─ 认知成本 ──┤                └─ 生产成本与期间费用
            │            └─ 成本的作用
            │
            │                ┌─ 成本核算
            │                │                       ┌─ 成本会计的含义
            ├─ 认知成本核算与管理 ─┼─ 成本管理          ├─ 成本会计的对象
            │                └─ 成本会计 ────────────┼─ 成本会计的职能
            │                                       └─ 成本会计的工作组织
            │
            │                                      ┌─ 合理确定成本计算对象
成          │                                      ├─ 恰当确定成本计算期
本          │                 ┌─ 成本核算的要求 ───┼─ 正确选择成本计算方法
计          │                 │                    ├─ 合理设置成本项目
算          ├─ 了解成本核算的要求 ─┤                    └─ 合理选择费用分配标准
认          │                 │
知          │                 │                    ┌─ 生产费用按经济内容分类
            │                 └─ 成本费用的分类 ───┼─ 生产费用按经济用途分类
            │                                      └─ 生产费用按计入产品成本的方法分类
            │
            │                                      ┌─ 生产费用支出审核
            │                                      ├─ 确定成本计算对象和成本项目,开
            │                                      │  设产品成本明细账
            │                 ┌─ 成本计算的一般    ├─ 进行要素费用分配
            │                 │  程序           ───┼─ 进行综合费用分配
            └─ 成本核算程序 ───┤                    ├─ 进行完工产品与在产品成本的划分
                              │                    └─ 计算产品的总成本和单位成本
                              ├─ 成本核算主要账
                              │  户的设置
                              └─ 成本核算的账务
                                 处理
```

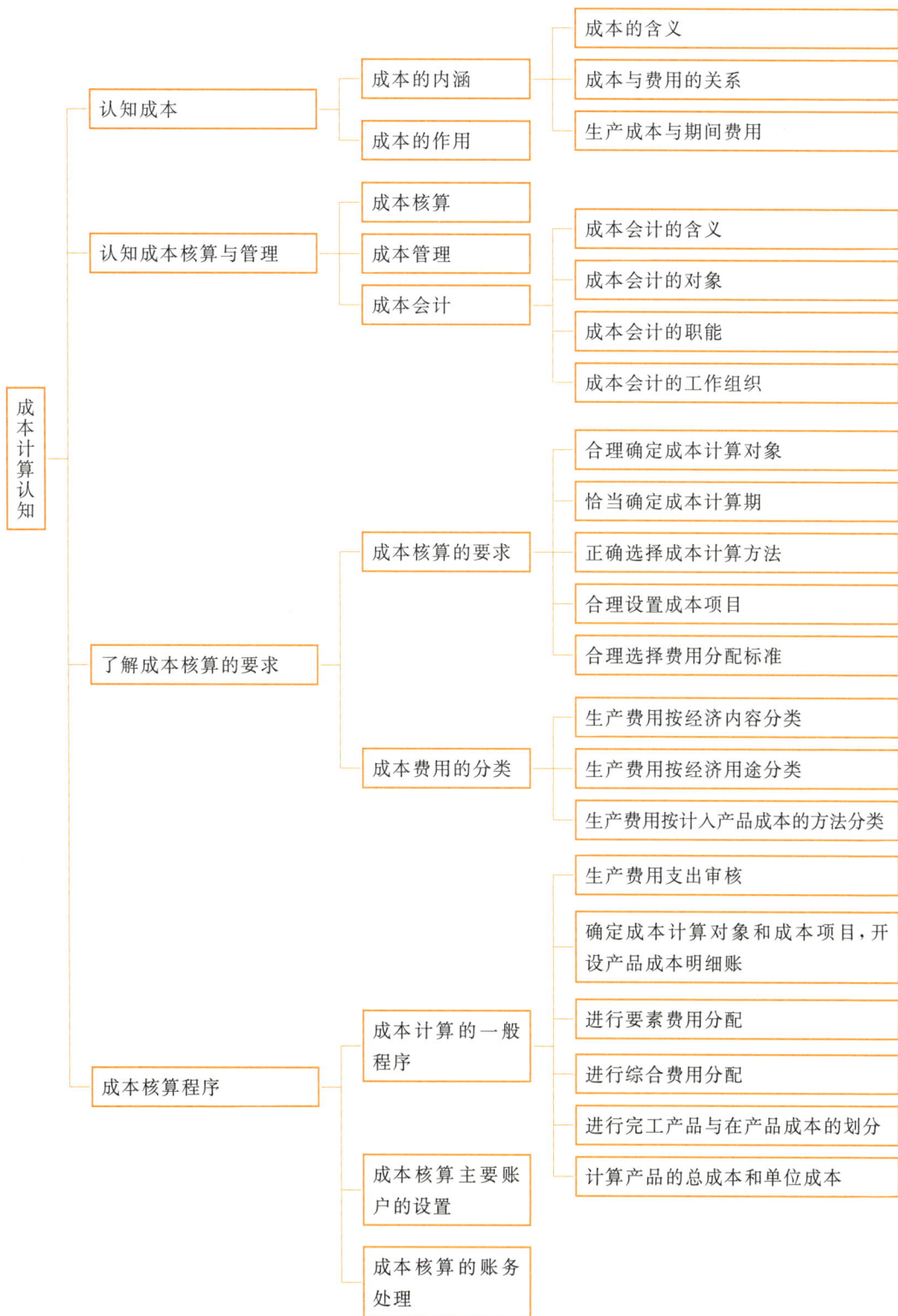

图 1-1　认知成本计算内容结构图

项目二　生产费用的核算

◇ **职业能力目标**

1. 了解各项费用要素的内容。
2. 理解各种费用要素分配方法的优缺点和适用范围。
3. 掌握各种费用要素的分配方法和费用分配表的编制。
4. 掌握材料费用、外购动力的费用和职工薪酬分配方法的核算和账务处理。
5. 熟悉其他费用的核算。

◇ **典型工作任务**

费用要素的分类，材料的归集，材料的分配，燃料的分配，低值易耗品的确认，低值易耗品的摊销，外购动力的分配，职工薪酬的核算，职工薪酬的结算，职工薪酬的分配，折旧费用的核算，税金以及其他费用的核算。

任务一　了解费用要素核算的程序

任务引例

安徽中胜标准件制造有限公司 8 月份有关成本费用资料如下。

(1) 产品领用原材料 30 000 元。

(2) 车间领用燃料 2 000 元。

(3) 车间耗用水电费 5 000 元。

(4) 核算生产工人薪酬 25 000 元。

(5) 核算车间管理人员薪酬 5 000 元。

(6) 核算销售部门人员薪酬 8 000 元。

(7) 核算企业行政管理人员薪酬 6 000 元。

(8) 计提车间厂房设备折旧 4 000 元。

(9) 支付购买职工劳保用品费 700 元。

(10) 支付车间机器租赁费 300 元。

(11) 支付为购买机器借款应负担的利息 30 000 元。

要求：试分析以上发生的费用都属于要素费用中的哪些费用？在进行核算时有哪些要求？

【知识准备与业务操作】

一、要素费用的含义与组成

（一）含义

企业产品生产的过程，同时也是物化劳动和活劳动耗费的过程。在这一过程中，发生的能用货币计量的生产耗费，称为生产费用。

（二）要素费用的组成

生产费用按照经济内容，可分为劳动对象消耗的费用、劳动手段消耗的费用和活劳动中必要劳动消耗的费用。这在会计上称为要素费用，它由下列项目组成。

1. 外购材料

企业为进行生产而耗用的一切从外部购进的原材料、主要材料、辅助材料、半成品、包装物、修理用备件和低值易耗品等。

2. 外购燃料

企业为进行生产而耗用的一切从外部购进的各种固体、液体和气体燃料。

3. 外购动力

企业为进行生产而耗用的一切从外部购进的各种动力。

4. 职工薪酬

企业应计入生产费用的职工工资以及企业根据规定按照职工工资总额的一定比例计提并计入费用的各种形式的报酬。

5. 折旧费

企业按规定计算的应计入费用的固定资产折旧费。

6. 其他支出

（1）利息支出，是指企业应计入财务费用的借入款项的利息支出减利息收入后的净额。

（2）税金及附加，包括房产税、车船税、土地使用税、印花税等。

（3）不属于以上各项费用的支出，如差旅费、邮电费、租赁费、外部加工费、保险费。

要素费用是一种原始形态的费用支出，这种分类方式可以反映出企业一定时期内在生产经营过程中发生了哪些费用，数额是多少，据以分析企业在各个时期各种费用的构成和水平。这种费用的划分，能将物化劳动的耗费明显地从劳动耗费中划分出来，进行单独反映，为企业计算工业净产值和国家计算国民收入提供资料，也可为企业控制流动资金占用及编制材料采购计划提供依据。但是，这种分类方式不能说明各项费用的用途，因而不便于分析各种费用的支出是否节约和合理。

二、要素费用核算程序

要素费用的核算，包括要素费用的归集和分配，是指企业在生产经营过程中发生的各种耗费，按其性质、用途和发生地点，归集和分配给有关的产品和部门，以此计算出产品的制造成本和期间费用总额。

（一）要素费用的归集

要素费用的归集，是指汇集企业在一定的会计期间为进行生产经营活动发生的各种要素费用的总额。一般由财会部门根据凭证、账簿或报表资料进行，也有的由其他部门提供汇总资料，如由劳动工资部门提供的工资统计、由仓库提供的材料消耗统计等。根据资料的不同来

2

源,要素费用的归集采用不同的归集办法。

在有账簿记录的条件下,如企业设置有制造费用明细账,财会部门平时对费用凭证加强审核,并及时登记账簿。月终,进行月结,将本期发生的费用进行汇总,与总账核对无误后,即是制造费用的汇总总额。

在没有账簿记录的情况下,某些生产费用,如领用的原材料,为了简化核算,财会部门只保存经过审核和计价的原始凭证领料单,而没有设置有关账簿,财会部门可以将原始凭证定期(如5天、10天、15天)与有关部门核对无误以后进行汇总,或月终经核对后一次汇总得到制造费用的汇总总额。

(二) 要素费用的分配

要素费用的分配,是指按照要素费用的用途和发生地点,将其分配计入产品成本和期间费用等。若是为某种产品所消耗并能确认其负担数额的直接费用,都应直接计入该产品的成本;若是为几种产品共同耗用或无法确定为哪种产品所消耗的间接费用,应选择适当的标准分配计入有关的各种产品成本。

适当的分配方法,是指分配依据的标准与分配对象有较密切的联系,而且分配标准的资料比较容易取得。即分配的方法既较合理又较简便。

分配间接计入费用的标准包含以下几类。

成果类,如产品的重量、体积、产量、产值等。

消耗类,如生产工时、生产工资、机器工时、原材料消耗量或原材料费用等。

定额类,如定额消耗量、定额费用等。

要素费用分配的计算如式2-1、式2-2所示。

$$费用分配率 = \frac{待分配费用总额}{分配标准总额} \qquad (2-1)$$

$$某分配对象应分配的费用 = 该对象的分配标准额 \times 费用分配率 \qquad (2-2)$$

对于直接用于产品生产,但没有专设成本项目的各项费用,例如基本生产车间的机器设备的折旧费、租赁费等,应先记入"制造费用"总账及所属明细账的费用项目,然后通过一定的分配程序,转入或分配转入"基本生产成本"总账及所属明细账"制造费用"等成本项目。

对于直接或间接用于辅助生产的费用,应记入"辅助生产成本"总账及所属明细账有关项目进行归集,然后将用于基本生产产品的辅助生产费用,通过一定的程序和方法,分配转入"基本生产成本"总账和所属明细账的各成本项目。这样,在"基本生产成本"总账和所属成本明细账的各成本项目,归集了各种产品本月份基本生产发生的全部生产费用,再加上月初在产品费用,并将其在完工产品与月末在产品之间进行分配,即可计算出完工产品和月末在产品成本。

在生产经营过程中发生的用于产品销售的费用、行政管理部门发生的费用、筹集资金活动中发生的费用等各项期间费用,则不计入产品成本,而应分别记入"销售费用""管理费用""财务费用"总账账户及其所属明细账,然后转入"本年利润"账户,冲减当期损益。对于购建和建造固定资产的费用,购买无形资产等资本性支出,不计入产品成本和期间费用,记入"在建工程""无形资产"等账户。各项要素费用的分配,通过编制各种费用分配表进行,根据分配表编制会计分录,据以登记各种成本、费用总账账户及其所属明细账。

从理论上说,各项要素费用应根据有关原始凭证,编制记账凭证,登记有关费用、成本账簿。在实际工作中,各种费用发生频繁,凭证数量很多。如果按每一原始凭证所反映的内容逐笔登记或逐笔分配登记,核算的工作量太大。为简化核算,一般不根据原始凭证逐笔编制记账凭证登记账簿,而是按费用的用途或发生地进行汇总,定期编制各种费用分配表,据以编制记账凭证,登记有关成本费用总账及明细账。

引例解析

根据案例介绍内容,该案例中(1)(2)(3)属于劳动对象方面外购材料、燃料与外购动力;(4)(5)(6)(7)属于活劳动方面的职工薪酬;(8)(9)(10)(11)属于劳动手段方面折旧费以及其他费用,在分配的过程中,若涉及两种或两种以上产品的共同消耗,需要采用一定的标准进行分配。

任务二 材料费用的核算

任务引例

东方轮机制造公司生产甲、乙两种产品共同耗用 A 材料。12 月共领用 A 材料10 000千克,每千克 10 元。甲、乙产品的材料费用与产品的产量的关系比较密切,产品越多,消耗的材料就越多。随着该企业生产的经验越来越丰富,定额资料也越来越稳定和完善。李某在该公司从事材料会计岗位工作,本月的生产费用采用产量比例与定额消耗量比例分配结果如表 2-1 所示。

表 2-1　甲、乙产品本月生产费用采用产量比例与定额消耗量比例分配情况

单位:元

产品名称	按产品产量比例分配	按材料定额消耗量比例分配
甲产品	45 000	48 000
乙产品	55 000	52 000
合　计	100 000	100 000

要求:请思考企业选择哪种方法分配材料费用比较合适。

【知识准备与业务操作】

产品的生产过程,也是一种耗费过程。任何产品的制造都离不开各种材料的消耗。

工业企业的材料主要包括购入的各种原料、主要材料、辅助材料、燃料、包装材料、外购半成品、修理用备件等,主要用于产品的制造,构成产品的实体,这部分材料费用计入产品的成本。因此,材料费用耗费的多少直接影响产品成本水平的高低,正确核算材料费用,可以减少采购成本,达到降低产品成本的目的。

一、原材料费用的核算

原材料是构成产品成本的主要要素,因此正确计算各项材料费用是企业的一项很重要的工作。

(一)原材料发出计价

1. 按实际成本核算

材料按实际成本计价方法进行日常核算,其特点是:从材料的收、发凭证到总分类账和明细分类账的登记全部按实际成本计价。

收料凭证按收入材料的实际成本计价。材料明细账中收入材料的金额,应该根据按实际

关于"假退料"

2

成本计价的收料凭证登记；账中发出材料的金额，应该按照先进先出、个别计价、全月一次加权平均或移动加权平均等方法计算登记，并按算出的实际单位成本对发料凭证进行计价。应设置"原材料"和"在途物资"等账户。

材料采用实际成本计价核算时，由于材料的收发结存均以实际成本计价，反映不出材料成本是节约还是超支，从而不能反映和考核物资采购业务的经营成果。因此，这种方法只适用于材料收发业务较少的企业。

2. 按计划成本核算

在实务工作中，对于材料收发业务较多且计划成本资料较为健全、准确的企业，一般都采用计划成本进行材料收发的核算。材料按计划成本进行计价的核算，其特点是：原材料的日常收发及结存，无论是总分类核算还是明细分类核算，均按照计划成本进行核算。

计划成本核算的特点是：设置"原材料""材料采购"和"材料成本差异"账户；收发凭证按材料的计划成本计价，"原材料"账户按计划成本登记；实际成本与计划成本的差异，通过"材料成本差异"账户核算。月份终了，通过分配材料成本差异，将发出原材料的计划成本调整为实际成本。

正确确定入库材料的成本，是计算产品成本中材料成本的前提。材料费用的计算，因企业对材料日常采用的计价方法的不同而有差别。在一般情况下，如果企业规模较小，材料的品种规格不多且收发不太频繁，材料可按实际成本计价；若企业规模较大，材料品种规格繁多且收发频繁，材料则应按计划成本计价。

（二）原材料领用凭证及其控制

为明确各单位的经济责任，便利分配原材料费用，以及不断降低材料的消耗，在企业生产过程领用材料时，应办理必要的手续。在领料时，应由专人负责，并经有关人员签字审核后，才能办理领料手续。

领用材料时使用的原始凭证主要包括领料单、限额领料单和领料登记表等。生产单位应根据领用材料的情况，选择采用某一种领料凭证。

（三）原材料费用分配的基本方法

1. 确定原材料分配对象——谁领用、谁负责、谁承担

（1）直接用于产品生产的材料，形成产品实体，应记入"基本生产成本"账户的"直接材料"成本项目。

（2）基本生产车间一般耗用的材料，则记入"制造费用"账户进行归集。月末分配记入"基本生产成本"账户的"制造费用"成本项目。

（3）直接用于辅助产品生产（或劳务提供）的材料，应记入"辅助生产成本"账户的"直接材料"成本项目。用于辅助生产车间一般耗用材料先记入辅助生产车间的"制造费用"账户进行归集，月末分配记入"辅助生产成本"账户的"制造费用"成本项目。

（4）销售机构、行政管理部门耗用的材料，应分别记入"销售费用""管理费用"账户，作为期间费用转入"本年利润"账户，冲减当期损益。

2. 间接计入材料费用的分配方法

对于几种产品共同耗用的各种材料费用，应选择适当的标准采用一定的分配方法分配计入各种产品成本。

一般原材料分配方法有定额消耗量比例分配法、定额费用比例分配法、产品重量比例分配法和产品产量比例分配法。

（1）定额消耗量比例分配法——多种产品共同消耗一种材料。定额消耗量比例分配法是按各种产品原材料消耗定额比例分配材料费的一种方法，它一般在各项材料消耗定额健全且比较准确的情况下采用。其计算方法如式 2-3 至式 2-6 所示。

$$某产品的定额消耗量＝该产品的实际产量×单位产品消耗量定额 \qquad (2-3)$$

$$材料定额消耗量分配率＝\frac{材料实际耗用量}{各种产品材料定额消耗量之和} \qquad (2-4)$$

$$某产品应分配的实际材料数量＝该产品材料定额消耗量×材料定额消耗量分配率 \quad (2-5)$$

$$某产品应分配的材料费用＝该产品应分配的实际材料数量×材料单价 \qquad (2-6)$$

【做中学 2-1】 双丰轴承厂生产甲、乙两种产品，共同耗用 A 材料 6 300 千克，每千克 5 元。甲产品实际产量 60 件，单位产品材料消耗量定额 25 千克；乙产品实际产量 150 件，单位产品材料消耗量定额 50 千克，要求：采用按产品材料定额消耗量比例分配法分配材料费。

$$甲产品材料定额消耗量＝60×25＝1\,500（千克）$$
$$乙产品材料定额消耗量＝150×50＝7\,500（千克）$$
$$材料定额消耗量分配率＝\frac{6\,300}{1\,500+7\,500}＝0.7$$
$$甲产品应分配的材料费用＝1\,500×0.7×5＝5\,250（元）$$
$$乙产品应分配的材料费用＝7\,500×0.7×5＝26\,250（元）$$

（2）定额费用比例分配法——多种产品共同耗用多种材料。定额费用比例分配法是按照产品材料定额费用分配材料费用的一种方法。其计算方法如式 2-7 至式 2-9 所示。

$$某产品材料定额费用＝该产品实际产量×单位产品材料费用定额 \qquad (2-7)$$

$$材料定额费用分配率＝\frac{各种产品实际费用总额}{各种产品定额费用之和} \qquad (2-8)$$

$$某产品应分配材料费用＝该产品材料定额费用×材料定额费用分配率 \qquad (2-9)$$

【做中学 2-2】 西苑机械厂生产甲、乙两种产品，共耗用 A、B 两种材料，耗用 A 材料 690 千克，每千克 10 元；耗用 B 材料 4 500 千克，每千克 3 元。甲产品实际产量 120 件，单位产品材料费用定额为 25 元；乙产品实际产量 350 件，单位产品材料费用定额为 40 元，要求：采用按产品材料定额费用比例分配法分配材料费。

$$甲产品材料定额费用＝120×25＝3\,000（元）$$
$$乙产品材料定额费用＝350×40＝14\,000（元）$$
$$材料定额费用分配率＝\frac{690×10+4\,500×3}{3\,000+14\,000}＝1.2$$
$$甲产品应分配的材料费用＝3\,000×1.2＝3\,600（元）$$
$$乙产品应分配的材料费用＝14\,000×1.2＝16\,800（元）$$

（3）产品重量比例分配法。产品重量比例分配法是按照各种产品的重量比例分配材料费用的一种方法,这种方法一般适用于产品所耗用材料的多少与产品重量有着直接联系的情况下采用。其计算方法如式 2-10、式 2-11 所示。

$$材料费用分配率 = \frac{材料实际耗用量 \times 材料单价}{各种产品重量之和} \quad (2-10)$$

$$某产品应分配的材料费用 = 该产品的重量 \times 材料费用分配率 \quad (2-11)$$

(4)产品产量比例分配法。产品产量比例分配法是按产品的产量比例分配材料费用的一种方法,在产品的产量与其所耗用的材料有密切联系的情况下,可采用这种方法分配材料费用。其计算方法如式 2-12、式 2-13 所示。

$$材料费用分配率 = \frac{材料实际消耗量 \times 材料单价}{各种产品产量之和} \quad (2-12)$$

$$某产品应分配的材料费用 = 该产品实际产量 \times 材料费用分配率 \quad (2-13)$$

【做中学 2-3】 东方机械厂生产甲、乙两种产品,共耗用 B 材料 700 千克,每千克 6 元。甲产品实际产量为 180 件;乙产品实际产量为 240 件,采用产品产量比例分配法分配材料费用。

$$材料费用分配率 = \frac{700 \times 6}{180 + 240} = 10$$

$$甲产品应分配的材料费用 = 180 \times 10 = 1\,800(元)$$

$$乙产品应分配的材料费用 = 240 \times 10 = 2\,400(元)$$

(四)原材料费用分配的账务处理

原材料费用的分配是通过材料费用分配表进行的。此分配表应根据领退料凭证和有关资料编制,其中退料凭证的数额应从相应的领料凭证的数额中扣除。在实际工作中,"原材料费用分配表"可先按各生产车间和部门分别编制,然后,全厂合并编制一张材料费用汇总分配表。材料费用汇总分配表的格式如表 2-2 所示。

【做中学 2-4】

表 2-2 原材料费用分配表

企业名称: 　　　　　　　　　　20××年×月　　　　　　　　金额单位:元

应借账户		直接计入	间接计入(分配计入)		材料费用合计
			定额消耗量	分配费用(分配率 3.5)	
基本生产成本	甲产品	2 360	1 500	5 250	7 610
	乙产品	820	7 500	26 250	27 070
	小计	3 180	9 000	31 500	34 680
辅助生产成本	供电	3 200			3 200
制造费用	基本车间	5 500			5 500
管理费用		1 200			1 200
销售费用		480			480
合　计		13 560		31 500	45 060

注:其中分配率 3.5 = 31 500/9 000

账务处理：

借：基本生产成本——甲产品　　　　　　　　　　　7 610

　　　　　　　　　——乙产品　　　　　　　　　27 070

　　辅助生产成本——供电　　　　　　　　　　　3 200

　　制造费用　　　　　　　　　　　　　　　　　5 500

　　管理费用　　　　　　　　　　　　　　　　　1 200

　　销售费用　　　　　　　　　　　　　　　　　　480

　　贷：原材料　　　　　　　　　　　　　　　　　　　45 060

引例解析

　　按产量比例分配与按定额消耗量比例分配都是共同消耗材料的分配方式，根据东方轮机公司的生产数据分析，按产量比例分配与按材料定额消耗量比例分配两者相差的结果并不多，随着定额的完善与稳定，为了将来控制成本的需要，可以将共同消耗材料分配选择为定额消耗量比例分配法。

【工作任务——材料费用分配的核算】

　　序阳机电设备有限公司生产甲、乙两种产品，共同耗用 A 材料 11 000 千克，每千克材料成本为 4 元。甲、乙两种产品的实际产量分别为 500 件和 1 000 件，单件产品原材料消耗定额为 8 千克和 6 千克。要求：计算甲、乙两种产品应承担的材料费用。

　　任务分析：

　　本任务涉及两种产品共同耗用一种材料的分配，可以采用定额消耗量比例分配法分配。

　　操作步骤：

　　第一步：计算分配标准——定额消耗量。

$$甲产品定额消耗量 = 500 \times 8 = 4\,000（千克）$$

$$乙产品定额消耗量 = 1\,000 \times 6 = 6\,000（千克）$$

　　第二步：计算费用分配率。

$$材料定额消耗量分配率 = \frac{11\,000 \times 4}{4\,000 + 6\,000} = 4.4$$

　　第三步：计算各种产品应该承担的费用。

$$甲产品应承担材料费用 = 4\,000 \times 4.4 = 17\,600（元）$$

$$乙产品应承担材料费用 = 6\,000 \times 4.4 = 26\,400（元）$$

材料费用分配表如表 2-3 所示。

2

表 2 - 3 材料费用分配表

产品	产量/件	材料消耗量定额/千克	定额消耗量/千克	分配率	分配额/元
甲	500	8	4 000		17 600
乙	1 000	6	6 000		26 400
合计	—	—	10 000	4.4	44 000

账务处理：

借：基本生产成本——甲产品　　　　　　　　　　　　　　　　　17 600
　　　　　　　　　——乙产品　　　　　　　　　　　　　　　　26 400
　　贷：原材料——A材料　　　　　　　　　　　　　　　　　　　44 000

二、燃料费用的核算

燃料费用归集与分配的方法与原材料费用的核算方法大致相同。

对于生产产品使用的燃料，在燃料使用不多时，可不设置专门的成本项目，而将其记入"直接材料"成本项目中；若燃料耗用的数量较大，则应专门设置"燃料及动力"成本项目，归集生产中使用的燃料费用，以便于对其使用情况进行分析和考核。

对于直接用于产品生产的燃料，能分清是由哪种产品耗用的，则应根据有关的原始凭证，直接记入该产品的成本计算单中的"燃料及动力"成本项目中；若企业不设置"燃料及动力"成本项目，则应将其直接记入"直接材料"成本项目中。

几种产品共同耗用而分不清哪种产品耗用的燃料费用时，则应采取适当的分配标准，在各种产品当中进行分配。采用的分配标准一般为产品的重量、体积、定额消耗量、定额费用等。

辅助生产车间使用的燃料，记入"辅助生产成本"账户；

基本生产车间一般耗用的燃料，应记入"制造费用"账户；

管理部门使用的燃料，应记入"管理费用"账户。

【做中学 2 - 5】 根据表 2 - 4 燃料费用分配表进行燃料费用分配，并做账务处理。

表 2 - 4 燃料费用分配表

企业名称：　　　　　　　　　　　　　　　20××年×月　　　　　　　　　　　　　单位：元

应借账户		直接计入	间接计入（分配计入）			材料费用合计
			定额费用	分配率	分配费用	
基本生产成本	甲产品		3 120		2 496	2 496
	乙产品		4 580		3 664	3 664
	小计		7 700	0.8	6 160	6 160
制造费用	基本车间	2 360				2 360
管理费用		3 250				3 250
合计		5 610			6 160	11 770

2

$$分配率=6\ 160\div 7\ 700=0.8$$
$$甲产品应分配燃料费用=3\ 120\times 0.8=2\ 496(元)$$
$$乙产品应分配燃料费用=4\ 580\times 0.8=3\ 664(元)$$

账务处理：

借：基本生产成本——甲产品	2 496	
——乙产品	3 664	
制造费用	2 360	
管理费用	3 250	
贷：原材料——燃料		11 770

三、周转材料的核算

周转材料是指企业能够多次使用、逐渐转移其价值但仍保持原有形态不确认为固定资产的材料，包括低值易耗品、包装物，以及钢模板、木模板、脚手架等。核算时设置"周转材料"账户，按其种类分别设"在库""在用"和"摊销"进行明细核算。

（一）低值易耗品的核算

低值易耗品是指劳动资料中单位价值在规定限额以下或使用年限较短（一般在一年以内）的物品。由于它价值低，使用期限短，所以采用简便的方法，将其价值摊入产品成本。低值易耗品可分为在库阶段和在用阶段进行核算。在库阶段核算与原材料核算相同；在用低值易耗品是指车间、部门从仓库领用，直到报废以前整个使用过程中的低值易耗品。

> **提示**
>
> 材料是否属于低值易耗品是根据其性质划分的，与价格、价值没有直接关系。

低值易耗品在使用中的实物形态基本不变，其价值应该采用适当的摊销方法计入产品成本和期间费用等。但是，低值易耗品摊销额在产品成本中所占比重较小，又没有专设成本项目，因此，将用于生产应计入产品成本的低值易耗品摊销计入制造费用；用于组织和管理生产经营活动的低值易耗品摊销，计入管理费用；用于其他经营业务的低值易耗品摊销，则计入其他业务成本等。

低值易耗品的摊销方法通常有一次摊销法、五五摊销法、分次摊销法。

（1）采用一次摊销法的，领用时应按其账面价值，一次转移给受益对象，借记"制造费用""管理费用"账户，贷记"周转材料"账户。

【做中学 2-6】　东方制造厂一生产车间领用生产工具 20 件，每件 6 元，管理部门领用工作服 15 件，每件 12 元。

账务处理：

借：制造费用	120	
管理费用	180	
贷：周转材料——工具		120
——工作服		180

（2）采用五五摊销法的，领用时先摊销其价值的一半，报废时摊销另一半（扣除残值），该

2

方法适用于报废比较均衡的低值易耗品。

【做中学 2-7】　一车间 2 月 25 日领用低值易耗品一批,价值 5 600 元;2 月 28 日报废 1 月份领用的价值 2 000 元的低值易耗品,收回残料价值 150 元,已验收入库。

账务处理:

2 月 25 日,领用:

借:周转材料——在用	5 600	
贷:周转材料——在库		5 600

2 月 25 日,摊销:

借:制造费用	2 800	
贷:周转材料——摊销		2 800

2 月 28 日,报废:

借:制造费用	850	
原材料	150	
贷:周转材料——摊销		1 000

2 月 28 日,注销:

借:周转材料——摊销	2 000	
贷:周转材料——在用		2 000

(3)采用分次摊销法的,将低值易耗品账面价值分成若干期,分次摊销给受益对象,适用于价值比较高、使用期限比较长的低值易耗品,但摊销时间一般不超过一年。

> **注意**
>
> 周转材料采用计划成本进行日常核算的,领用等发出周转材料时,还应同时结转应分摊的成本差异。

(二) 包装物的核算

包装物数量比较少的企业,以及各种包装材料,可以通过“原材料”核算,用于保管材料、储存材料不对外销售的包装物,根据其性质在“周转材料”或“固定资产”内核算,单独作为商品的自制包装物做“库存商品”处理。

> **注意**
>
> “周转材料”期末借方余额,反映企业在库周转材料的计划成本或实际成本以及在用周转材料的摊余价值。

企业的包装物、低值易耗品,也可以不通过“周转材料”账户,仍然采用“包装物”“低值易耗品”账户。

【工作任务——周转材料的核算】

中盛电机厂生产车间 1 月领用管理用具一批,采用五五摊销法摊销,其实际成本为 3 000 元;本月报废上月领用管理用具一批,其实际成本为 1 200 元,回收残料计价 200 元,已验收入库。要求:编制低值易耗品领用、摊销、报废的会计分录(可采用“低值易耗品”账户)。

任务分析：

本任务要求采用五五摊销法摊销低值易耗品。

操作步骤：

第一步，低值易耗品领用的处理；

借：低值易耗品——在用　　　　　　　　　　　　　　　　　　3 000

　　贷：低值易耗品——在库　　　　　　　　　　　　　　　　　　　3 000

第二步，低值易耗品摊销的处理；

借：制造费用　　　　　　　　　　　　　　　　　　　　　　　1 500

　　贷：低值易耗品——摊销　　　　　　　　　　　　　　　　　　　1 500

第三步，低值易耗品报废的处理。

借：制造费用　　　　　　　　　　　　　　　　　　　　　　　　400

　　原材料　　　　　　　　　　　　　　　　　　　　　　　　　200

　　贷：低值易耗品——摊销　　　　　　　　　　　　　　　　　　　　600

借：低值易耗品——摊销　　　　　　　　　　　　　　　　　　1 200

　　贷：低值易耗品——在用　　　　　　　　　　　　　　　　　　　1 200

任务三　外购动力费用的核算

任务引例

　　风驰汽车配件制造厂是一个小型制造企业，生产甲和乙两种汽车配件，虽然企业不大，但这几年购销两旺，生意一直不错，因此企业生产发生的电费也一直居高不下。公司会计为了核算方便，将每月支付的电力费用全部计入当月生产成本。

　　要求：请分析这样的处理是否合理。

【知识准备与业务操作】

一、外购动力费用支出的核算

　　动力费用是指企业耗用的电力、蒸汽等费用。动力费用可以分为自制和外购两种情况，自制动力费用分配属于辅助生产费用分配的内容，这里只涉及外购动力费用的归集与分配。

　　外购动力一般是由动力供应单位（如供电公司）派遣抄表员，根据动力计量表上反映的耗用量和计价标准开列账单向企业收取的。动力费用是先用后支付，也就是说本月发生的动力费用要等到下个月才支付，而企业进行成本计算的会计期间是以月份为基础的，应以本月实际消耗的动力费用为基准。因此，根据权责发生制和配比原则，企业必须在月末自行派员抄录计量表上反映的动力耗用数量，以此确定本月发生的动力费用，作为当期分配的基准数。

　　实务中，通过设置"应付账款"账户来核算外购动力的支付与分配。支付外购动力时，借记"应付账款"、贷记"银行存款"。分配时，借记相关成本费用账户，贷记"应付账款"账户。"应付

2

账款"账户年末如有余额,可做调整。

二、外购动力分配的核算

外购动力,有的直接用于产品生产,如生产用电力;有的间接用于产品生产,如生产车间照明和办公用电;有的用于经营管理,如行政管理部门照明和办公用电。这些动力费用的分配,在有仪表记录的情况下,应根据仪表所显示的耗用量以及动力的单价计算;在没有仪表记录的情况下,可以按照生产工时比例、机器工时比例或定额消耗量等标准进行分配。

在实务中,各车间、部门的动力用电和照明用电一般都分别装有电表。因此,外购电力费用在各车间、部门分配时,一般应按用电度数进行分配。车间的动力用电,一般不会按产品分别安装电表记录,因而车间动力用电费作为共同消耗的间接计入费用应在各种产品之间,以产品生产工时、机器工时、定额耗电量或其他标准为依据进行分配。

凡是基本生产车间直接用于产品生产的外购动力费用,在按照一定标准分配后,记入基本生产明细账中的"直接材料"成本项目,或记入单独设置的"燃料与动力"成本项目;基本生产车间照明和办公等耗用的动力费用,应记入"制造费用"明细账;辅助生产车间耗用的动力费用记入"辅助生产成本"明细账;其他单位或部门耗用的动力费用记入"管理费用""销售费用"等账户。

【做中学 2-8】 风驰汽车配件制造厂生产甲、乙两种产品。3月,外购电量85 000度,电费单价1.5元,仪表记录显示生产车间消耗68 000度,其中甲、乙产品共同耗用66 000度,车间照明等一般耗用2 000度,修理车间耗用12 000度,管理部门耗用4 000度,销售部门耗用1 000度,甲产品本月生产工时9 300小时,乙产品生产工时5 700小时,相关资料如表2-5所示。

要求:分配动力费用。

表 2-5　　　　　　　　　外购动力费用分配表

企业名称:　　　　　　　　　　　　3月

应借科目		成本项目	消耗电量分配			电费单价/（元/度）	外购动力/元 合　计
			生产工时/小时	分配率	耗电量/度		
基本生产成本	甲产品	燃料及动力	9 300		40 920		61 380
	乙产品	燃料及动力	5 700		25 080		37 620
	小计		15 000	4.4	66 000		99 000
辅助生产成本	机修				12 000		18 000
制造费用	基本车间				2 000		3 000
管理费用					4 000		6 000
销售费用					1 000		1 500
合　计					85 000	1.5	127 500

账务处理:

```
借:基本生产成本——甲产品                          61 380
          ——乙产品                          37 620
   辅助生产成本——机修                           18 000
   制造费用                                  3 000
   管理费用                                  6 000
   销售费用                                  1 500
   贷:应付账款——电费                              127 500
```

引例解析

　　企业发生的动力费用应根据其用途分别计入相应的会计账户中。如果是直接用于产品生产的外购动力费用,应记入"基本生产成本"账户;基本生产车间照明和办公等耗用的动力费用,应记入"制造费用"账户;辅助生产车间耗用的动力费用记入"辅助生产成本"账户;其他单位或部门耗用的动力费用记入"管理费用"等相关的账户中。

　　实务中,通过设置"应付账款"账户来核算外购动力的支付与分配。支付外购动力时,借记"应付账款"账户,贷记"银行存款"账户。分配时,借记相关成本费用账户,贷记"应付账款"账户。

任务四　职工薪酬的核算

任务引例

　　会计专业毕业的小周应聘到江淮汽车制造企业人力资源部,负责管理企业的考勤记录。每月负责将考勤记录报送给会计部门以备核算职工薪酬,但是她发现按照自己所学的知识计算出来的职工薪酬,和实际拿到手的钱不一样。

　　要求:请思考产生这种现象的原因。

【知识准备与业务操作】

一、职工薪酬的组成

　　职工薪酬,是指企业为获得职工提供的服务而给予各种形式的报酬以及其他相关支出。包括提供给职工本人在职以及离职后的货币性薪酬和非货币性薪酬,还包括提供给职工配偶、子女或其他被赡养人的福利。这里的"职工"不仅包括与企业签订劳动合同的所有人员,有全职、兼职和临时职工,也包括未与企业签订劳动合同、但由企业正式任命的企业治理层和管理层人员,如董事会成员、监事会成员等,还包括在企业的计划和控制下,虽未与企业签订劳动合同或未正式任命但为其提供与职工类似服务的人员。

　　职工薪酬主要包括:职工工资、奖金、津贴和补贴;职工福利费;医疗保险费、养老保险费、失业保险费、工伤保险费和生育保险费等社会保险费;住房公积金;工会经费和职工教育经费;非货币性福利;因解除与职工的劳动关系给予的补偿;其他与获得职工提供的服务相关的支出。

(一)职工工资

　　支付给职工的工资、奖金、津贴和补贴,即按照国家统计局的规定构成工资总额的计时工资、计件工资、支付给职工的超额劳动报酬和增收节支的劳动报酬、为了补偿职工特殊或额外的劳动消耗和因其他特殊原因支付给职工的津贴,以及为了保证职工工资水平不受影响支付给职工的物价补贴等。

(二)职工福利费

　　尚未实行分离办社会或主辅分离、辅业改制的企业内设的医务室、职工浴室、理发室、托儿所等集体福利机构人员的工资、医务经费,职工因公负伤赴外地就医路费、职工生活困难补助,以及按照国家规定开支的其他职工福利支出。

2

(三) 社会保险费

这是指企业按照国务院、各地方政府或企业年金计划规定的基准和比例计算,向社会保险经办机构缴纳的应由企业承担的各项保险费用。例如,医疗保险费、养老保险费、失业保险费、工伤保险费和生育保险费等。

(四) 住房公积金

企业按照国务院《住房公积金管理条例》规定的基准和比例计算,向住房公积金管理机构缴存的住房公积金。

(五) 工会经费和职工教育经费

企业为了改善职工的文化生活,为职工学习先进技术和提高文化水平与业务素质,用于开展工会活动和职工教育及职业技能培训等的相关支出。

(六) 非货币性福利

企业以自己的产品或外购商品发放给职工作为福利,企业提供给职工无偿使用自己拥有的资产或租赁资产供职工无偿使用等。

(七) 因解除与职工的劳动关系给予的补偿

由于各种原因,企业在职工劳动合同尚未到期之前解除与职工的劳动关系,或者为鼓励职工自愿接受裁减而给予职工的经济补偿,即国际财务报告准则中所指的辞退福利。

(八) 其他与获得职工提供的服务相关的支出

其他如企业提供给职工以权益形式结算的认股权、以现金形式结算但以权益工具公允价值为基础确定的现金股票增值权等。

二、职工薪酬的计算

(一) 职工薪酬计算的基础工作

职工薪酬计算的基础工作,包括考勤记录、产量和工时记录等。

1. 考勤记录

考勤记录是登记职工出勤和缺勤情况的记录。考勤记录是计算职工工资的重要记录。同时,它对于分析和考核职工工作时间利用情况,加强企业的劳动纪律,提高企业管理水平等方面,也有着同样的重要作用。考勤记录是考核职工爱岗敬业、履职尽责的重要依据。

企业的考勤记录一般分车间、班组、科室分别进行。考勤记录应由考勤人员根据职工出勤和缺勤情况进行逐日登记,除了反映出勤和缺勤情况以外,还应反映出勤时间分析、缺勤时间分析等内容。考勤记录在月末经财会部门审核后,作为计算计时工资的依据。

2. 产量和工时记录

产量记录是反映工人或班组在出勤时间内生产产品的产量和耗用生产工时的记录。产量记录不仅是计算计件工资的依据,同时,也是统计产量和生产工时的依据。所以产量记录应提供产量、合格品产量、废品产量、工时等资料。

(二) 职工工资的计算

根据国家统计局《关于工资总额组成的规定》,构成工资总额的包括计时工资、计件工资、奖金、津贴和补贴、加班加点工资、特殊情况下支付的工资六个方面:

2

1. 计时工资的计算

计时工资是指根据职工的计时工资标准和工作时间支付给职工个人的劳动报酬。根据工资标准计量的时间长短不同,计时工资有月薪制、日薪制、小时工资制、周薪制、年薪制,大多数企业的固定职工一般按月薪制计算。

月薪制是指月标准工资扣除缺勤工资核算职工工资的一种方法。由于每一名职工每月的出勤和缺勤的情况不同,每月应得的计时工资也不尽相同,在职工有缺勤的情况下,计算其应得的工资有两种基本的方法:① 按月标准工资扣除缺勤天数应扣工资计算;② 直接根据职工的出勤天数计算。

按出勤天数算如式 2-14 所示。

$$应付计时工资=[月出勤天数+病假天数×(1-病假扣款率)]×日标准工资 \quad (2-14)$$

按缺勤天数算如式 2-15 所示。

$$应付计时工资=月标准工资-(事假、旷工天数+病假天数$$
$$×病假扣款率)×日标准工资 \quad (2-15)$$

由于各月日历天数不同,因此,同一个职工各月的日标准工资也不同,在实际工作中,为简化计算工作,日标准工资可按以下两种方法计算:

(1) 按月平均天数(30 天)算,每年总天数按国家统计口径 360 天计算,每月平均 30 天。

$$日标准工资=月标准工资÷30$$

(2) 按月平均工作天数(20.83 天)算,全年日历天数减去法定节假日和双休日,再除以 12 的,每月平均 20.83 天。

$$月平均工作天数=\frac{365-11-52×2}{12}=20.83(天)$$

$$日标准工资=月标准工资÷20.83$$

企业计算计时工资有两种方法,计算日标准工资有两种算法,因此计算计时工资就有了四种不同的方法。

按月平均天数(30 天)核算日工资标准,按出勤天数计算月工资;

按月平均天数(30 天)核算日工资标准,按缺勤天数扣除缺勤工资计算,缺勤期间节假日算缺勤;

按月工作天数(20.83 天)核算日工资标准,按出勤天数计算月工资;

按月工作天数(20.83 天)核算日工资标准,按缺勤天数扣除缺勤工资计算,缺勤期间节假日不算缺勤。

思考

企业会倾向于选择哪种方法计算?

【做中学 2-9】 大众机械厂员工李兵,月工资标准 2 400 元,8 月共 31 天,事假 4 天。病假 2 天,周末休假 9 天,出勤 16 天,根据公司的相关规定,病假按工资标准的 80% 计算,该工人病假与事假期间没有节假日。要求:采用以上介绍的四种方法分别计算职工薪酬。

(1) 按月平均天数(30 天)核算日工资标准,按出勤计算月工资;

2

$$日标准工资＝2\ 400÷30＝80(元)$$

本月企业应付的计时工资：$(16+9+2×80\%)×80＝2\ 128(元)$

(2) 按月平均天数(30 天)核算日工资标准，按缺勤天数扣除缺勤工资计算：

本月企业应付的计时工资：$2\ 400-(4+2×20\%)×80＝2\ 048(元)$

(3) 按月工作天数(20.83 天)核算日工资标准，按出勤计算月工资：

$$日标准工资＝2\ 400÷20.83≈115.22(元)$$

本月企业应付的计时工资：$(16+2×80\%)×115.22＝2\ 027.87(元)$

(4) 按月工作天数(20.83 天)核算日工资标准，按缺勤天数扣除缺勤工资计算：

$$日标准工资＝2\ 400÷20.83≈115.22(元)$$

本月企业应付的计时工资：$2\ 400-(4+2×20\%)×115.22＝1\ 893.03(元)$

2. 计件工资的计算

计件工资是按照工人生产的合格品的数量(或作业量)和预先规定的计件单价，来计算报酬的一种工资形式。它不是直接用劳动时间来计量，而是用一定时间内的劳动成果——产品数量或作业量来核算，因此，它是间接用劳动时间来核算的，是计时工资的转化形式。

(1) 个人计件。计件工资一般针对生产工人而采用的计算方法，应付工人的计件工资，是根据产量凭证登记的每人(或班组)完成的合格品产量乘以规定的计件单价计算的。其计算公式如式 2-16 所示：

$$应付工人计件工资＝\sum[(合格品数量+料废品数量)×计件单价] \qquad (2-16)$$

计件单价是指完成单件产品应得到的工资额，其计算公式如式 2-17 所示：

$$计件单价＝该产品的工时定额×该等级工人小时工资率 \qquad (2-17)$$

【做中学 2-10】 王超 6 月经过业务培训，进入一家制造业企业从事产品生产工作，协议签订小时工资率为 5 元/小时。8 月，王超生产甲产品 500 件，生产乙产品 400 件，甲产品每件产品工时定额 30 分钟，乙产品每件产品工时定额 45 分钟，计算王超 8 月计件工资是多少？

$$甲产品计件单价＝(30÷60)×5＝2.5(元)$$
$$乙产品计件单价＝(45÷60)×5＝3.75(元)$$

应付计件工资：$2.5×500+3.75×400＝2\ 750(元)$

若发现甲产品有 25 件废品，20 件工废，5 件料废，王某的计件工资是多少？

应付计件工资：$2.5×480+3.75×400＝2\ 700(元)$

(2) 集体计件。当工人集体从事某项工作且不易分清每个职工的经济责任时，可采取集体计件工资的方式。采用集体计件工资时，应先按集体完成合格品数量乘以计件单价，计算出集体计件工资总额，然后，再采用一定的方法，将集体计件工资总额在集体成员内部进行分配。

集体计件工资的计算方法与个人计件工资的计算方法相同，但集体计件工资还要在集体内部各工人之间按照贡献大小进行分配，大多数按每人的工资标准和工作日数(或工作时数)的乘积为比例进行分配。

注意

计件工资中废品的计算：

工废品：职工自身加工原因而导致生产的产品不合格，不计发工资。

料废品：由于材料原因而导致生产的产品不合格，需要计发工资。

3. 奖金的计算

奖金是指对职工的超额劳动，在标准工资以外支付给职工的物质奖励性质的劳动报酬。奖金包括生产奖、节约奖、劳动竞赛奖以及其他奖金。奖金应根据国家的有关规定和企业内部的奖励标准进行计算。

4. 津贴和补贴的计算

津贴和补贴是指为了补偿职工特殊或额外的劳动消耗和其他特殊原因支付给职工的津贴，以及为了保证职工工资水平不受物价影响而支付给职工的物价补贴等。津贴和补贴应按国家规定的种类和标准计算。

5. 加班加点工资的计算

加班加点工资是指按规定支付给职工的加班工资和加点工资。加班加点工资应按日工资（或小时工资）乘以加班加点天数（或小时）及国家规定的支付标准（系数）计算，如式 2-18 所示。

$$应付加班加点工资＝加班加点天数×日工资×规定的支付标准（系数）\qquad(2-18)$$

规定的支付标准（系数）是：安排劳动者延长工作时间的，支付不低于工资的 150% 的工资报酬（系数为 1.5）；休息日安排劳动者工作又不能安排补休的，支付不低于工资的 200% 的工资报酬（系数为 2）；法定休假日安排劳动者工作的，支付不低于 300% 的工资报酬（系数为 3）。

6. 特殊情况下支付的工资的计算

特殊情况下支付的工资是指根据国家法律法规和政策规定，职工因病、工伤、产假、婚假、事假、探亲假等原因按规定支付的工资。特殊情况下支付的工资应按国家规定的标准和考勤记录计算。

（三）其他货币性薪酬的计算

其他货币性薪酬如"五险一金"、福利费等，按照职工工资的一定比例计提。

1. 社会保险费（五险）

社会保险费即"五险"，是指由用人单位及其职工依法参加社会保险并缴纳的职工基本养老保险费、职工基本医疗保险费、工伤保险费、失业保险费和生育保险费。

缴费单位和缴费个人应当以货币形式全额缴纳社会保险费。缴费个人应当缴纳的社会保险费，由所在单位从其本人工资中代扣代缴。

以安徽省为例，根据《安徽省社会保险费征缴暂行规定》，社会保险费费基为缴费单位工资总额，社会保险费的费率按下列规定执行：

（1）基本养老保险费费率。自 2019 年 5 月 1 日起，城镇职工基本养老保险（包括企业和机关事业单位基本养老保险，以下简称养老保险）单位缴费比例降至 16%，个人缴费比例为 8%。

（2）基本医疗保险费费率。单位缴费率由设区的市的人民政府规定，例如 2019 年合肥市单位缴费率为 8%。职工缴费率为 2%。

（3）失业保险费费率。单位缴费率为本单位工资总额的 0.5%，职工缴费率为本人工资的 0.5%。

（4）工伤保险费费率。工伤保险费费率依照省人民政府的有关规定，根据行业的工伤风险类别和工伤事故、职业病的发生频率由设区的市的人民政府确定，并可视企业工伤事故发生情况进行浮动。2019 年合肥市为 0.1%。

（5）生育保险费费率。国务院通过国办发〔2017〕6 号文件，试点执行《生育保险和职工基本医疗保险合并实施试点方案》，将生育保险基金并入职工基本医疗保险基金，统一征缴。职工生育期间的生育保险待遇不变。

2. 住房公积金（一金）

"一金"即住房公积金是单位及其在职职工缴存的长期住房储金，是住房分配货币化、社会化和法制化的主要形式。单位和职工个人必须依法履行缴存住房公积金的义务。职工个人缴存的住房公积金和职工所在单位为职工缴存的住房公积金，属于职工个人所有。

职工住房公积金的月缴存额为职工本人上一年度月平均工资乘以职工住房公积金缴存比例。单位为职工缴存的住房公积金的月缴存额为职工本人上一年度月平均工资乘以单位住房公积金缴存比例。职工和单位住房公积金的缴存比例均不得低于职工上一年度月平均工资的 5%；有条件的城市，可以适当提高缴存比例。具体缴存比例由住房公积金管理委员会拟定，经本级人民政府审核后，报省、自治区、直辖市人民政府批准。职工个人缴存的住房公积金，由所在单位每月从其工资中代扣代缴。单位应当于每月发放职工工资之日起 5 日内将单位缴存的和为职工代缴的住房公积金汇缴到住房公积金专户内，由受委托银行计入职工住房公积金账户。企业为职工缴存的住房公积金，按照规定在成本中列支。

三、职工薪酬的结算

（一）职工薪酬的结算

当职工薪酬的各个项目核算出来后，即为应付每位职工的薪酬，企业根据职工提供服务的受益对象，将确认的职工薪酬计入相关资产成本或当期的损益，借记相关账户，贷记"应付职工薪酬"账户。

为反映企业同职工薪酬的结算情况，财务部门应根据各车间、部门的职工工资单，汇总编制"工资结算汇总表"，作为应付职工薪酬的依据。

【做中学 2-11】　安徽腾飞机械制造有限公司 4 月计算职工工资，生产部门生产工人（生产甲产品）工资 800 万元，生产部门管理人员工资 120 万元，公司行政部门人员工资 500 万元，销售人员工资 200 万元，根据当地政府规定按职工工资总额的 8%、16%、0.5%、10.5%分别提取医疗保险费、养老保险费、失业保险费、住房公积金缴纳给当地社会保险机构和住房公积金管理部门；按照工资总额的 7%、2%、1.5%提取福利费、工会经费、职工教育经费。

要求：进行职工薪酬结算，具体结果如表 2-6 所示。

表 2-6　　　　　　　　　　　工资结算汇总表

4 月

单位：万元

部　门	职工工资	医疗保险 8%	养老保险 16%	失业保险 0.5%	住房公积金 10.5%	福利费 7%	工会经费 2%	职工教育经费 1.5%	合　计
生产工人	800.00	64.00	128.00	4.00	84.00	56.00	16.00	12.00	1 164.00
生产管理人员	120.00	9.60	19.20	0.60	12.60	8.40	2.40	1.80	174.60
行政管理部门	500.00	40.00	80.00	2.50	52.50	35.00	10.00	7.50	727.50
销售部门	200.00	16.00	32.00	1.00	21.00	14.00	4.00	3.00	291.00
合　计	1 620.00	129.60	259.20	8.10	170.10	113.40	32.40	24.30	2 357.10

账务处理：

借：基本生产成本——甲产品　　　　　　　　　　　　　　　1 164.00
　　制造费用——基本车间　　　　　　　　　　　　　　　　 174.60
　　管理费用　　　　　　　　　　　　　　　　　　　　　　 727.50
　　销售费用　　　　　　　　　　　　　　　　　　　　　　 291.00
　　　贷：应付职工薪酬——工资　　　　　　　　　　　　　1 620.00
　　　　　　　　　　　　——医疗保险　　　　　　　　　　 129.60
　　　　　　　　　　　　——养老保险　　　　　　　　　　 259.20
　　　　　　　　　　　　——失业保险　　　　　　　　　　　 8.10
　　　　　　　　　　　　——住房公积金　　　　　　　　　 170.10
　　　　　　　　　　　　——工会经费　　　　　　　　　　　32.40
　　　　　　　　　　　　——职工教育经费　　　　　　　　　24.30
　　　　　　　　　　　　——福利费　　　　　　　　　　　 113.40

（二）职工薪酬的支付

企业按规定计算出每一职工的应付薪酬后,应在规定日期发放给每一职工。实务中应付职工薪酬一般包括两个部分：实发薪酬与代扣代垫款项。代扣代垫款项,是指单位发放工资时从应付职工薪酬中扣除的由企业替职工垫付的各种款项。

【做中学 2－12】　银行代发薪酬及代扣款表如表 2－7 所示,请做账务处理。

表 2－7　　　　　　　　　　　　银行代发薪酬及代扣款表

单位：万元

| 应发薪酬 | 代　扣　款　项 | | | | | | | | | 实发薪酬 |
	医疗保险	养老保险	失业保险	住房公积金	福利费	工会经费	职工教育经费	个人所得税	合计	
2 543.40	194.40	356.40	32.40	170.10	113.40	32.40	24.30	80.00	1 003.40	1 540.00

账务处理如下：

借：应付职工薪酬　　　　　　　　　　　　　　　　　　　2 543.40
　　贷：银行存款　　　　　　　　　　　　　　　　　　　1 540.00
　　　　其他应付款——医疗保险　　　　　　　　　　　　　194.40
　　　　　　　　　　——养老保险　　　　　　　　　　　　356.40
　　　　　　　　　　——失业保险　　　　　　　　　　　　 32.40
　　　　　　　　　　——住房公积金　　　　　　　　　　　170.10
　　　　　　　　　　——工会经费　　　　　　　　　　　　 32.40
　　　　　　　　　　——职工教育经费　　　　　　　　　　 24.30
　　　　　　　　　　——福利费　　　　　　　　　　　　　113.40
　　　　应交税费——应交个人所得税(代扣代缴)　　　　　　 80.00

四、职工薪酬的分配

如果生产车间生产多种产品,则该生产车间发生的直接人工费用就需要在各种产品之间进行分配,分配时一般采用产品的实际生产工时作为分配标准。如果工时定额比较准确,也可以按定额工时进行分配。其计算公式如式 2-19、式 2-20 所示。

$$直接人工费用分配率 = \frac{生产工人的职工薪酬总额}{各种产品的实际工时(定额工时)合计数} \qquad (2-19)$$

$$该车间某种产品应分配的工资 = 某种产品的实际工时(或定额工时) \times 直接人工费用分配率 \qquad (2-20)$$

【做中学 2-13】 国风塑业有限公司基本车间生产 A、B、C 三种产品,3 月发生生产工人薪酬 174 000 元,生产 A 产品 2 000 件,B 产品 800 件,C 产品 900 件;各个产品工时定额:A 产品 2 小时,B 产品 5 小时,C 产品 4 小时。请分配 A、B、C 三种产品应负担的职工薪酬。职工薪酬分配表如表 2-8 所示。

表 2-8　　　　　　　　　　　职工薪酬分配表

企业名称:　　　　　　　　3 月

应借账户		间接计入(分配计入)			分配费用/元
		工时定额/小时	定额工时/小时	分配率	
基本生产成本	A 产品	2	4 000		60 000
	B 产品	5	4 000		60 000
	C 产品	4	3 600		54 000
合　计			11 600	15	174 000

账务处理:

借:基本生产成本——A 产品　　　　　　　　　　　　60 000
　　　　　　　　——B 产品　　　　　　　　　　　　60 000
　　　　　　　　——C 产品　　　　　　　　　　　　54 000
　贷:应付职工薪酬——工资　　　　　　　　　　　　　　　174 000

【工作任务——职工薪酬的核算】

启航电机制造有限公司基本生产车间计提生产工人薪酬共计 80 000 元,本月生产甲产品 600 件,乙产品 300 件;甲产品的实际工时 2 400 小时,乙产品实际生产工时 3 600 小时,同时计提基本生产车间管理人员薪酬 26 000 元,辅助生产车间生产工人薪酬 12 000 元;行政管理部门人员工资 30 000 元,销售人员薪酬 18 000 元。采用实际工时比例分配 A、B 两种产品的职工薪酬并编制会计分录。

2

任务分析：

该任务涉及职工薪酬的归集以及分配过程。

操作步骤：

第一步，首先分配共同耗用的职工薪酬费用；

$$职工薪酬费用分配率 = \frac{80\,000}{2\,400 + 3\,600} \approx 13.33$$

$$甲产品应承担的职工薪酬费用 = 2\,400 \times 13.33 = 31\,992(元)$$

$$乙产品应承担的职工薪酬费用 = 80\,000 - 31\,992 = 48\,008(元)$$

第二步，根据职工所在部门，计入相对应的会计账户。

```
借：基本生产成本——甲产品                            31 992
              ——乙产品                            48 008
    辅助生产成本                                    12 000
    制造费用——基本车间                              26 000
    管理费用                                        30 000
    销售费用                                        18 000
    贷：应付职工薪酬——工资                                      166 000
```

引例解析

　　由于每一名职工每月的出勤和缺勤的情况不同，每月应得的计时工资也不尽相同，在职工有缺勤的情况下，计算其应得的职工薪酬有两种基本的方法：按月标准工资扣除缺勤天数应扣工资计算和直接根据职工的出勤天数计算。由于各月日历天数不同，因此，同一职工各月的日标准工资也不同，在实际工作中，为简化计算工作，日标准工资可按以下两种方法计算：

　　（1）按月平均天数（30天）算，每年总天数按国家统计口径360天计算，每月平均30天。

　　（2）按月平均工作天数（20.83天）算，全年日历天数减法定假日与双休，再除以12的，每月平均20.83天。企业计算计时工资有两种方法，计算日标准工资有两种算法，因此计算计时工资就有了四种不同的方法。

任务五　其他费用的核算

任务引例

　　王某是一位刚从学校毕业走上会计工作岗位的会计专业毕业生，对企业纳税比较感兴趣，他发现在所缴纳的税金中，有一部分税金称为费用性税金，这部分税金与其他税金处理方式不一样。

　　要求：请分析这部分税金指的是哪些，以及费用性税金为什么采用不同方式处理。

2

【知识准备与业务操作】

一、折旧费用的核算

固定资产折旧是指固定资产由于损耗而减少的那部分价值。分期转入产品成本及期间费用的折旧称为折旧费。固定资产折旧是固定资产损耗的价值补偿尺度。正确计算折旧对产品成本费用的计算和企业利润的确定,保证固定资产再生的资金来源,以及正确反映固定资产实际占用的资金具有重要意义。

我国现行制度的做法是:固定资产计提折旧时,以月初应提取折旧的固定资产账面原值为依据,当月增加的固定资产,当月不提折旧,从下月起计提折旧;当月减少或者停用的固定资产,当月仍提折旧,从下月起停提折旧。

折旧费用应按固定资产的具体使用单位进行分配:其中基本生产车间使用的固定资产,不论是直接用于产品生产,还是用于车间一般使用,为简化折旧费用的分配工作,其折旧费用全部记入本车间的"制造费用"总账及所属明细账的"折旧费"项目。辅助生产车间使用的固定资产折旧费用,记入"辅助生产成本"总账及其所属辅助生产成本明细账(在辅助生产车间不设"制造费用"账户时);企业管理部门、专设销售机构所用固定资产的折旧费用,则应分别记入"管理费用""销售费用"等总账及其明细账的"折旧费"项目。

【做中学 2 - 14】　固定资产折旧费用分配如表 2 - 9 所示。

表 2 - 9　　　　　　　　　固定资产折旧费用分配表

单位:元

应借账户	车间部门	上月折旧额	上月增加固定资产计提折旧额	上月减少固定资产折旧额	本月折旧额
制造费用	基本生产车间	3 160	880	200	3 840
辅助生产成本	运输车间	1 120	320	160	1 280
管理费用	行政管理部门	980		80	900
销售费用	销售机构	260	110		370
合　计		5 520	1 310	440	6 390

账务处理如下:

借:制造费用　　　　　　　　　　　　　　　　　3 840
　　辅助生产成本——运输车间　　　　　　　　　1 280
　　管理费用　　　　　　　　　　　　　　　　　900
　　销售费用　　　　　　　　　　　　　　　　　370
　　贷:累计折旧　　　　　　　　　　　　　　　　　6 390

二、利息费用的核算

利息费用不构成产品成本,它是企业经营管理费用中的财务费用的组成部分。通过在"财务费用"账户中设立一个明细账户"利息费用"进行核算。

为正确划分各个月份的费用界限,对利息费用一般要按月计提。即计提时借记"财务费用"账户,贷记"应付利息"账户。实际支付利息时,应借记"应付利息"账户,贷记"银行存款"账户。

利息费用如果数额不大,为简化核算工作,在实际支付时全部计入当月的财务费用。

三、税金及其他费用的核算

(一)税金的核算

根据财会〔2016〕22 号:"税金及附加"科目核算企业经营活动发生的消费税、城市维护建设税、资源税、教育费附加及房产税、土地使用税、车船税、印花税等相关税费;利润表中的"营业税金及附加"项目调整为"税金及附加"项目。企业计算提取以上税费时,借记"税金及附加"账户,贷记"应交税费"账户,实际缴纳时,再借记"应交税费"账户,贷记"银行存款"账户。

【做中学 2 – 15】 某企业当月应交房产税、土地使用税、车船税分别为 38 000 元、14 000 元、5 000 元,企业账务处理:

```
借:税金及附加                                          57 000
    贷:应交税费——应交房产税                          38 000
              ——应交土地使用税                        14 000
              ——应交车船税                             5 000
```

引例解析

"税金及附加"科目核算企业经营活动发生的消费税、城市维护建设税、资源税、教育费附加及房产税、土地使用税、车船税、印花税等相关税费。

(二)其他费用的核算

企业各种要素费用中的其他费用,是指除了前面所述各要素以外的费用,包括邮电费、租赁费、印刷费、图书资料报刊订购费、办公用品费、试验检验费、排污费、差旅费、保险费、职工技术培训费等。这些费用都没有专门设立成本项目,均属间接费用或者期间费用。这些费用应该在发生时,按发生的地点和用途,分别记入"制造费用""管理费用""销售费用"账户。

项 目 小 结

本项目内容结构如图 2 – 1 所示。

2

```
                              ┌─ 了解费用要素核算的 ──┬─ 要素费用的含义与组成
                              │   程序             └─ 要素费用核算程序
                              │
                              │                                    ┌─ 原材料发出计价
                              │                                    ├─ 原材料领用凭证及其控制
                              │                   ┌─ 原材料费用的核算 ┤
                              │                   │                ├─ 原材料费用分配的基本方法
                              │                   │                └─ 原材料费用分配的账务处理
                              ├─ 材料费用的核算 ────┼─ 燃料费用的核算 ──── 同原材料的核算
                              │                   │                ┌─ 低值易耗品的核算
                              │                   └─ 周转材料的核算 ──┤
生 产 费 用 的 核 算 ──────────┤                                    └─ 包装物的核算
                              │                   ┌─ 外购动力支出的核算
                              ├─ 外购动力费用的核算 ─┤                ┌─ 生产工时比例分配
                              │                   └─ 外购动力分配的核算 ┤
                              │                                    └─ 定额工时比例分配
                              │                   ┌─ 职工薪酬的组成      ┌─ 计时工资的计算
                              │                   ├─ 职工薪酬的计算 ────┼─ 计件工资的计算
                              ├─ 职工薪酬的核算 ────┤                  └─ 其他货币性薪酬的计算
                              │                   ├─ 职工薪酬的结算
                              │                   └─ 职工薪酬的分配 ──── 生产工时比例分配
                              │                   ┌─ 折旧费用的核算
                              │                   ├─ 利息费用的核算
                              └─ 其他费用的核算 ────┤
                                                  ├─ 税金的核算
                                                  └─ 其他费用的核算
```

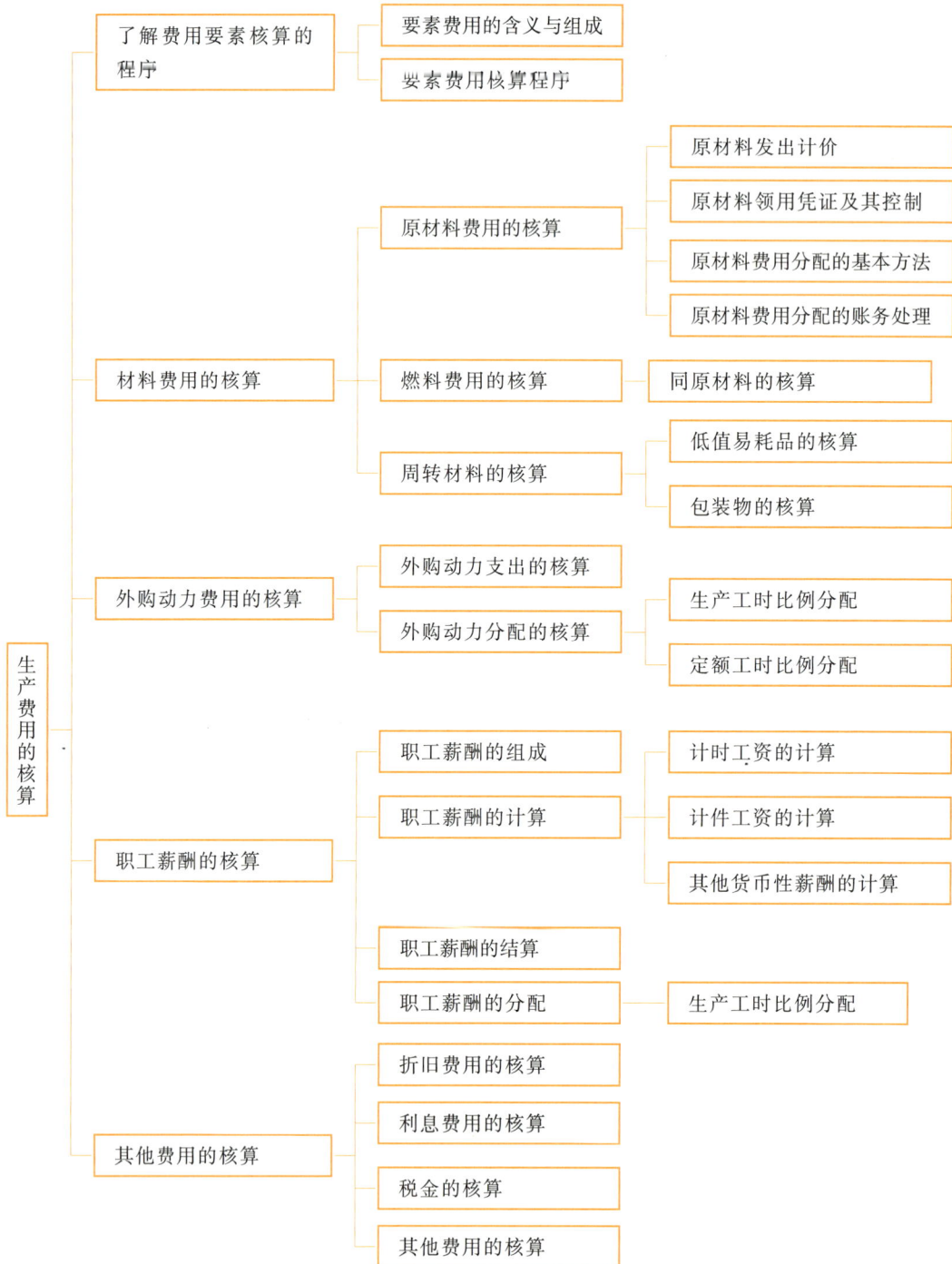

图 2-1　生产费用的核算内容结构图

项目三　辅助生产费用的核算

◇ **职业能力目标**

1. 了解辅助生产的特点；明确辅助生产费用的内容。
2. 知道辅助生产费用归集的账户设置；理解辅助生产费用的归集与分配的基本程序。
3. 掌握辅助生产费用的归集和分配及账务处理；能熟练应用辅助生产费用分配方法。

◇ **典型工作任务**

辅助生产费用的归集与分配；采用交互分配法和计划成本分配法进行辅助生产费用分配。

任务一　认知辅助生产费用

任务引例

双凤塑料厂生产用于产品内包装的泡沫塑料。该厂有两个基本生产车间，分别生产两个系列的塑料包装材料，另外有一个蒸汽车间（又叫"锅炉车间"），用来生产高温水蒸气，供生产车间生产和行政办公冬季取暖用，另有一个供电车间（发电房），当企业停电时，用来发电供生产和办公照明用。

要求：分析该企业蒸汽车间和供电车间的费用构成，思考应如何对其进行归集。

【知识准备与业务操作】

工业企业的辅助生产，是指主要为基本生产车间、企业行政管理部门等单位提供服务而进行的产品生产和劳务供应。企业通常设置专门的辅助生产车间来组织辅助产品的生产和劳务的供应。辅助生产车间生产的产品和提供的劳务有时也对外销售，但这不是辅助生产的主要任务。

一、辅助生产费用核算的含义与意义

（一）辅助生产费用核算的含义

辅助生产车间为生产产品或提供劳务而发生的原材料费用、动力费用、职工薪酬以及辅助生产车间的制造费用，被称为辅助生产费用。为生产一定种类和一定数量的产品或提供劳务所耗费的辅助生产费用之和，构成该种产品或劳务的辅助生产成本。

辅助生产车间生产的产品或提供的劳务在为基本生产车间、行政管理部门、销售机构等单

3

位服务时,其辅助生产成本将转化为基本生产车间的生产费用、行政管理部门的管理费用、销售机构的销售费用等。

(二)辅助生产费用核算的意义

(1)辅助生产产品和劳务成本的高低,影响着基本生产产品成本和经营管理费用,只有辅助生产产品和劳务的成本确定以后,才能计算和确定基本生产的产品成本。

(2)正确、及时地归集辅助生产费用,计算辅助生产成本,分配辅助生产费用,对于正确、及时地计算基本生产成本和归集经营管理费用,节约费用,降低成本具有重要的意义。

二、辅助生产费用核算的特点

(1)辅助生产费用的核算,包括辅助生产费用的归集和辅助生产费用的分配两个方面。

(2)辅助生产费用按照辅助生产车间以及产品和劳务类别归集的过程,也是辅助生产产品和劳务成本计算的过程;辅助生产费用的归集是为辅助生产费用的分配做准备的。只有先把辅助生产费用归集起来,才能够对其进行分配。

(3)辅助生产费用的分配是指按照一定的标准和方法,将辅助生产费用分配到各受益单位或产品的过程。分配的及时性和准确性,影响到基本生产产品成本、经营管理费用以及经营成果核算的及时性和准确性。辅助生产费用分配的核算,是辅助生产费用核算的关键。

> **引例解析**
>
> 　　双凤塑料厂蒸汽车间和供电车间的费用有:材料费、职工薪酬费、水电费、间接费用分担等。应分别按"蒸汽车间"和"供电车间"设置"辅助生产成本"和辅助车间的"制造费用"两个账户进行归集。

任务二　辅助生产费用的归集

对"辅助生产"的进一步解释

【知识准备与业务操作】

一、辅助生产费用归集的程序

(一)辅助生产费用归集的账户设置

辅助生产费用的归集和分配是通过"辅助生产成本"账户进行的。该账户与"基本生产成本"账户一样,一般应按车间以及产品和劳务设立明细账(多栏式),账中按照成本项目设立专栏进行明细核算。辅助生产发生的各项费用应记入该账户的借方进行归集。

(二)辅助生产费用归集的程序

辅助生产费用归集的程序有两种。两者的区别在于辅助生产制造费用归集的程序不同。

(1)将辅助生产的制造费用与基本生产的制造费用一样,先通过"制造费用"账户进行单独归集,然后转入"辅助生产成本"账户,计入辅助生产产品或劳务的成本。当辅助生产车间提供两种以上产品或劳务时,必须采用这种方法。

(2)辅助生产的制造费用不通过"制造费用"账户单独归集,而直接记入"辅助生产成本"账户,计入辅助生产产品或劳务的成本。在辅助生产车间规模很小、制造费用很少,而且辅助生产不对外提供商品产品,不需要按照规定的成本项目计算产品成本、编制产品生产成本报表的情况下,为了简化核算工作,可以采用这种方法。

二、辅助生产费用归集的账务处理

以下介绍辅助生产费用归集的账务处理。

(一) 账户设置

辅助生产费用的归集和分配,是通过"辅助生产成本"账户进行的。该账户与"基本生产成本"账户一样,一般应按辅助生产车间设置明细账,若有需要在车间下再按产品或劳务种类设三级明细账,账中按照成本项目或费用项目设立专栏进行明细核算。辅助生产发生的各项生产费用,应记入该账户的借方进行归集。

> **注意**
>
> 如果对辅助生产部门的制造费用单独核算的话,则需要设置"制造费用"账户,用于单独核算辅助生产部门的制造费用。

设"制造费用"账户时,"辅助生产成本明细账"和辅助生产车间"制造费用明细账"的设置,如表 3-1、表 3-2 所示。

表 3-1　　　　　　　　　　　　　辅助生产成本明细账

车间名称:机修车间　　　　　　　　　　　　　　　　　　　　　　　　单位:元

月	日	摘　要	直接材料	直接人工	燃料及动力	制造费用	合　计
6	30	领用材料	240				240
6	30	分配动力			240		240
6	30	分配职工薪酬		342			342
6	30	制造费用分配转入				1 023	1 023
6	30	待分配费用小计	240	342	240	1 023	1 845
6	30	分配转出合计	240	342	240	1 023	1 845

表 3-2　　　　　　　　　　　　　辅助生产车间制造费用明细账

车间名称:机修车间　　　　　　　　　　　　　　　　　　　　　　　　单位:元

月	日	摘　要	职工薪酬	机物料消耗	水电费	折旧费	劳动保护费	办公费	其他	合计
6	30	报销费用					140	120	85	345
6	30	领用材料		70						70
6	30	支付水电费			80					80
6	30	分配职工薪酬	228							228
6	30	计提折旧				300				300
6	30	待分配费用小计	228	70	80	300	140	120	85	1 023
6	30	分配转出合计	228	70	80	300	140	120	85	1 023

不设"制造费用"账户时的辅助生产成本明细账格式,如表 3-3 所示。

表 3-3 辅助生产成本明细账

车间名称:机修车间　　　　　　　　　　　　　　　　　　　　　　　单位:元

月	日	摘 要	直接材料	职工薪酬	燃料及动力	机物料消耗	水电费	折旧费	劳动保护费	办公费	其他	合计
6	30	报销费用							140	120	85	345
6	30	领用材料	240			70						310
6	30	支付水电费			240		80					320
6	30	分配职工薪酬		570								570
6	30	计提折旧						300				300
6	30	待分配费用小计	240	570	240	70	80	300	140	120	85	1 845
6	30	分配转出合计	240	570	240	70	80	300	140	120	85	1 845

(二)辅助生产费用归集的账务处理

辅助生产费用归集的账务处理有以下两种方法。

1. 设置"制造费用——辅助生产车间"账户

如果企业设置专门的"制造费用——辅助生产车间"明细账归集辅助生产车间发生的制造费用,那么对于在"辅助生产成本"明细账中设有专门成本项目的辅助生产费用,如原材料费用、动力费用、职工薪酬费用等,应记入"辅助生产成本"总账和所属明细账相应成本项目的借方,其中,直接计入费用应直接计入,间接计入费用则需分配计入;对于未专设成本项目的辅助生产费用,先通过"制造费用——辅助生产车间"账户归集,然后再从该账户的贷方直接转入(若为一种产品或劳务)或分配转入(若为多种产品或劳务)"辅助生产成本"账户的借方。

2. 不设置"制造费用——辅助生产车间"账户

这种情况下,"辅助生产成本"总账和明细账内按若干成本费用项目设置专栏。对于发生的各种辅助生产费用,可直接记入或间接分配记入"辅助生产成本"总账以及所属明细账的相应成本费用项目。

任务三 辅助生产费用的分配

任务引例

　　任务一老师介绍的塑料厂案例中,该厂有两个分别生产两个系列的塑料包装材料的基本生产车间,另外有一个蒸汽车间,用来生产高温水蒸气,供生产车间生产和行政办公冬季取暖用;另有一个供电车间,当企业停电时,用来发电供生产和办公照明用。

　　要求:请分析该企业蒸汽车间和供电车间的费用分配方式,受益对象有哪些。

【知识准备与业务操作】

一、辅助生产费用分配的特点

辅助生产提供的产品和劳务,主要是为基本生产车间和企业行政管理部门使用和服务的。

但在某些辅助生产车间之间,也有相互提供产品和劳务的情况。例如修理车间为供电车间修理设备,供电车间也为修理车间提供电力。这样,为了计算修理成本,就要确定供电成本;为了计算供电成本,又要确定修理成本。为了正确计算辅助生产产品和劳务的成本,并且将辅助生产费用正确地计入基本生产成本和经营管理费用,在分配辅助生产费用时,就应在各辅助生产车间之间进行费用的分配。

辅助生产是为基本生产和其他部门服务的,根据受益原则,其发生的费用应由各受益部门承担,也即应将辅助生产发生的费用向各个受益部门进行分配。分配时有两种情况:① 生产多种产品的辅助生产车间,各种工具、模具等辅助生产明细账归集的费用,随着完工工具、模具的入库,其成本应转入低值易耗品等账户,在领用时,再按其用途将费用一次或分次计入企业的产品成本;② 只提供一种劳务或只进行同一性质作业的辅助生产车间,水、电、运输、机修等辅助生产明细账所归集的费用,应按照受益的产品和部门进行分配。

二、辅助生产费用分配的方法

分配辅助生产费用的方法很多,通常采用的有:直接分配法、交互分配法、代数分配法和计划成本分配法。

(一)直接分配法

直接分配法,是指不考虑各辅助生产车间之间相互提供劳务或产品的情况,而是将各种辅助生产费用直接分配给辅助生产以外的各受益单位。

直接分配法下费用分配率的计算如式 3-1 所示。

$$费用分配率=\frac{待分配的辅助生产费用}{接受分配的各外部单位耗用劳务数量之和} \qquad (3-1)$$

请注意:"接收分配的各外部单位耗用劳务数量"是指待分配辅助生产费用扣除各辅助生产部门相互之间提供的劳务数量。

【做中学 3-1】　中盛机械设备厂设有第一、第二两个基本生产车间和运输、供电两个辅助生产车间。该企业 9 月份有关资料如表 3-4 所示。该企业辅助生产的制造费用不通过"制造费用"账户核算,采用直接分配法分配辅助生产费用。

表 3-4　　　　　中盛机械设备厂辅助生产车间费用资料

项　目		运输车间	供电车间	合　计
待分配辅助生产费用/元		9 546	3 662	13 208
供应劳务总数量		4 200 吨·公里	14 800 度	—
为供电车间运输		100 吨·公里	—	—
为运输车间供电		—	300 度	—
对外提供劳务数量	第一车间	1 500 吨·公里	8 500 度	—
	第二车间	1 700 吨·公里	3 600 度	—
	行政管理部门	900 吨·公里	2 400 度	—

采用直接分配法分配辅助生产费用如表 3-5 所示。

表 3 - 5　　　　　　　辅助生产费用分配表（直接分配法）

9 月　　　　　　　　　　　　　金额单位：元

辅助生产车间名称					运输车间	供电车间	合　计
待分配辅助生产费用					9 546	3 662.00	13 208
供应辅助生产以外单位的劳务数量					4 100 吨·公里	14 500 度	—
费用分配率					2.328 3	0.252 6	—
基本生产车间耗用	应借"制造费用"账户	第一车间	耗用数量		1 500 吨·公里	8 500 度	—
			分配金额		3 492.45	2 147.10	5 639.55
		第二车间	耗用数量		1 700 吨·公里	3 600 度	—
			分配金额		3 958.11	909.36	4 867.47
		分配金额小计			7 450.56	3 056.46	10 507.02
行政管理部门耗用	应借"管理费用"账户	耗用数量			900 吨·公里	2 400 度	—
		分配金额			2 095.44	605.54	2 700.98
分配金额合计					9 546	3 662.00	13 208

其费用分配率的计算根据式 3-1 计算如下：

$$运输费用分配率 = \frac{9\ 546}{1\ 500 + 1\ 700 + 900} = 2.328\ 3$$

$$供电费用分配率 = \frac{3\ 662}{8\ 500 + 3\ 600 + 2\ 400} = 0.252\ 6$$

由于存在小数尾差，因此计入管理费用的金额通过倒减求出。

根据上列辅助生产费用分配表，应编制会计分录如下。

借：制造费用——第一车间　　　　　　　　　　　　　　　5 639.55

　　　　　　　——第二车间　　　　　　　　　　　　　　4 867.47

　　管理费用　　　　　　　　　　　　　　　　　　　　　2 700.98

　　贷：辅助生产成本——运输车间　　　　　　　　　　　　　9 546.00

　　　　　　　　　　　——供电车间　　　　　　　　　　　　3 662.00

　　　从上例可以看出，运输费用和供电费用都是在没有进行交互分配的情况下，按照对外（指辅助生产车间、部门以外）提供劳务的数量计算费用分配率（单位成本）直接进行对外分配的。

　　　直接分配法优缺点：采用这种分配方法，各辅助生产费用只进行对外分配，且分配一次，计算工作最简便，但分配结果不够准确，只宜在辅助生产内部相互不提供劳务、产品或虽提供但不多，不进行费用的交互分配对辅助生产成本和企业产品成本影响不大的情况下采用。

（二）交互分配法

　　　交互分配法，是指先根据各辅助生产车间、部门相互提供的劳务或产品的数量和交互分配前的费用分配率（单位成本），进行一次交互分配；然后将各辅助生产车间、部门交互分配后的实际费用（即交互分配前的费用加上交互分配转入的费用，减去交互分配转出的费用），再按对外提供劳务或产品的数量,在辅助生产车间、部门以外的各受益单位之间进行分配。

【做中学 3-2】 按【做中学 3-1】中的资料列示交互分配法的辅助生产费用分配如表 3-6 所示。

表 3-6　　　　　　　　**辅助生产费用分配表(交互分配法)**

9 月　　　　　　　　　　　　　　　　金额单位:元

项　目			交 互 分 配			对 外 分 配		
辅助生产车间名称			运输	供电	合计	运输	供电	合计
待分配辅助生产费用			9 546	3 662	13 208	9 392.93	3 815.07	13 208
供应劳务数量			4 200 吨·公里	14 800 度		4 100 吨·公里	14 500 度	
费用分配率			2.272 9	0.247 4		2.291	0.263 1	
辅助生产车间耗用	应借"辅助生产成本"账户	运输车间 耗用数量		300 度				
		运输车间 分配金额		74.22	74.22			
		供电车间 耗用数量	100 吨·公里					
		供电车间 分配金额	227.29		227.29			
		分配金额小计	227.29	74.22	301.51			
基本生产车间耗用	应借"制造费用"账户	第一车间 耗用数量				1 500 吨·公里	8 500 度	
		第一车间 分配金额				3 436.50	2 236.35	5 672.85
		第二车间 耗用数量				1 700 吨·公里	3 600 度	
		第二车间 分配金额				3 894.70	947.16	4 841.86
		分配金额小计				7 331.20	3 183.51	10 514.71
厂部耗用	应借"管理费用"账户	耗用数量				900 吨·公里	2 400 度	
		分配金额				2 061.73	631.56	2 693.29
分配金额合计						9 392.93	3 815.07	13 208

在上列辅助生产费用分配表中,交互分配的费用分配率是根据待分配的辅助生产费用,除以供应劳务的总数量计算求出的。对外分配的费用和对外供应劳务数量的算式如下。

对外分配费用:

$$运输费用 = 9\ 546 + 74.22 - 227.29 = 9\ 392.93(元)$$

$$供电费用＝3\ 662＋227.29－74.22＝3\ 815.07(元)$$

对外供应劳务数量：

$$运输吨·公里＝1\ 500＋1\ 700＋900＝4\ 100(吨·公里)$$
$$供电度数＝8\ 500＋3\ 600＋2\ 400＝14\ 500(度)$$

对外分配的费用分配率,根据对外分配费用除以对外供应劳务数量计算求出。

根据表3-6,应编下列会计分录如下。

(1)交互分配。

```
借：辅助生产成本——供电车间                    227.29
          ——运输车间                     74.22
   贷：辅助生产成本——供电车间                       74.22
             ——运输车间                     227.29
```

(2)对外分配。

```
借：制造费用——第一车间                       5 672.85
        ——第二车间                       4 841.86
   管理费用                           2 693.29
   贷：辅助生产成本——运输车间                      9 392.93
             ——供电车间                    3 815.07
```

上列会计分录记入辅助生产成本明细账如图3-1所示。

辅助生产成本——运输车间

待分配费用 9 546.00 (1) 74.22	(1) 227.29 (2)9 392.93
合 计 9 620.22	合 计 9 620.22

辅助生产成本——供电车间

待分配费用 3 662.00 (2) 227.29	(1) 74.22 (2)3 815.07
合 计 3 889.29	合 计 3 889.29

图3-1 辅助生产成本明细账

交互分配法的优缺点：一方面,由于辅助生产内部相互之间提供劳务全部进行了交互分配,因而提高了分配结果的准确性;另一方面,由于各种辅助生产费用都要计算两个费用分配率,进行两次分配,因而增加了计算工作量。同时,由于交互分配的费用分配率是根据交互分配以前的待分配费用计算的,不是各辅助生产的实际单位成本,因而分配结果也不很正确。

(三)代数分配法

代数分配法,是指先根据解联立方程的原理,计算辅助生产劳务或产品的单位成本,然后再根据各受益单位(包括辅助生产内部和外部各单位)耗用的数量和单位成本分配辅助生产费用。

【做中学 3-3】 按【做中学 3-1】中的资料按代数分配法分配辅助生产费用。

设 x = 运输单位成本，

y = 供电单位成本，

设立二元一次联立方程组如下：

$$\begin{cases} 9\,546 + 300y = 4\,200x \\ 3\,662 + 100x = 14\,800y \end{cases}$$

解得：

$$\begin{cases} x = 2.289\,2(元) \\ y = 0.262\,9(元) \end{cases}$$

根据上列计算结果，编制代数分配法的辅助生产费用分配表，如表 3-7 所示。

表 3-7　　　　　　　　辅助生产费用分配表(代数分配法)

9 月　　　　　　　　　　　　　金额单位：元

辅助生产车间名称				运 输 车 间	供 电 车 间	合　计
待分配辅助生产费用				9 546.00	3 662.00	13 208.00
劳务供应数量				4 200.00 吨·公里	14 800.00 度	
用代数法算出的实际				2.289 2	0.262 9	
辅助生产车间耗用	应借"辅助生产成本"项目	运输车间	耗用数量		300.00 度	
			分配金额		78.87	78.87
		供电车间	耗用数量	100.00 吨·公里		
			分配金额	228.92		228.92
		分配金额小计		228.92	78.87	307.79
基本生产车间耗用	应借"制造费用"账户	第一车间	耗用数量	1 500.00 吨·公里	8 500.00 度	
			分配金额	3 433.80	2 234.65	5 668.45
		第二车间	耗用数量	1 700.00 吨·公里	3 600.00 度	
			分配金额	3 891.64	946.44	4 838.08
		分配金额小计		7 325.44	3 181.09	10 506.53
行政管理部门耗用	应借"管理费用"账户		耗用数量	900.00 吨·公里	2 400.00 度	
			分配金额	2 070.51	630.96	2 701.47
分配金额合计				9 624.87	3 890.92	13 515.79

3

3

根据上列辅助生产费用分配表,应编制会计分录如下。

```
借：辅助生产成本——供电车间                    228.92
              ——运输车间                     78.87
    制造费用——第一车间                     5 668.45
          ——第二车间                     4 838.08
    管理费用                              2 701.47
    贷：辅助生产成本——运输车间                          9 624.87
                  ——供电车间                          3 890.92
```

上列会计分录登记辅助生产成本明细账,如图 3-2 所示。

辅助生产成本——运输车间

待分配费用	9 546.00		9 624.87
	78.87		
本月合计	9 624.87	本月合计	9 624.87

辅助生产成本——供电车间

待分配费用	3 662.00		3 890.92
	228.92		
本月合计	3 890.92	本月合计	3 890.92

图 3-2　辅助生产成本明细账

代数分配法的优缺点:采用代数分配法,分配结果相对准确。但在分配以前要解联立方程组,如果辅助生产车间、部门较多,未知数较多,计算工作比较复杂,因而这种方法在计算工作已经实现电算化的企业中采用比较适宜。

(四) 计划成本分配法

计划成本分配法,是指辅助生产为全部受益单位(含受益的其他辅助生产车间、部门在内)提供的劳务,都按劳务的计划单位成本进行分配,辅助生产车间实际发生的费用(包括辅助生产内部交互分配转入的费用在内)与按计划单位成本分配转出的费用之间的差额,即辅助生产劳务的成本差异,可以再分配给辅助生产以外各受益单位负担,但为了简化计算工作,一般全部计入管理费用。

【做中学 3-4】　按【做中学 3-1】中的资料按计划成本分配法分配辅助生产费用。

假定企业确定的辅助生产部门劳务的计划单位成本为:运输车间 2.50 元/(吨·公里);供电车间 0.25 元/度。按计划成本分配法的辅助生产费用分配表如表 3-8 所示。

表 3 - 8　　　　　　**辅助生产费用分配表(计划成本分配法)**

9 月　　　　　　　　　　　　　金额单位:元

辅助生产车间名称				运 输 车 间	供 电 车 间	合　　计
待分配辅助生产费用				9 546	3 662	13 208
劳务供应数量				4 200 吨·公里	14 800 度	
计划单位成本				2.50	0.25	
辅助生产车间耗用	应借"辅助生产成本"账户	运输车间	耗用数量		300 度	
			分配金额		75	75
		供电车间	耗用数量	100 吨·公里		
			分配金额	250		250
		分配金额小计		250	75	325
基本生产车间耗用	应借"制造费用"账户	第一车间	耗用数量	1 500 吨·公里	8 500 度	
			分配金额	3 750	2 125	5 875
		第二车间	耗用数量	1 700 吨·公里	3 600 度	
			分配金额	4 250	900	5 150
		分配金额小计		8 000	3 25	11 25
行政管理部门耗用	应借"管理费用"账户		耗用数量	900 吨·公里	2 400 度	
			分配金额	2 250	600	2 850
计划成本分配金额合计				10 500	3 700	14 200
辅助生产实际成本				9 621	3 912	13 533
辅助生产成本差异				-879	+212	-667

在表 3 - 8 中,劳务实际成本为:

运输劳务实际成本=9 546+75=9 621(元)

供电劳务实际成本=3 662+250=3 912(元)

在上列实际成本中,由于分配转入的费用(即 75 元与 250 元)是按计划单位成本计算的,因而这种实际成本不是完全的实际成本。

根据表 3 - 8,编制会计分录如下。

(1) 按计划成本分配。

3

```
借：辅助生产成本——运输车间                                    75
              供电车间                                        250
    制造费用——第一车间                                      5 875
          ——第二车间                                      5 150
    管理费用                                                2 850
    贷：辅助生产成本——运输车间                             10 500
                  ——供电车间                             3 700
```

（2）将辅助生产成本差异计入管理费用。

```
借：管理费用                                                 667
    贷：辅助生产成本——运输车间                              879
                  ——供电车间                               212
```

上列第（2）项分录为调整成本差异的分录，都记入"辅助生产成本"账户的贷方，但超支差异用蓝字，节约差异用红字。

上列 2 项会计分录记入辅助生产成本明细账，如图 3-3 所示。

辅助生产成本——运输车间

待分配费用　9 546	(1)　10 500
(1)　75	(2)　879
合　计　9 621	合　计　9 621

辅助生产成本——供电车间

待分配费用　3 662	(1)　3 700
(1)　250	(2)　212
合　计　3 912	合　计　3 912

图 3-3　辅助生产成本明细账

计划成本分配法的优缺点：采用计划成本分配法，各种辅助生产费用只分配一次，而且劳务的计划单位成本是已经确定的，不必单独计算费用分配率，减轻了核算工作量。由于辅助生产的成本差异一般全部计入管理费用，各受益单位所负担的劳务费用都不包括辅助生产成本差异因素，因而还便于考核和分析各受益单位的成本，有利于分清企业内部各单位的经济责任。但是采用这种分配方法，辅助生产劳务的计划单位成本必须比较准确稳定。

以上所举例子是辅助生产的制造费用不通过"制造费用"账户归集程序下分配辅助生产费用。在将辅助生产费用进行归集和分配以后，应计入本月产品成本和经营管理费用的各种费用，都已分别归集在"基本生产成本""制造费用"和"管理费用"等总账账户和所属明细账的借方,其中记入"基本生产成本"总账账户借方的费用,已在各产品成本明细账的本月发生额中按有关的成本项目反映。

引例解析

　　根据本任务引例中的情况,可以采用交互分配法或计划成本分配法比较合适。

3

任务四　辅助生产费用核算实务处理

【任务设计——辅助生产费用归集与分配】

　　在本任务中,通过一个案例来讲述辅助生产的制造费用通过"制造费用"账户核算程序下如何归集、分配辅助生产费用。

　　工作实例

　　包河机械制造有限公司设有一个基本生产车间,大量生产 A、B 两种产品,该企业还设有供电和供水两个辅助生产车间,为基本生产车间以及其他部门供电和供水。辅助生产的制造费用通过"制造费用"账户核算。10 月发生以下有关辅助生产成本业务。

　　(1) 以存款支付以下费用。

　　① 供电车间购燃料款 15 162 元。

　　② 办公费 250 元,其中供电车间 230 元,供水车间 20 元。

　　③ 劳保费 238 元,其中供电车间 210 元,供水车间 28 元。

　　④ 其他费用 145 元,其中供电车间 128 元,供水车间 17 元。

　　在实务中,以上会计事项应逐项填制记账凭证,这里为简化起见,汇总编制会计分录如下。

借:辅助生产成本——供电车间	15 162
制造费用——供电车间	568
——供水车间	65
贷:银行存款	15 795

　　(2) 供水车间领用材料 218 元,一般耗用领用材料 53 元;供电车间一般耗用领用材料 390 元,编制会计分录如下。

借:辅助生产成本——供水车间	218
制造费用——供水车间	53
——供电车间	390
贷:原材料	661

　　(3) 分配职工薪酬费用。其中供电车间生产工人薪酬 1 368 元,车间管理人员薪酬 912 元,供水车间工人薪酬 570 元,辅助人员薪酬 114 元。编制会计分录如下。

```
借：辅助生产成本——供电车间                                    1 368
              ——供水车间                                      570
    制造费用——供电车间                                        912
          ——供水车间                                          114
        贷：应付职工薪酬                                              2 964
```

（4）计提折旧，其中供电车间 1 050 元，供水车间 150 元，编制会计分录如下。

```
借：制造费用——供电车间                                      1 050
          ——供水车间                                          150
        贷：累计折旧                                                  1 200
```

（5）摊销企业财产保险费，其中供电车间每月摊销 500 元，供水车间每月摊销 100 元，编制会计分录如下。

```
借：制造费用——供电车间                                        500
          ——供水车间                                          100
        贷：预付账款——财产保险费                                      600
```

（6）根据上述会计分录，编制记账凭证，登记辅助生产成本明细账和辅助生产车间制造费用明细账，归集和分配辅助生产费用。

① 该企业采用按计划成本分配法分配辅助生产费用。供电车间计划单位成本为每度 0.20 元，本月供电 103 500 度，其中为供水车间生产供电 7 650 度，照明供电 600 度，为基本生产车间生产供电 69 300 度，照明供电 19 600 度，为企业管理部门供电 6 350 度；供水车间计划单位成本为每吨 2.50 元，提供供水劳务 952 吨，其中为供电车间供水 268 吨，为基本生产车间供水 452 吨，为企业管理部门供水 232 吨。由于供水所用的材料很少，供水费用均按供水量分配。各辅助生产车间辅助生产成本明细账和制造费用明细账，如表 3-9 至表 3-12 所示。

表 3-9　　　　　　　　　　　辅助生产成本明细账

车间名称：供电车间　　　　　　　　　　　　　　　　　　　　单位：元

月	日	摘　要	直接材料	直接人工	燃料及动力	制造费用	合计	转出	余额
10	31	支付燃料款	15 162				15 162		15 162
10	31	计算职工薪酬		1 368			1 368		16 530
10	31	待分配费用小计	15 162	1 368			16 530		16 530
10	31	分配转出						20 700	4 170
10	31	分配转入				4 090	4 090		80
10	31	结转差异						80	0
10	31	合　计	15 162	1 368		4 090	20 620	20 620	0

表 3 - 10　　　　　　　　　　　辅助生产成本明细账

车间名称：供水车间　　　　　　　　　　　　　　　　　　　　　金额单位：元

月	日	摘　要	直接材料	直接人工	燃料及动力	制造费用	合计	转出	余额
10	31	领用材料	218				218		218
10	31	计算职工薪酬		570			570		788
10	31	待分配费用小计	218	570			788		788
10	31	支付电费			1 530		1 530		2 318
10	31	分配转出						2 380	62
10	31	分配转入				602	602		540
10	31	结转差异						540	0
10	31	合　计	218	570	1 530	602	2 920	2 920	0

　　在以上辅助生产成本明细账和制造费用明细账中，待分配费用小计是通过后列辅助生产费用分配表分配的费用；该行以下各行所计的费用是通过后列各有关的费用分配表分配转入和转出的费用。

表 3 - 11　　　　　　　　　　　制造费用明细账

车间名称：供电车间　　　　　　　　　　　　　　　　　　　　　　单位：元

月	日	摘　要	职工薪酬	机物料消耗	折旧费	劳动保护费	水电费	办公费	其他	合计
10	31	报销费用				210		230	128	568
10	31	领料		390						390
10	31	计算人工	912							912
10	31	计提折旧			1 050					1 050
10	31	摊销费用							500	500
10	31	费用小计	912	390	1 050	210		230	628	3 420
10	31	转入费用					670			670
10	31	分配转出	912	390	1 050	210	670	230	628	4 090

表 3 - 12　　　　　　　　　　　制造费用明细账

车间名称：供水车间　　　　　　　　　　　　　　　　　　　　　　单位：元

月	日	摘　要	职工薪酬	机物料消耗	折旧费	劳动保护费	水电费	办公费	其他	合计
10	31	报销费用				28		20	17	65
10	31	领料		53						53
10	31	计算人工	114							114

续　表

月	日	摘　要	职工薪酬	机物料消耗	折旧费	劳动保护费	水电费	办公费	其他	合计
10	31	计提折旧			150					150
10	31	摊销费用							100	100
10	31	待分配费用小计	114	53	150	28		20	117	482
10	31	转入费用					120			120
10	31	分配转出	114	53	150	28	120	20	117	602

② 根据辅助生产成本明细账和辅助生产的制造费用明细账中成本费用金额、供电度数和供水吨数,以及该计划各单位成本,编制辅助生产费用分配表分配辅助生产费用。分配表如表3-13所示。

表 3-13　　　　　　　辅助生产费用分配表(计划成本分配法)

10 月　　　　　　　　　　　　　　　　金额单位:元

辅助生产车间名称				供水车间	供电车间	合　计
待分配辅助生产费用	"辅助生产成本"账户金额			788	16 530	17 318
	"制造费用"(辅助)账户金额			482	3 420	3 902
	小　计			1 270	19 950	21 220
劳务供应数量				952 吨	103 500 度	
计划单位成本				2.50	0.2	
辅助生产车间耗用	应借"辅助生产成本"项目	供水车间	耗用数量		7 650	
			分配金额		1 530	1 530
		供电车间	耗用数量			
			分配金额			
		分配金额小计			1 530	1 530
	应借"制造费用"账户	供水车间	耗用数量	600 度	120	120
		供电车间	耗用数量	268 吨	670	670
		分配金额小计		670	120	790
基本生产车间耗用	生产耗用 应借"制造费用"账户	动　力	耗用数量	69 300 度	13 860	13 860
		水电费	耗用数量	19 600 度	3 920	3 920
		供水费	耗用数量	452 吨	1 130	1 130
	小　计			1 130	17 780	18 910

续 表

辅助生产车间名称					供水车间	供电车间	合 计
行政管理部门耗用	应借"管理费用"账户	水电费	耗用数量	6 350度		1 270	1 270
		供水费	耗用数量	232 吨	580		580
		小 计			580	1 270	1 850
按计划成本分配金额合计					2 380	20 700	23 080
辅助生产实际成本					2 920	20 620	23 540
辅助生产成本差异					540	80	460

在表 3-13 中,辅助生产的实际成本应该按下列计算:

$$供电实际成本 = 19\ 950 + 670 = 20\ 620(元)$$

$$供水实际成本 = 1\ 270 + 1\ 530 + 120 = 2\ 920(元)$$

辅助生产的成本差异计入管理费用的其他费用项目。

基本生产车间动力费用的 13 860 元,由甲、乙两种产品共同耗用,不能分设电表计量,还应另编基本生产车间动力费用分配表,在该两种合格产品及其废品之间按实际机器工时比例进行分配。基本生产车间劳动力分配表如表 3-14 所示。

表 3-14　　　　　　　基本生产车间动力费用分配表

10 月　　　　　　　　　　　　　　　　金额单位:元

应借账户		实际机器工时/小时	动力费(分配率:9)
总账账户	明细账户		
基本生产成本	A 产品	560	5 040
	B 产品	930	8 370
	小 计	1 490	13 410
废品损失	B 产品	50	450
合 计		1 540	13 860

通过上列分配表,将基本生产车间动力费 13 860 元,分配为 A、B 两种合格产品动力费 13 410 元,B 产品废品动力费 450 元。

根据辅助生产费用分配表和基本生产车间动力费用分配表,编制辅助生产费用分配的会计分录如下。

3

```
借：辅助生产成本——供水车间                              1 530
    制造费用——供电车间                                  670
          ——供水车间                                   120
          ——基本生产车间                             5 050
    基本生产成本——A 产品                              5 040
          ——B 产品                                  8 370
    废品损失——B 产品                                   450
    管理费用                                          1 850
    贷：辅助生产成本——供电车间                               20 700
              ——供水车间                                 2 380
```

③ 将辅助生产费用分配表的各项分配数,亦即上述(2)中的会计分录记入各有关明细账以后,结算辅助生产的制造费用明细账,并据以编制辅助生产车间制造费用分配表,将各车间的制造费用分配转入辅助生产成本明细账,归集各辅助生产成本。

辅助生产车间制造费用分配表,如表 3－15 所示。

表 3－15   辅助生产车间制造费用分配表   金额单位:元

应借账户		供电车间制造费用	供水车间制造费用	合　计
总账账户	明细账户			
辅助生产成本	供电车间	4 090		4 090
	供水车间		602	602
合　计		4 090	602	4 692

会计分录如下。

```
借：辅助生产成本——供电车间                              4 090
          ——供水车间                                  602
    贷：制造费用——供电车间                                    4 090
            ——供水车间                                     602
```

按照计划成本法分配登记辅助生产车间之间互供劳务的费用以后,再将各辅助生产车间制造费用分配转入各辅助生产成本明细账,也就是将辅助生产的制造费用全部(包括交互分配转入的制造费用在内)归集以后,再将辅助生产的制造费用分配转入各辅助生产成本明细账,可以避免辅助生产的制造费用分两次结转,从而简化核算工作。也正因为如此,表 3－13 中的待分配费用,要按"辅助生产成本"账户发生额和"制造费用"账户发生额分列 2 行。由于辅助生产费用分配转出数("辅助生产成本"账户贷方发生额)中已经包括了待分配的制造费用,因而只有在将制造费用转入辅助生产成本("辅助生产成本"账户借方发生额)以后,"辅助生产成本"账户才有可能结平。

④ 将辅助生产费用分配表所列辅助生产成本差异,转入管理费用。

借:管理费用　　　　　　　　　　　　　　　　　　　　　460
　　贷:辅助生产成本——供电车间　　　　　　　　　　　　　　　　80
　　　　　　　　　　——供水车间　　　　　　　　　　　　　　540

项 目 小 结

3

本项目内容结构如图 3-4 所示。

图 3-4　辅助生产费用的核算内容结构图

项目四　制造费用和生产损失的核算

◇ **职业能力目标**

1. 明确制造费用的内容；知道制造费用归集的账户设置。
2. 理解制造费用的归集与分配的基本程序。
3. 掌握制造费用的归集和分配；能熟练运用制造费用的分配方法。
4. 了解生产损失的类型。
5. 熟悉和掌握废品损失和停工损失的归集和分配方法。

◇ **典型工作任务**

制造费用的项目内容；制造费用的分配方法；废品损失的计算。

任务一　制造费用的归集

任务引例

在东风机械制造公司的生产车间里，经常发生以下费用开支：

(1) 生产产品用的主要材料的领用。

(2) 生产工人和车间管理人员薪酬的结算。

(3) 生产用辅助材料的消耗。

(4) 车间动力用电、照明用电、用水费用的结算。

(5) 车间厂房、设备等固定资产折旧费、修理费的核算。

(6) 车间办公费、差旅费等费用的开支。

要求：请讨论① 对以上费用应如何分类，应分别通过什么账户来归集。② 以上费用如何进行分配。

【知识准备与业务操作】

一、制造费用的含义与费用项目

（一）制造费用的含义

制造费用是指工业企业为生产产品（或提供劳务）而发生的，应计入产品成本但没有专设成本项目的各项生产费用。

4

制造费用大部分是间接用于产品生产的费用,例如机物料消耗,车间管理人员、技术人员和辅助工人薪酬,车间生产用房屋及建筑物的折旧费、租赁费和保险费,车间生产用的照明费、取暖费、运输费、劳动保护费,以及季节性停工和生产用固定资产修理期间的停工损失等。

制造费用还包括直接用于产品生产,但管理上不要求或者核算上不便于单独核算,因而没有专设成本项目的费用,例如机器设备的折旧费、租赁费、保险费、生产工具摊销、设计制图费和试验检验费等。生产工艺用动力如果没有专设成本项目,也包括在制造费用中。

此外,制造费用还包括车间用于组织和管理生产的费用。这些费用具有管理费用的性质,但由于车间是企业从事生产活动的单位,它的管理费用与制造费用很难严格划分,为了简化核算工作,可作为制造费用核算。这些费用有:车间管理人员薪酬,车间管理用房屋和设备的折旧费、租赁费和保险费,车间管理用具摊销,车间管理用的照明费、水费、取暖费、差旅费和办公费等。如果企业的组织机构分为车间、分厂和总厂等若干层次,则分厂也与车间相似,也是企业的生产单位。分厂用于组织和管理生产的费用,也作为制造费用核算。

制造费用由于大多与产品的生产工艺没有直接联系,而且一般是间接计入费用,因而不能或不便于按照产品制定定额,只能按照车间、部门和费用项目,按年、季、月编制制造费用计划加以控制,并通过制造费用的归集和分配,反映和监督制造费用计划的执行情况,将费用正确、及时地计入各有关产品的成本。

注:按现行有关规定:车间发生的修理费不作为制造费用,而计入管理费用。

(二)制造费用的项目

制造费用的内容比较复杂,为了减少费用项目,简化核算工作,制造费用的费用项目不是按直接用于产品生产、间接用于产品生产以及用于组织、管理生产来划分,而是将这些方面相同性质的费用合并设立相应的费用项目,例如将车间房屋、建筑物、机器设备等固定资产的折旧费合并设立"折旧费"项目,将生产工具和管理用具的摊销合并设立"周转材料摊销"项目等。制造费用的项目一般应该包括:职工薪酬、折旧费、办公费、水电费、机物料消耗、劳动保护费、季节性和修理期间停工损失等。

工业企业可以根据费用比重大小和管理上的要求,对上列某些费用项目进行合并或进一步细分,也可以另行设立制造费用项目。但是,为了使各期成本、费用资料可比,制造费用项目一经确定,不应任意变更。

二、制造费用归集的账务处理

(一)账户设置

为了总括反映和监督企业各生产单位在一定时期内为组织和管理生产所发生的各项制造费用,需要设置"制造费用"账户。制造费用发生时,记入本账户的借方,进行分配结转时,记入本账户的贷方,本账户月末一般无余额。其明细账按车间设置。

(二)账务处理

制造费用的归集按其记账依据不同可分为以下两种情况。

第一种情况:一般费用发生时,根据付款凭证或据以编制的其他费用分配表,借记"制造费用"账户,贷记"银行存款"或其他有关账户,如办公费、差旅费、劳动保护费等。

第二种情况：机物料消耗、燃料及动力费用、职工薪酬、折旧费等，在月末应根据转账凭证及汇总编制的各种费用分配表，借记"制造费用"账户，贷记"原材料""应付职工薪酬""累计折旧""预提费用"等账户。

需要指出的是：如果辅助生产的制造费用是通过"制造费用"账户单独核算，则应比照基本生产车间制造费用的核算；如果辅助生产的制造费用不通过"制造费用"账户单独核算，应将其全部记入"辅助生产成本"账户。

【做中学 4-1】 四凯公司基本生产一车间 6 月发生以下费用。

(1) 本月发生的车间管理人员薪酬费用 13 680 元。月末根据"职工薪酬费用分配汇总表"，编制如下会计分录。

借：制造费用——基本生产一车间　　　　　　　　　　　　　13 680
　　贷：应付职工薪酬　　　　　　　　　　　　　　　　　　　　13 680

(2) 本月固定资产应计提折旧费 32 600 元，应摊销租赁费 11 200 元。月末根据"固定资产折旧及租赁费用分配表"，编制如下会计分录。

借：制造费用——基本生产一车间　　　　　　　　　　　　　43 800
　　贷：累计折旧　　　　　　　　　　　　　　　　　　　　　　32 600
　　　　预付账款——租赁费　　　　　　　　　　　　　　　　　11 200

(3) 本月签发转账支票购买办公用品 2 420 元，根据付款的原始凭证，编制如下会计分录。

借：制造费用——基本生产一车间　　　　　　　　　　　　　2 420
　　贷：银行存款　　　　　　　　　　　　　　　　　　　　　　2 420

(4) 本月 28 日以银行存款支付基本生产一车间水电费（日常用水和照明用电）9 200 元，一车间管理部门本月一般耗用供电、供水车间水电费 2 690 元。根据付款的原始凭证和"辅助生产费用分配表"，编制如下会计分录。

借：制造费用——基本生产一车间　　　　　　　　　　　　　11 890
　　贷：银行存款　　　　　　　　　　　　　　　　　　　　　　9 200
　　　　辅助生产成本　　　　　　　　　　　　　　　　　　　　2 690

(5) 本月耗用辅助材料 35 700 元，月末根据"材料费用分配表"编制如下会计分录。

借：制造费用——基本生产一车间　　　　　　　　　　　　　35 700
　　贷：原材料　　　　　　　　　　　　　　　　　　　　　　　35 700

(6) 本月应摊销的保险费 1 365 元。月末根据"待摊费用分配表"编制如下会计分录。

借：制造费用——基本生产一车间　　　　　　　　　　　　　2 325
　　贷：预付账款——保险费　　　　　　　　　　　　　　　　　2 325

(7) 本月 28 日以银行存款为基本生产一车间支付其他费用 3 522 元。根据付款的原始凭证编制如下的会计分录。

借：制造费用——基本生产一车间　　　　　　　　　　　　　3 522
　　贷：银行存款　　　　　　　　　　　　　　　　　　　　　　3 522

(8) 月末将本月基本生产一车间发生的制造费用 113 337 元进行结转，转入基本生产成本账户。编制会计分录如下。

借：基本生产成本　　　　　　　　　　　　　　　　　　　　113 337
　　贷：制造费用——基本生产一车间　　　　　　　　　　　　　113 337

四凯公司应根据以上经济业务,及时逐笔登记按车间和费用项目开设的"制造费用明细账",如表4-1所示。

表 4-1　　　　　　　　　　　　　　制造费用明细账

车间：基本生产一车间　　　　　　　　　　　　　　　　　　　　　单位：元

月	日	凭证号	摘要	职工薪酬	折旧费	办公费	水电费	机物料消耗	劳动保护费	停工损失	其他费用	小计
6		略	分配职工薪酬	13 680								13 680
			计提折旧费		32 600							32 600
			摊销租赁费								11 200	11 200
			支付办公费			2 420						2 420
			支付水电费				9 200					9 200
			分配材料费					35 700				35 700
			保险费摊销								2 325	2 325
			支付其他费用								3 522	3 522
			分配辅助生产费用				2 690					2 690
			合　计	13 680	32 600	2 420	11 890	35 700			17 047	113 337
			本月分配转出	13 680	32 600	2 420	11 890	35 700			17 047	113 337

引例解析

东风机械制造公司的生产车间的费用开支应做如下处理：

(1) 生产产品用的领用主要材料、生产工人薪酬、车间动力用电直接记入"基本生产成本"账户。

(2) 生产用辅助材料的消耗、照明用电、用水费用和车间管理人员薪酬,车间厂房、设备等固定资产折旧费、车间办公费、差旅费等费用均记入"制造费用"账户。

(3) 车间修理费按照规定记入"管理费用"账户。

任务二　制造费用的分配

任务引例

在任务一引例中东风机械制造公司生产车间里发生的费用开支,应如何进行分配？

【知识准备与业务操作】

制造费用
的审查

一、制造费用分配的程序

每月终了,应将本月制造费用明细账中所归集的制造费用总额按一定的分配标准,分配计入有关的成本计算对象。制造费用的分配有如下几种情况。

(一)基本生产车间的制造费用分配

基本生产车间的制造费用分配按以下两种情况进行。

(1)在生产一种产品的车间中,制造费用应直接计入该种产品的生产成本。

(2)在生产多种产品的车间中,制造费用都是间接计入费用的。应采用适当的分配方法,分配计入该车间各种产品的生产成本。

(二)辅助生产车间的制造费用分配

辅助生产车间单独核算制造费用时,在只生产一种产品或提供一种劳务的辅助生产车间,应将"制造费用——辅助生产"账户的制造费用数额,直接计入该种辅助生产产品或劳务的成本;在生产多种产品或提供多种劳务的辅助生产车间,归集在"制造费用——辅助生产"账户的制造费用,应采用适当的分配方法,分配计入各辅助生产产品或劳务成本。

二、制造费用分配的方法

制造费用分配的方法一般有:按生产工人工时、生产工人工资、按机器工时、按耗用原材料的数量或成本、按直接成本(原材料、燃料、动力、生产工人工资及应提取的福利费之和)、按产品产量和按年度计划分配率分配法。企业具体采用哪一种分配方法,由企业自行决定。分配方法一经确定,不得随意变更。如需变更,应当在会计报表附注中加以说明。在成本核算实务中,最常见的有生产工人工时比例分配法、机器工时比例分配法、生产工人工资比例分配法、年度计划分配率分配法四种方法。

(一)生产工人工时比例分配法

生产工人工时比例分配法是按照各种产品所用生产工人实际工时的比例分配制造费用。其分配的计算如式4-1、式4-2所示。

$$制造费用分配率 = \frac{制造费用总额}{各种产品生产工时总数} \qquad (4-1)$$

$$某种产品应负担的制造费用 = 该产品的生产工时数 \times 分配率 \qquad (4-2)$$

【做中学4-2】 东风机械厂基本生产车间同时生产A、B两种产品,本期发生制造费用116 000元,A产品生产工人工时为52 000小时,B产品生产工人工时为48 000小时,A、B产品各自应分配的制造费用如下:

$$制造费用分配率 = \frac{116\ 000}{52\ 000 + 48\ 000} = 1.16$$

$$A产品应分配的制造费用 = 52\ 000 \times 1.16 = 60\ 320(元)$$

$$B产品应分配的制造费用 = 48\ 000 \times 1.16 = 55\ 680(元)$$

按照生产工人工时比例法编制制造费用分配表,如表4-2所示。

表 4 - 2　　　　　　　　　　**制造费用分配表**

车间：基本生产车间

应借账户	生产工人工时/小时	分 配 率	分配金额/元
基本生产成本 ——A 产品	52 000	1.16	60 320
——B 产品	48 000	1.16	55 680
合　计	100 000		116 000

生产工时比例分配法优缺点：

按照生产工时比例分配制造费用，可以使产品负担制造费用的多少与劳动生产率的高低联系起来，是较为常见的一种分配方法。但是，如果生产单位生产的各种产品的工艺过程机械化程度差异较大，采用生产工时作为分配标准，会使工艺过程机械化程度较低的产品（耗用生产工时多）负担过多的制造费用，致使分配结果不尽合理。这种方法适用于机械化程度较低，或生产单位内各种产品机械化生产程度大致相同的单位。

（二）机器工时比例分配法

机器工时比例分配法是以各种产品生产所用机器设备的运转时间的比例作为分配标准分配制造费用的一种方法。其分配的计算如式 4 - 3、式 4 - 4 所示。

$$制造费用分配率 = \frac{制造费用总额}{各种产品耗用机器工时之和} \qquad (4-3)$$

$$某种产品应负担的制造费用 = 该产品的生产耗用机器工时数 \times 分配率 \qquad (4-4)$$

【做中学 4 - 3】　某企业本月基本生产车间生产 A、B 两种产品，共同发生制造费用为36 000 元，A 产品耗用机器工时数为 4 860 小时，乙产品耗用机器工时数为 5 140 小时。A、B 产品各自应分配的制造费用计算如下：

$$制造费用分配率 = \frac{36\ 000}{4\ 860 + 5\ 140} = 3.6$$

$$A\ 产品应分配的制造费用 = 4\ 860 \times 3.6 = 17\ 496(元)$$

$$B\ 产品应分配的制造费用 = 5\ 140 \times 3.6 = 18\ 504(元)$$

机器工时比例分配法优缺点：

这种方法适合于对机械化、自动化程度较高的车间制造费用的分配。这是因为机械化、自动化程度低的产品，一般要比机械化、自动化程度高的产品耗用的机器工时多，而制造费用中机器设备的折旧费、修理费占有相当大的比重，这就使机械化、自动化程度低的产品负担了过多的机器设备折旧和修理费用。对机械化、自动化程度较高的车间的制造费用分配采用机器工时的标准比较合理。

（三）生产工人工资比例分配法

生产工人工资比例分配法是以直接计入各种产品成本的生产工人实际工资的比例作为分

配标准分配制造费用的一种方法。其分配的计算如式 4-5、式 4-6 所示。

$$制造费用分配率 = \frac{制造费用总额}{各种产品生产工人工资总额} \qquad (4-5)$$

$$某种产品应负担的制造费用 = 该产品的生产工人工资总额 \times 分配率 \qquad (4-6)$$

【做中学 4-4】 东风机械厂基本生产车间同时生产甲、乙两种产品,本期共发生制造费用 561 600 元,本期甲产品生产工人工资为 456 000 元,乙产品生产工人工资 324 000 元,甲、乙产品各自应分配的制造费用如下:

$$制造费用分配率 = \frac{561\ 600}{456\ 000 + 324\ 000} = 0.72$$

$$甲产品应分配的制造费用 = 456\ 000 \times 0.72 = 328\ 320(元)$$

$$乙产品应分配的制造费用 = 324\ 000 \times 0.72 = 233\ 280(元)$$

生产工人工资比例分配法优缺点:

由于生产工人工资资料比较容易取得,因此采用这种标准分配比较简便。但是这种方法的使用前提是各种产品生产的机械化程度或需要生产工人的操作技能大致相同;否则,机械化程度度低(用工多,生产工人工资费用高)的产品,需要生产工人操作技能高的产品也负担较多的制造费用,显然是不合理的。

(四) 年度计划分配率分配法

年度计划分配率分配法是指无论各月实际发生的制造费用是多少,各月各种产品成本中的制造费用均按年度计划确定的计划分配率分配的一种方法。年度内发生全年制造费用的实际数和产品的实际产量与计划分配率计算的分配之间的差额,到年终时按已分配比例分配计入 12 月份产品成本中。其分配计算如式 4-7、式 4-8 所示。

$$年度计划分配率 = \frac{年度制造费用计划总数}{年度各产品计划产量的定额工时总数} \qquad (4-7)$$

$$某月产品应负担的制造费用 = 该月该种产品实际产量的定额工时数 \qquad (4-8)$$
$$\times 年度计划分配率$$

【做中学 4-5】 东风机械厂基本生产车间全年计划制造费用 96 600 元;全年各种产品的计划产量为:甲产品 3 600 件,乙产品 3 000 件,单件产品的工时定额为甲产品 5 小时,乙产品 4 小时;2 月份实际产量为:甲产品 395 件,乙产品 216 件;2 月份实际发生制造费用为 8 068 元;"制造费用"账户 2 月份期初借方余额 125.80 元。

$$甲产品年度计划产量的定额工时 = 3\ 600 \times 5 = 18\ 000(小时)$$

$$乙产品年度计划产量的定额工时 = 3\ 000 \times 4 = 12\ 000(小时)$$

$$制造费用年度计划分配率 = \frac{96\ 600}{18\ 000 + 12\ 000} = 3.22$$

$$甲产品 2 月份实际产量的定额工时 = 395 \times 5 = 1\ 975(小时)$$

乙产品 2 月份实际产量的定额工时＝216×4＝864(小时)

2 月份甲产品制造费用＝1 975×3.22＝6 359.50(元)

2 月份乙产品制造费用＝864×3.22＝2 782.08(元)

根据分配结果,编制制造费用分配表如表 4-3 所示。

表 4-3　　　　　　　制造费用分配表(按年度计划分配率分配法)

车间:基本生产车间

应借账户	实际产量的定额工时/小时	分 配 率	分配金额/元
基本生产成本 ——甲产品 ——乙产品	1 975 864	3.22 3.22	6 359.50 2 782.08
合 计			9 141.58

4

根据制造费用分配表,做如下账务处理。

借:基本生产成本——甲产品　　　　　　　　　　　　　6 359.50

　　　　　　　　——乙产品　　　　　　　　　　　　　2 782.08

　　贷:制造费用　　　　　　　　　　　　　　　　　　　　9 141.58

登记 2 月份基本生产制造费用账如表 4-4 所示。

表 4-4　　　　　　　基本生产制造费用账(简化格式)

车间:基本生产车间

期初余额 本月发生	125.80 8 068.00	本月分配转出	9 141.58
		期末余额	947.78

在按生产工人工时、生产工人工资和机器工时比例分配法下,"制造费用"账户一般没有期末余额。如果使用按年度计划分配率分配法,实际发生的制造费用与按年度计划分配率分配转出的制造费用很有可能不一致,就会使"制造费用"账户平时可能有借方或贷方余额。年度终了,制造费用全年实际发生数与分配数的差额,除其中属于为明年开工生产做准备的可留待明年分配外,其余都应当在本年内调整产品成本:发生数大于分配数的差额,借记"基本生产成本"账户,贷记"制造费用"账户;实际发生数小于分配数的差额,用红字登记。

用年度计划分配率分配法,可随时结算已完工产品应负担的制造费用,简化分配手续,适用于季节性生产的企业车间。但采用这种方法,必须有较高的计划管理水平,否则计划分配率与实际发生额差异过大,就会影响制造费用分配的准确性。

三、制造费用分配的账务处理

制造费用不论采用以上的哪一种分配方法,分配的过程在实务中均是通过制造费用分配表来进行核算的。

(一)辅助生产部门"制造费用"分配的账务处理

关于辅助生产部门"制造费用"分配的核算请见本书项目三相关内容。

（二）基本生产部门"制造费用"分配的账务处理

在"制造费用——基本生产×车间"账户的借方归集了基本生产车间的全部制造费用以后，再分配结转基本生产的制造费用，借记"基本生产成本"账户，贷记"制造费用——基本生产×车间"账户，并据以登记相应的明细账，例如分配由基本生产成本负担的制造费用，一方面要登记相关的产品成本明细账的"制造费用"成本项目；另一方面要登记相关的制造费用明细账。

通过上述制造费用的归集和分配，除了采用按年度计划分配率分配法的企业以外，"制造费用"总账账户和所属明细账都应没有月末余额。

> **引例解析**
>
> 本例中，可以选择按生产工人工时或生产工人工资的比例进行分配。然后借记"基本生产成本"账户，贷记"制造费用——生产车间"账户。

任务三　生产损失的核算

> **任务引例**
>
> 新华企业各种费用分配表中列示甲产品可修复废品的修复费用为：原材料 2 130 元，应付生产工人工资 850 元，提取职工福利费 119 元，制造费用 1 360 元。不可修复废品按定额成本计价。不可修复废品损失计算表中列示甲产品不可修复废品的定额成本资料为：不可修复废品 5 件，每件原材料费用定额 100 元，每件定额工时 30 小时，每小时工资及福利费 3 元及制造费用 4 元。可修复废品和不可修复废品的残料价值 160 元作为辅助材料入库，另应由过失人赔偿 120 元，废品净损失由当月同种产品成本负担。
>
> 要求：① 计算甲产品不可修复废品的生产成本；② 计算甲产品可修复废品和不可修复废品的净损失。

【知识准备与业务操作】

一、废品损失的核算

（一）废品及废品损失的含义

废品，是指不符合规定的技术标准，不能按照原定用途使用，或者需要加工修复后才能使用的在产品、半成品和产成品。包括生产过程中发现的废品和入库后发现（由于生产加工过程造成）的废品。

以下三种情况造成的损失不包括在废品损失范围内，不作为废品损失核算。

（1）产品入库后由于管理不善造成的产品变质、毁坏。这是由于管理的原因造成的，所以这部分损失要计入管理费用，不作为废品损失核算。

（2）产品虽未达到质量标准，但可降价出售造成的降价损失。这部分产品并没有增加成本，只是减少了收入，它表现为销售损益，是通过减少收入来解决，不作为废品损失核算。

（3）产品销售后实行"三包"的费用。"三包"发生的费用，按现行制度，也计入销售费用，不作为废品损失核算。

废品按其修复的技术可能性和修复费用的经济合理性，分为可修复废品和不可修复废品两种。可修复废品，指废品经过修复可以使用，而且花费的修复费用在经济上是合算的废品；不可修复废品，是指不能修复或者所花费的修复费用在经济上不合算的废品。

废品损失，是指在生产过程中发现的、入库后发现不可修复废品的生产成本，以及可修复废品的修复费用，扣除回收的残料价值和应收赔款以后的净损失。

（二）废品损失核算的凭证和账户

1. 废品损失核算的凭证

为了便于分清责任，实行有效的控制，组织废品核算应遵循一定的凭证手续。与废品核算有关的凭证主要包括废品通知单、废品交库单、返修用料领料单等。

同时为了保证产品质量，及时发现废品，避免更大损失的发生，企业各生产部门均应配备专职的质量检验员。在产品质量检验中，一旦发现废品，不论是在产品的生产过程中发现，还是在半成品、产成品入库后发现，产品质量检验人员都应填制"废品通知单"，如表 4-5 所示。"废品通知单"通常一式三联：一联由生产单位存查，一联交质量检验部门、一联交财会部门核算废品损失。

对于送交仓库的不可修复废品，应另填"废品交库单"。单上应注明废品的残料价值，作为残料入库的依据。

对于可修复废品，在返修中所领用的各种材料及所耗的工时，应另填"领料单""工作通知单"等。单上注明"返修废品用"，作为核算修复费用的依据。

表 4-5   **废 品 通 知 单**

车　间：　　　　　　工程：　　　　　　编　　号：
生产小组：　　　　　机床：　　　　　　开工日期：

产品型号	图号	零件名称	工序	废品数量	处理数量	实废数量	废品工时		责任者	责任者签字
							加工累计	全厂累计		
材料损失	材质									
	定额质（重）量									
废品原因及处理意见										

车间　　　　组　　　　检验员印　　　　　　　　　年　　　月　　　日

2. 废品损失核算的账户设置

"废品损失"账户借方反映可修复废品的修复费用和不可修复废品的已耗成本。对于不可修复废品的已耗成本应根据废品成本计算单登记。该账户贷方反映可修复废品和不可修复废品回收的残值和应向责任人索赔的数额,废品净损失应从贷方转至"基本生产成本"账户的借方。"废品损失"账户月末无余额。此账户应当分车间按产品的品种设置明细账,组织废品损失的明细核算。"废品损失"明细账应按成本项目分设专栏或专行,以反映废品损失的构成。

一般在实际操作中主要有三种核算方法:

(1) 不设任何级别废品损失账户,将与废品损失有关的费用直接计入正品,由正品负担。这种方法适合于小型企业或废品少的企业,该方法简便但不能区分正品与废品的成本。

(2) 设置"生产成本——废品损失"账户核算;该方法适用于经常发生废品损失且损失数额较大的企业。

(3) 单独设置"废品损失"账户,并在此账户下再设置"可修复废品"和"不可修复废品"两个明细账户,分别核算不同类别的废品损失。借方归集不可修复废品的生产成本以及可修复废品的修复费用;贷方核算废品的残料回收价值和应收责任人赔款,期末废品损失账户余额转入"基本生产成本"账户,在这种情况下,废品损失也由正品负担。这种方法同样适用于废损数额较大的企业。

综上所述,在我国现行各种核算方法下,不论是可修复废品的修复费用,还是不可修复废品的报废损失,也不论废品损失正常与否,最终均计入产品成本,即由正品负担。

这样的处理在实践中便于操作,对于小企业或者废品不经常发生的企业适用,但对于废品经常发生的企业存在一定不足。《企业会计准则第 1 号——存货》第九条规定:非正常消耗的直接材料、直接人工、制造费用以及不能归属于使存货达到目前场所和状态的其他支出,不计入存货成本,而应在发生时确认为当期损益。我国目前三种核算方法都将所有成本计入存货成本,并未区分正常消耗和非正常消耗。

(三) 可修复废品损失的核算

可修复废品损失,是指在修复过程中所发生的各项修复费用(一般包括修复期间发生的直接材料、直接人工和应分摊的制造费用),扣除回收的残料价值和应收赔款以后的净损失。

【做中学 4-6】 蜀山机电制造公司基本生产车间丙产品,本月有关丙产品的废品损失资料如下:

(1) 材料费用分配表反映修复废品耗用原材料 1 900 元。

(2) 动力费用分配表反映修复废品耗用动力费用 200 元。

(3) 工资费用分配表反映修复废品应付工资 300 元。

(4) 该车间制造费用分配表反映修复废品分配额为 500 元。

$$废品净损失 = 1\ 900 + 200 + 300 + 500 = 2\ 900(元)$$

账务处理如下:

借:废品损失——丙产品		2 900
贷:原材料		1 900
应付账款		200
应付职工薪酬		300
制造费用		500

借：基本生产成本——丙产品(废品损失)　　　　　　　　　2 900
　　贷：废品损失——丙产品　　　　　　　　　　　　　　　　　　2 900

(四) 不可修复废品损失的核算

不可修复废品损失,是指不可修复废品的生产成本,扣除回收的残料价值和应收赔款以后的净损失。不可修复废品的成本与同种合格产品成本是同时发生的,并已归集计入该种产品的生产成本明细账中。为了归集和分配不可修复废品损失,必须首先计算废品的成本将其从该种产品总成本中分离出来。

不可修复废品的生产成本,可按废品所耗实际费用计算,也可按废品所耗定额费用计算。

1. 按废品所耗实际费用计算

按所耗实际费用计算废品成本,就是在废品报废时根据废品与合格品发生的实际费用,采用一定的分配方法,在合格品与废品之间进行分配,计算出废品的实际成本,从"基本生产成本"账户的贷方转入"废品损失"账户的借方。

【做中学 4-7】　根据蜀山机电制造公司生产业务资料,计算并编制出废品损失计算表,如表 4-6 所示。

表 4-6　　　　　　　　　　废品损失计算表
(按实际成本计算)

车间名称：基本车间　　　　　　　　　4月　　　　　　　　　产品名称：B铸件
废品数量：100件　　　　　　　　　　　　　　　　　　　　金额单位：元

项目	数量/件	直接材料	生产工时/小时	直接人工	制造费用	成本合计
费用总额	4 000	200 000	120 000	121 200	72 000	393 200
费用分配率		50		1.01	0.6	
废品成本	100	5 000	3 000	3 030	1 800	9 830
减：废品残料		1 200				1 200
废品损失		3 800	3 000	3 030	1 800	8 630

(1) 根据表 4-6,编制结转不可修复废品成本的会计分录：
借：废品损失——基本车间(B铸件)　　　　　　　　　　　9 830
　　贷：基本生产成本——B铸件　　　　　　　　　　　　　　　9 830
(2) 结转残料残值,编制会计分录：
借：原材料　　　　　　　　　　　　　　　　　　　　　　1 200
　　贷：废品损失——基本车间(B铸件)　　　　　　　　　　　1 200

（3）分配废品净损失，编制会计分录：

借：基本生产成本   B 铸件   8 630

　　贷：废品损失——基本车间（B 铸件）   8 630

不可修复废品成本按实际费用计算和分配废品损失，符合实际。但核算的工作量较大，且须等"基本生产成本"实际生产费用汇总以后才能计算、结转废品实际成本。

2. 按废品所耗定额费用计算

按所耗定额费用计算废品成本，就是按不可修复废品的数量和各项费用定额计算废品的定额成本，再将废品的定额成本扣除回收的残料价值和应收赔款计算出废品损失，而不考虑废品实际发生的费用。

【做中学 4-8】 根据四方公司生产业务资料，计算并编制出废品损失计算表，如表 4-7 所示。

表 4-7   废品损失计算表
（按定额成本计算）

车间名称：加工车间   4 月   产品名称：C 产品

废品数量：6 件   金额单位：元

项　目	数量/件	直接材料	定额工时/小时	直接人工	制造费用	成本合计
费用定额		100		3	4	
废品定额成本	6	600	45	135	180	915
减：废品残料		210				210
废品损失		390		135	180	705

（1）根据表 4-7，编制结转不可修复废品成本的会计分录：

借：废品损失——加工车间（C 产品）   915

　　贷：基本生产成本——C 产品   915

（2）结转残料残值，编制会计分录：

借：原材料   210

　　贷：废品损失——加工车间（C 产品）   210

（3）分配废品净损失，编制会计分录：

借：基本生产成本——C 产品   705

　　贷：废品损失——加工车间（C 产品）   705

不可修复废品成本按定额费用计算，因费用定额已事先确定，所以计算工作比较简便、及时，有利于考核和分析废品损失和产品成本。但必须具备比较准确的定额成本资料，否则会影响成本计算的正确性。

需要指出：通过上述账务处理，废品损失已归集至"基本生产成本"及其明细账中的"废品损失"成本项目。这些废品损失通常只计入本月完工产品成本,而在产品、自制半成品一般不负担。这样可集中将本月的废品损失反映在本月完工产品中,引起管理者重视。

二、停工损失的核算

停工损失,是指企业生产单位(分厂、车间或车间内某个班组)在停工期内发生的各项费用,包括停工期内发生的燃料及动力费、损失的材料费用、应支付的生产工人的工资及提取的福利费和应负担的制造费用等。应由过失人、过失单位或保险公司负担的赔款,要从停工损失中扣除。为了简化核算,生产单位不满一个工作日的停工,可以不计算停工损失。季节性生产的企业在停工期内发生的费用,应采用待摊、预提的方法由开工期内的生产成本负担,不作为停工损失。

企业发生停工的时间有长有短,停工的原因多种多样。因此,对发生的停工损失,应根据不同情况做出相应的分配处理。由于自然灾害引起的停工损失,转作营业外支出;如原材料供应不足、机器设备发生故障,以及计划减产等原因发生的停工损失,在一定的期限内计入产品成本;超过规定期限的转作营业外支出。

停工时车间应填列停工报告单,经有关部门审核后,作为停工损失核算的依据。

单独核算停工损失的企业,应增设"停工损失"账户和"停工损失"成本项目。停工损失的归集和分配,是通过"停工损失"账户进行的,该账户应按车间进行明细核算。根据停工报告单和相应费用分配表等有关凭证,将停工期内发生的、应列入停工损失的费用,记入"停工损失"账户的借方归集,借记"停工损失"账户,贷记"原材料""应付职工薪酬"和"制造费用"等账户。该账户登记应由过失人、过失单位或保险公司负担的赔款,借记"其他应收款"账户,贷记"停工损失"账户;月末,将发生的停工费用扣除各种赔款后的停工净损失,按停工的原因分配计入营业外支出或产品成本,借记"营业外支出""基本生产成本"账户,贷记"停工损失"账户。"停工损失"账户月末无余额。

不单独核算停工损失的企业,不设"停工损失"账户和"停工损失"成本项目。停工期内发生的属于停工损失的各项费用,按停工的原因分别记入"制造费用"和"营业外支出"等账户。

至此,在单独核算废品损失和停工损失的企业,也已将应计入本月产品成本的生产费用,全部归集在"基本生产成本"账户的借方,并在各产品成本明细账中按"直接材料""直接人工""制造费用""废品损失"和"停工损失"等成本项目分别反映。生产费用在各种产品之间横向的分配和归集已经完毕。

引例解析

可修复废品的修复费用 = 2 130 + 850 + 119 + 1 360 = 4 459(元)

不可修复废品的生产成本 = (5 × 100) + (30 × 3 × 5) + (30 × 4 × 5) = 1 550(元)

废品净损失 = 4 459 + 1 550 − 160 − 120 = 5 729(元)

项 目 小 结

本项目内容结构如图 4-1 所示。

4

制造费用和生产损失的核算

- 制造费用的归集
  - 制造费用的含义与费用项目
    - 制造费用的含义
    - 制造费用项目
  - 制造费用归集的账务处理
    - 账户设置
    - 账务处理

- 制造费用的分配
  - 制造费用分配的程序
    - 基本生产车间的制造费用分配
    - 辅助生产车间的制造费用分配
  - 制造费用分配的方法
    - 生产工人工时比例分配法
    - 机器工时比例分配法
    - 生产工人工资比例分配法
    - 年度计划分配率分配法
  - 制造费用分配的账务处理
    - 辅助生产部门"制造费用"分配的账务处理
    - 基本生产部门"制造费用"分配的账务处理

- 生产损失的核算
  - 废品损失的核算
    - 废品及废品损失的含义
    - 废品损失核算的凭证和账户
    - 可修复废品损失的核算
    - 不可修复废品损失的核算
  - 停工损失的核算

图 4-1　制造费用和生产损失的核算内容结构图

项目五 生产费用在完工产品与在产品之间的分配

项目五思政案例导入

◇ **职业能力目标**

1. 了解在产品数量的核算以及在产品与完工产品的区别。
2. 掌握运用各种方法将生产费用在完工产品与在产品之间分配。
3. 掌握成本计算单即生产成本明细账的填制。
4. 掌握完工产品成本的结转。

◇ **典型工作任务**

在产品的区分、在产品清查及其账务处理,定额成本法分配、定额比例法分配、约当产量比例分配法分配,完工产品结转及账务处理,成本计算单填制。

任务一 在产品的核算

任务引例

某产品生产需要三个车间连续加工完成,如表5-1所示。

表5-1 某产品在三个车间连续加工完成情况

单位:件

产品类型	一车间	二车间	三车间
本月加工完成数量	50	35	20
月末在制数量	10	15	15

要求:请分析该企业完工产品和在产品的数量。

【知识准备与业务操作】

一、在产品的确定

(一)在产品的概念

在产品又称在制品,确认时由于确认的角度不同,在产品范围也不一样。

从整个企业角度来讲,在产品是指没有完成全部生产过程,不能作为商品销售的产品,包括正在各车间加工或装配中的零部件、半成品,以及尚未验收入库的产成品和等待或正在返修的可修复废品。

从某一车间或某一生产步骤来说,在产品包括该车间或该生产步骤正在加工的和尚未验收入自制半成品库的零部件和半成品,完工的自制半成品不包括在内。

> **注意**
>
> 在产品的管理与核算,是成本核算的基础工作,在产品的数量与成本的核算是否正确,直接影响到产品成本计算的正确性。

(二)在产品的日常核算

在成本计算实务中,在产品核算应同时具备账面核算资料和实际盘点资料,以便从账面上随时掌握在产品的动态,同时又可查清在产品的实存数量。

在产品成本的计算,应根据在产品的实际盘存数量进行。但由于在产品品种多,数量大,每月都要组织实地盘点确有困难,也可根据在产品业务核算资料的期末结存量来计算在产品成本。车间在产品收、发、结存的日常核算,通常是通过"在产品收发结存账"进行,由于它通常是在操作的工作台上进行登记的,故又称之为"在产品台账"。该账应分车间,并按照产品品种和在产品的名称(零部件名称)设置,根据领料凭证、在产品内部转移凭证、产品检验凭证和产品交库凭证及时登记,最后由车间核算人员审核汇总,提供车间各种在产品收发结存动态的业务核算资料。完善在产品收、发、结存日常核算的原始凭证,健全在产品流转的交接手续,这对于正确计算在产品成本,加强生产管理,保护在产品的安全与完整具有重要意义。在产品收发结存账格式如表 5-2 所示。

表 5-2　　　　　　　　　**在产品收发结存账(在产品台账)**

车间名称:××车间　　　　　　在产品名称:甲产品　　　　　　单位:件

日期	摘要	收　入		发　　出			结　存	
		凭证号	数量	凭证号	合格品	废品	凭证号	数量
10.1	结存							100
10.2			300		350	10		40
10			280		300			20
...	...							
31	合计		4 500		3 800	50		750

> **引例解析**
>
> 从车间角度出发:
>
> 　　　　　　 一车间　　 二车间　　 三车间
> 完工产品:　 50 件　　　 35 件　　　 20 件
> 在产品:　　 10 件　　　 15 件　　　 15 件
>
> 从企业角度出发:
>
> 完工产品:　 20 件
> 在产品:　　 10+15+15=40 件

二、在产品的清查与账务处理

（一）在产品的清查

为了核实在产品实际结存数量，保证在产品账实相符，应该定期或不定期地进行在产品清查，以保护在产品安全完整。清查结果，根据实际盘点数和账面资料编制"在产品盘点表"，列明在产品的账面数、实有数、盘盈盘亏数，以及盘亏的原因和处理意见等，对于报废和毁损的在产品，如果可以回收利用，还要登记残值。企业成本核算人员应对在产品盘存表进行认真审核，并报有关部门审批，同时对在产品盘盈、盘亏进行账务处理。

（二）在产品清查的账务处理

在产品发生盘盈时，按计划成本或定额成本借记"基本生产成本"账户，贷记"待处理财产损溢"账户；按照规定核销时，应冲减制造费用，借记"待处理财产损溢"账户，贷记"制造费用"账户。

在产品发生盘亏和毁损时，应冲减在产品账面成本，借记"待处理财产损溢"账户，贷记"基本生产成本"账户。毁损在产品的残值，应冲减损失，借记"原材料""银行存款"等账户，贷记"待处理财产损溢"账户。按规定核销时，应根据不同情况分别将损失从"待处理财产损溢"账户的贷方转入有关账户的借方；其中准予计入产品成本的损失，借记"制造费用"账户；由于自然灾害造成的非常损失，收到保险公司的保险赔款部分，借记"其他应收款"（或"银行存款"）账户，其余方面的损失借记"营业外支出"账户；应由过失单位或过失人员赔偿损失的借记"其他应收款"账户，要求赔偿。

对于库存半成品动态及其清查的核算，可比照材料存货核算进行。辅助生产的在产品数量核算与基本生产基本相同。

【做中学 5-1】 东风公司基本生产车间在产品清查结果如下：甲产品的在产品盘盈 15 件，单位产品成本定额 200 元；乙产品的在产品盘亏 6 件，单位成本 120 元/件，其中应由过失人赔款 500 元；丙产品的在产品毁损 10 件，单位成本 380 元/件，由于自然灾害原因所致，残料入库价值 100 元，丙产品毁损部分应由保险公司赔款 1 500 元，其余损失计入营业外支出。以上事项均已批准转账。

（1）在产品盘盈的核算：

盘盈时：

借：基本生产成本——甲产品	3 000	
贷：待处理财产损溢		3 000

审核批准后：

借：待处理财产损溢	3 000	
贷：制造费用		3 000

（2）在产品盘亏的核算：

盘亏时：

借：待处理财产损溢	720	
贷：基本生产成本——乙产品		720

审核批准后：

```
借：其他应收款                                    500
    制造费用                                      220
    贷：待处理财产损溢                                          720
```

（3）在产品毁损的核算：

发生毁损时：

```
借：待处理财产损溢                                3 800
    贷：基本生产成本——丙产品                                   3 800
```

审核批准后：

```
借：其他应收款（或银行存款）                      1 500
    营业外支出                                   2 200
    原材料                                        100
    贷：待处理财产损溢                                         3 800
```

【工作任务——在产品清查的账务处理】

东风公司 6 月通过实地盘点的方式，对在产品清查，结果如下：A 产品的在产品盘亏 10 件，单位产品成本 80 元/件，其中应由过失人赔款 200 元；B 产品的在产品盘盈 6 件，单位成本 160 元/件，经报送审批后已批准转账。

任务分析：

该任务涉及在产品盘盈、盘亏的处理。

操作步骤：

第一步：A 在产品盘亏的处理。

```
借：待处理财产损溢                                800
    贷：基本生产成本——A 产品                                 800
借：其他应收款                                    200
    制造费用                                      600
    贷：待处理财产损溢                                         800
```

第二步：B 在产品盘盈的处理。

```
借：基本生产成本——B 产品                        960
    贷：待处理财产损溢                                         960
借：待处理财产损溢                                960
    贷：制造费用                                               960
```

任务二　完工产品与在产品之间费用分配的核算

任务引例

　　银鼎机械制造有限公司,是一家有近10年生产历史的机械制造企业,定额管理基础较准确,月末在产品较多且各月之间变化悬殊较大,在其产品成本结构中,各个成本项目在成本中比重相近,为了简便计算,该公司用了月末在产品按定额成本计价法作为分配完工产品与月末在产品成本的方法。

　　试分析这种分配方法是否合理。

【知识准备与业务操作】

一、分配的原则

　　经过要素费用、辅助生产费用、制造费用等在各种产品之间的分配和归集,凡应计入本月产品成本的各项费用,都已记入"基本生产成本"账户借方及各产品成本计算单的有关成本项目中。

　　如果该产品月末全部完工验收入库,无期末在产品,则产品成本计算单中期初在产品成本和本期投入生产费用之和,即是当月完工产品总成本,总成本除以产量则为单位产品成本;如果该产品月末都未完工,则产品成本计算单中生产费用的合计数即为在产品成本。在现实业务核算中,月末在产品与完工产品同时存在的情况占大多数。这样,产品成本计算单中生产费用合计数就需采用适当的方法在完工产品与在产品之间分配。

　　由于在产品具有品种规格多、流动性大、完工程度不同等特点,如何合理、简便地划分完工产品成本和月末在产品成本,就成为产品成本计算工作中一个重要而复杂的问题。企业应根据月末在产品数量的多少、各月月末在产品数量变化的大小、各项成本项目比重的大小、企业定额管理基础工作的好坏等情况,来选择确定适当的分配方法。

　　由于产品生产成本都是根据成本项目归集的,完工产品和在产品成本的划分应该分别按成本项目进行,一般情况下,各成本项目的成本都应在完工产品和月末在产品之间分配,以保证正确计算产品成本。但是在对产品成本计算正确性影响不大的情况下,为了简化成本计算工作,月末在产品也可以只负担部分成本项目的成本。

　　月初在产品成本、本月生产费用、本月完工产品成本和月末在产品成本四者之间的关系,可用式5-1表示。

$$月初在产品成本 + 本月生产费用 = 本月完工产品成本 + 月末在产品成本 \tag{5-1}$$

　　等式左边是已知数,等式右边是未知数。月初在产品成本和本月生产费用合计数需要在完工产品与月末在产品之间进行分配。通常有两种方式:

　　(1) 先确定在产品成本,然后再计算完工产品成本(在产品在前、完工产品在后),如式5-2所示。

$$本月完工产品成本 = 月初在产品成本 + 本月生产费用 - 月末在产品成本 \tag{5-2}$$

　　(2) 按照一定的分配标准,同时计算完工产品与月末在产品成本(在产品、完工产品不分先后)。

引例解析

选择哪种分配方法要考虑月末在产品数量的多少、各月月末在产品数量变化的大小、各项成本项目比重的大小、企业定额管理基础工作的好坏等情况。根据银鼎机械制造有限公司的实际情况(在产品较多且各月之间变化悬殊较大,各个成本项目在成本中比重相近)该公司可以选择约当产量比例分配法;因该公司定额管理基础较准确,也可以采用定额比例分配法,但选择定额成本法计算是不合适的。

二、分配的方法

(一)先确定在产品成本,然后再计算完工产品成本(在产品在前、完工产品在后)

1. 不计算在产品成本法——在产品为"0"

这种方法适合于月末在产品数量很少,价值很低,而且各月在产品数量比较稳定的情况下使用,比如供水、发电、采掘等企业。这类企业是否计算在产品成本对完工产品成本影响不大,为了简化核算工作,可以不计算在产品的成本。

在这种情况下,各产品成本计算单中归集的本月发生的生产费用就是本月该种完工产品总成本。

2. 成本按年初数固定计算法——在产品为常数

这种方法适用于生产比较稳定、各月末在产品数量变化不大,比如利用固定容器装置进行生产的炼铁、化工等企业,该类型企业月初、月末在产品成本差额对于完工产品成本影响不大。

为了简化核算工作,同时又反映在产品占用资金的情况,年度内各月在产品成本可以按年初在产品成本固定数计算。在这种情况下,各月月末在产品成本不变,月初与月末在产品成本相等。各产品成本计算单中归集的本月发生的生产费用就是本月该种完工产品的总成本(生产最初的第一个月除外)。

采用在产品成本按年初数固定计算的方法,在年终,必须根据实际盘点数量,重新调整、计算年末在产品成本,作为下一年度各月固定计价的在产品成本,以免在产品成本与实际差距过大,影响成本计算的正确性。

3. 在产品按所耗直接材料费用计算法——在产品只承担部分材料费用

这种方法适用于直接材料费用在产品成本中所占比重较大、其他费用所占比例较小的企业,比如纺织、造纸、酿酒等企业。为了简化核算工作,这些企业在产品成本可以只计算应负担的直接材料费用,不计算加工费用,加工费用全部由完工产品负担,产品成本计算单中的生产费用合计数扣除在产品负担的直接材料费用就是完工产品成本。在产品应负担的直接材料费用可以采用约当产量法、定额比例法、定额成本法等方法计算。

【做中学 5-2】 序阳公司生产甲产品,直接材料在生产开始时一次性投入,直接材料费用在产品成本中所占比重较大,4 月初在产品成本(即月初在产品直接材料费用)为 2 100 元,本月耗用直接材料 9 900 元,直接人工 1 500 元,制造费用 2 000 元。本月完工产品 40 件,月末在产品 20 件。按在产品只负担直接材料费用计算完工产品和月末在产品成本如下：

$$直接材料分配率=\frac{2\,100+9\,900}{40+20}=200$$

$$月末在产品成本=20\times200=4\,000（元）$$

$$完工产品总成本=2\,100+9\,900+1\,500+2\,000-4\,000=11\,500（元）$$

注意：在产品只负担部分材料费用，其人工与制造费用全部由完工产品承担。

4. 在产品按定额成本计算法

该方法适用于各项消耗定额或费用定额比较准确、稳定，而且各月在产品数量变化不大的产品的计算。在定额资料比较准确情况下，为了简化核算工作，月末在产品成本可按定额成本计算。这种分配方法是按照预先制定的定额成本计算月末在产品成本，即月末在产品成本按其数量和单位定额成本计算。某种产品应负担的全部费用（月初在产品费用加本月生产费用），减月末在产品的定额成本，其余额作为完工产品成本。

5

【做中学5-3】　包河机械公司生产甲产品，9月初在产品与本月发生费用如表5-3所示，本月完工入库200件，期末在产品10件，单位产品工时定额为5小时，单件材料费用定额250元，直接人工30元/小时，制造费用20元/小时。则月末在产品定额成本计算，如表5-3所示。

表5-3　　　　　　　　　　产品成本计算单

产品名称：甲产品　　　　　　　　　　　9月　　　　　　　　　　金额单位：元

摘　　要	直接材料	直接人工	制造费用	合　　计
月初在产品（定额成本）	9 000	3 000	2 000	14 000
本月生产费用	30 000	26 000	20 000	76 000
生产费用合计	39 000	29 000	22 000	90 000
本月完工产品成本	36 500	27 500	21 000	85 000
月末在产品（定额成本）	2 500	1 500	1 000	5 000

$$在产品材料定额成本=250\times10=2\,500（元）$$

$$在产品直接人工定额成本=10\times5\times30=1\,500（元）$$

$$在产品制造费用定额成本=10\times5\times20=1\,000（元）$$

$$在产品定额成本=2\,500+1\,500+1\,000=5\,000（元）$$

$$完工产品总成本=（9\,000+3\,000+2\,000+30\,000+26\,000+20\,000）$$
$$-（2\,500+1\,500+1\,000）=85\,000（元）$$

采用在产品成本按定额成本法计算，月末在产品的实际成本与定额成本的差异全部由完工产品成本负担。在各月在产品数量变动不大，定额资料又较准确的情况下，月初、月末在产品应负担的差异基本上可以互相抵销，按定额成本计算在产品成本，对完工产品的实际成本影响不大。

5

（二）按照一定的分配标准，同时计算完工产品与在产品成本（在产品、完工产品不分先后）

1. 定额比例分配法——既要计算在产品定额，也要计算完工产品定额

定额比例分配法是将产品成本计算单中生产费用合计数，按照完工产品和月末在产品的定额耗用量或定额费用的比例，分别计算完工产品成本和月末在产品成本的方法。其中，直接材料成本按直接材料定额耗用量或直接材料定额费用比例分配；燃料与动力、直接人工、制造费用等各项加工费用，则按定额工时的比例分配。

这种方法适用于定额管理基础较好，各项消耗定额或成本定额比较准确、稳定，各月末在产品数量变动较大的产品。采用这一方法，不仅分配结果比较合理，而且还便于将实际成本与定额成本相比较，考核和分析定额的执行情况。

定额比例分配法计算程序和方法：

（1）分别按成本项目确定完工产品与月末在产品的定额耗用量或定额成本。

直接材料成本项目如式 5-3、式 5-4 所示。

$$\text{完工产品材料定额消耗量} = \text{单位产品材料消耗量定额} \times \text{完工产品产量} \qquad (5-3)$$

$$\text{在产品材料定额消耗量} = \text{在产品材料消耗量定额} \times \text{在产品产量} \qquad (5-4)$$

其他成本项目，如式 5-5、式 5-6 所示。

$$\text{完工产品定额工时} = \text{单位产品工时定额} \times \text{完工产品产量} \qquad (5-5)$$

$$\text{在产品定额工时} = \text{在产品工时定额} \times \text{在产品产量} \qquad (5-6)$$

（2）确定各成本项目费用分配率如式 5-7、式 5-8 所示。

$$\text{直接材料费用分配率} = \frac{\text{月初在产品成本} + \text{本月发生费用}}{\text{月末完工产品定额消耗量（费用）} + \text{月末在产品定额消耗量（费用）}} \qquad (5-7)$$

$$\text{直接人工、制造费用分配率} = \frac{\text{月初在产品成本} + \text{本月发生费用}}{\text{月末完工产品定额工时} + \text{月末在产品定额工时}} \qquad (5-8)$$

（3）计算完工产品和月末在产品成本如式 5-9、式 5-10 所示。

$$\text{月末在产品成本} = \text{费用分配率} \times \text{月末在产品定额} \qquad (5-9)$$

$$\text{完工产品成本} = \text{费用分配率} \times \text{完工产品定额} \qquad (5-10)$$

【做中学 5-4】　企业生产甲产品，该企业定额资料与定额管理比较健全，原材料在生产开始时一次性投入，11 月甲产品月初在产品成本：直接材料 16 800 元，直接人工 9 740 元，制造费用 12 700 元，本月发生直接材料 28 200 元，直接人工 26 800 元，制造费用 32 660 元，本月完工 280 件，单位产品直接材料消耗定额 75 元，工时定额为 25 小时；月末在产品 220 件，单位产品直接材料消耗定额 75 元，工时定额为 20 小时。

根据上述资料,采用定额比例分配法将生产费用在完工产品与在产品之间分配。(分配率保留 4 位小数,最后结果保留整数)

(1) 计算分配标准。

甲产品完工产品直接材料定额消耗量:$75 \times 280 = 21\,000$(元)

甲产品在产品直接材料定额消耗量:$75 \times 220 = 16\,500$(元)

甲产品完工产品定额工时:$25 \times 280 = 7\,000$(小时)

甲产品在产品定额工时:$20 \times 220 = 4\,400$(小时)

(2) 确定各成本项目费用分配率。

$$直接材料分配率 = \frac{16\,800 + 28\,200}{21\,000 + 16\,500} = 1.200\,0$$

$$直接人工分配率 = \frac{9\,740 + 26\,800}{7\,000 + 4\,400} = 3.205\,2$$

$$制造费用分配率 = \frac{12\,700 + 32\,660}{7\,000 + 4\,400} = 3.978\,9$$

(3) 计算完工产品成本和月末在产品成本。

完工产品负担的直接材料 $= 21\,000 \times 1.2 = 25\,200$(元)

在产品负担的直接材料 $= 16\,500 \times 1.2 = 19\,800$(元)

完工产品负担的直接人工 $= 7\,000 \times 3.205\,2 = 22\,436$(元)

在产品负担的直接人工 $= 4\,400 \times 3.205\,2 = 14\,104$(元)

完工产品负担的制造费用 $= 7\,000 \times 3.978\,9 = 27\,852$(元)

在产品负担的制造费用 $= 4\,400 \times 3.978\,9 = 17\,508$(元)

完工产品成本 $= 25\,200 + 22\,436 + 27\,852 = 75\,488$(元)

月末在产品成本 $= 19\,800 + 14\,104 + 17\,508 = 51\,412$(元)

产品成本计算单如表 5-4 所示。

表 5-4　　　　　　　　　　产品成本计算单

产品名称:甲产品　　　　　　　　　11 月　　　　　　　　金额单位:元

摘　要		直接材料	直接人工	制造费用	合　计
月初在产品成本		16 800	9 740	12 700	39 240
本月生产费用		28 200	26 800	32 660	87 660
生产费用累计		45 000	36 540	45 360	126 900
单位成本(分配率)		1.2	3.205 2	3.978 9	—
本月完工产品成本	定额	21 000	7 000	7 000	—
	实际	25 200	22 436	27 852	75 488
月末在产品成本	定额	16 500	4 400	4 400	—
	实际	19 800	14 104	17 508	51 412

2. 约当产量比例分配法

约当产量是指将月末在产品的实际数量按一定的标准(包括投料程度和完工程度)折合成大约相当于完工产品的数量。

约当产量比例分配法,首先计算在产品的约当产量,然后把产品成本计算单中生产费用合计数,按照完工产品产量与月末在产品约当产量的比例进行分配的一种方法。

计算方法如式 5 - 11 至式 5 - 14 所示。

第一步:　月末在产品约当产量＝月末在产品数量×投料程度(或完工程度)　　　(5 - 11)

第二步:

$$计算费用分配率 = \frac{月初在产品成本 + 本月生产费用}{完工产品产量 + 月末在产品约当产量}　　　(5 - 12)$$

第三步:　　完工产品成本＝完工产品产量×费用分配率　　　　　　(5 - 13)

月末在产品成本＝月末在产品约当产量×费用分配率　　　(5 - 14)

从计算流程可以看出,约当产量比例分配法的关键是约当产量的计算,而月末在产品约当产量计算的关键在于合理确定在产品的投料程度和完工程度。

这种方法适用于月末在产品数量较多,各月末在产品数量变化较大,而且产品成本中直接材料费用、直接人工及制造费用比重都相差不多的情况。

由于各种产品投料方式不同,各项费用发生的时间也不一致,因此必须按不同的成本项目计算约当产量。

直接人工、制造费用等其他成本项目的约当产量应按完工程度计算;直接材料成本项目的约当产量应按投料程度计算。

(1) 在产品完工程度的确定——针对直接人工、制造费用、燃料与动力项目,在产品的加工程度一般可以通过技术测定或用其他方法测定。

① 如果产品加工进度比较均衡,且各工序在产品数量又均衡分布,则月末在产品的加工程度可以平均按 50% 计算。因为在这种情况下,第一工序在产品的加工虽然刚刚开始,但最后一个工序在产品则已接近完工,后面各工序在产品多加工的程度可以抵补前面几道工序少加工的程度,两者平均按 50% 计算,是比较合理的。

【做中学 5-5】　某企业生产甲产品,本月完工入库产品 480 件,月末在产品数量为 160 件,完工程度为 50%。

分析:对于直接人工、制造费用,在产品的约当产量＝160×50%＝80 件。

② 如果产品加工进度不均衡,或者各工序在产品数量分布不均衡,则月末在产品的加工程度就不能平均按 50% 计算,而应该按工序测定各工序在产品的加工程度。计算公式如式 5 - 15 所示。

$$\frac{某工序在产品}{完工程度} = \frac{前面各工序累计工时定额 + 本工序工时定额×50\%}{完工产品工时定额} × 100\%　　　(5 - 15)$$

【做中学5-6】　某产品要经过三道工序加工完成,单位产品工时定额为90小时,其中第一工序工时定额为18小时;第二工序工时定额为36小时;第三工序工时定额为36小时。计算各工序在产品完工程度如下:

$$第一工序在产品完工程度=\frac{18×50\%}{90}×100\%=10\%$$

$$第二工序在产品完工程度=\frac{18+36×50\%}{90}×100\%=40\%$$

$$第三工序在产品完工程度=\frac{18+36+36×50\%}{90}×100\%=80\%$$

月末在产品约当产量计算表,如表5-5所示。

表5-5　　　　　　　　　　　月末在产品约当产量计算表

工序	工时定额/小时	月末在产品数量/件	在产品完工程度/%	在产品约当产量/件
1	18	80	10	8
2	36	60	40	24
3	36	90	80	72
合计	72	230	—	104

假如该种产品本月完工500件,该产品应负担的制造费用总额为7 852元,则完工产品和在产品各自应负担的制造费用分别为:

$$制造费用分配率=\frac{7\ 852}{500+104}=13$$

完工产品承担的制造费用:$500×13=6\ 500$(元)

在产品承担的制造费用:$104×13=1\ 352$(元)

(2) 在产品投料程度的确定——针对于直接材料项目。

① 如果直接材料是生产开始时一次性投入,则月末在产品投料程度为100%。此时无论月末在产品的完工程度如何,直接材料成本项目都不需要计算月末在产品的约当产量,可以直接按照完工产品产量和月末在产品数量比例进行分配。

谁的观点
正确?

【做中学5-7】　某企业生产甲产品,本月完工入库产品480件,月末在产品数量为160件,在产品完工程度为50%,直接材料在生产开始时一次性投入。

分析:对于直接材料,投料程度与完工程度没有关系,直接认定为100%,在产品的约当产量为$160×100\%=160$(件)。

② 如果直接材料是随产品生产加工过程逐步、陆续投入,则月末在产品投料程度与生产工时的投入进度基本一致,各成本项目的费用也是同比例增加的,在产品投料程度可以按完工程度计算。

【做中学5-8】 某企业生产甲产品,本月完工入库产品480件,月末在产品数量为160件,在产品完工程度为50%,直接材料随着加工进度陆续投入。

分析:针对于直接材料而言,投料程度等于完工程度。

$$在产品的约当产量=160×50\%=80(件)$$

③ 直接材料是分工序且在每道工序开始时一次性投入,则每道工序的在产品投料程度是不同的,这就需要按工序计算各工序在产品的投料程度。计算公式如式5-16、式5-17所示。

$$某工序在产品投料程度=\frac{本工序在产品累计材料消耗定额}{完工产品材料消耗定额}×100\% \qquad (5-16)$$

$$某工序在产品\\投料程度=\frac{前面各工序累计消耗量定额+本工序消耗量定额×100\%}{完工产品消耗量定额}×100\% \qquad (5-17)$$

【做中学5-9】 某产品的加工需经过三道工序完成,直接材料分三次在每道工序开始时一次投入,该产品材料消耗定额为200千克,其中第一工序投入60千克,第二工序投入40千克,第三工序投入100千克。三道工序在产品盘存数量分别为40件、50件和80件。则各工序在产品投料程度和约当产量的计算:

$$第一工序在产品投料程度=\frac{60}{200}×100\%=30\%$$

$$第二工序在产品投料程度=\frac{60+40}{200}×100\%=50\%$$

$$第三工序在产品完工程度=\frac{60+40+100}{200}×100\%=100\%$$

月末在产品约当产量计算表,如表5-6所示。

表5-6 月末在产品约当产量计算表

工序	材料消耗定额/(千克/件)	月末在产品数量/件	在产品投料程度/%	在产品约当产量/件
1	60	40	30	12
2	40	50	50	25
3	100	80	100	80
合计	200	170	—	117

如果本月初在产品与本月发生直接材料费用合计数为21 672元,本月完工产品270件,则:

$$直接材料分配率=\frac{21\,672}{270+117}=56$$

$$完工产品直接材料=270×56=15\,120(元)$$

$$月末在产品直接材料=117×56=6\,552(元)$$

④ 直接材料是分工序且在每道工序开始后随加工进度陆续投入,则每道工序的在产品投料程度是不同的,这就需要按工序计算各工序在产品的投料程度。计算公式如式5-18所示。

$$\text{某工序在产品} \atop \text{投料程度} = \frac{\text{前面各工序累计消耗量定额} + \text{本工序消耗量定额} \times 50\%}{\text{完工产品消耗量定额}} \times 100\% \quad (5-18)$$

【做中学 5-10】 某产品的加工需经过三道工序完成,直接材料分三次在每道工序开始后随加工进度陆续投入,该产品材料消耗定额为 200 千克,其中第一工序投入 60 千克,第二工序投入 40 千克,第三工序投入 100 千克。三道工序在产品盘存数量分别为 40件、50 件和 80 件。则各工序在产品投料程度和约当产量的计算:

$$\text{第一工序在产品投料程度} = \frac{60 \times 50\%}{200} \times 100\% = 15\%$$

$$\text{第二工序在产品投料程度} = \frac{60 + 40 \times 50\%}{200} \times 100\% = 40\%$$

$$\text{第三工序在产品完工程度} = \frac{60 + 40 + 100 \times 50\%}{200} \times 100\% = 75\%$$

月末在产品约当产量计算表,如表 5-7 所示。

表 5-7　　　　　　　　月末在产品约当产量计算表

工序	材料消耗定额/千克	月末在产品数量/件	在产品投料程度/%	在产品约当产量/件
1	60	40	15	6
2	40	50	40	20
3	100	80	75	60
合 计	200	170	—	86

如果本月月初在产品与本月发生直接材料费用合计数为 21 672 元,本月完工产品 270 件,则:

$$\text{直接材料分配率} = \frac{21\,672}{270 + 86} \approx 60.876$$

$$\text{完工产品直接材料} = 270 \times 60.876 = 16\,436.52 \text{(元)}$$

$$\text{月末在产品直接材料} = 21\,672 - 16\,436.52 = 5\,235.48 \text{(元)}$$

【做中学 5-11】 东方机电公司生产甲产品,直接材料于生产开始时一次性投入,6月完工入库产品 320 件,月末在产品数量为 160 件,加工程度为 50%。月初在产品与本月生产费用合计数,如表 5-8 所示。

表 5-8　　　　　　　　月初在产品与本月生产费用资料

单位:元

摘　　要	直接材料	直接人工	制造费用	合　　计
月初在产品成本	3 600	4 800	2 800	11 200
本月生产费用	18 600	32 800	26 200	77 600
生产费用合计数	22 200	37 600	29 000	88 800

计算过程如下：

第一步：计算在产品约当产量。

$$直接材料：在产品约当产量=160×100\%=160（件）$$

$$直接人工、制造费用：在产品约当产量=160×50\%=80（件）$$

第二步：计算各个成本项目分配率。

$$直接材料分配率=\frac{22\ 200}{320+160}=46.25$$

$$直接人工分配率=\frac{37\ 600}{320+80}=94$$

$$制造费用分配率=\frac{29\ 000}{320+80}=72.5$$

第三步：计算完工产品、在产品各自应承担的费用。

$$完工产品负担的直接材料=320×46.25=14\ 800（元）$$

$$在产品负担的直接材料=160×46.25=7\ 400（元）$$

$$完工产品负担的直接人工=320×94=30\ 080（元）$$

$$在产品负担的直接人工=80×94=7\ 520（元）$$

$$完工产品负担的制造费用=320×72.5=23\ 200（元）$$

$$在产品负担的制造费用=80×72.5=5\ 800（元）$$

$$完工产品成本=14\ 800+30\ 080+23\ 200=68\ 080（元）$$

$$月末在产品成本=7\ 400+7\ 520+5\ 800=20\ 720（元）$$

计算结果如表5-9所示。

表5-9　　　　　　　　　　产品成本计算单

产品名称：甲产品　　　　　　　　　　6月　　　　　　　　　　金额单位：元

摘　要	直接材料	直接人工	制造费用	合　计
月初在产品成本	3 600	4 800	2 800	11 200
本月生产费用	18 600	32 800	26 200	77 600
生产费用合计数	22 200	37 600	29 000	88 800
单位成本（分配率）	46.25	94	72.5	212.75
本月完工产品成本	14 800	30 080	23 200	68 080
月末在产品成本	7 400	7 520	5 800	20 720

3. 数量比例分配法——将在产品看作完工产品

该方法适用于月末在产品已经接近完工，或者产品已经加工完毕，但尚未验收入库情况下在产品成本的计算，因为这时在产品成品已经非常接近完工产品。

将产品成本计算单中的生产费用合计数，按照完工产品产量与月末在产品数量比例进行分配。这种方法实际上是约当产量法的特殊情况,相当于投料程度和完工工程度均为100%。

三、完工产品成本结转的账务处理

通过以上方法,已经将生产费用划分为完工产品成本与在产品成本两部分。

工业企业的完工产品,包括产成品、自制材料、工具和模具等,完工产品成本应从"基本生产成本"账户的贷方转入有关账户的借方;即完工入库产成品的成本,应转入"库存商品"账户的借方;"基本生产成本"账户有借方余额,就是基本生产车间月末在产品的成本,也就是占用在基本生产过程中的生产资金。月末结转完工产品成本的会计分录如下:

借:库存商品——×商品
　　贷:基本生产成本——×产品

【做中学5-12】 上承【做中学5-11】案例资料,完工产品验收入库账务处理如下:
借:库存商品——甲商品　　　　　　　　　　　　　　　　68 080
　　贷:基本生产成本——甲产品　　　　　　　　　　　　　　　68 080

任务三　生产费用分配实务处理

【工作任务1——先算在产品再算完工产品,在产品按材料费用计算】

东风机械公司生产丁产品,所耗原材料费用在生产开始时一次投料,产品成本中原材料费用所占比重较大,月末在产品按所耗原材料费用计价,12月初在产品与本月发生费用资料如表5-10所示。

表5-10　　　　　　　　　　　生产费用资料表

单位:元

项　　目	直接材料	直接人工	制造费用	合　　计
月初在产品成本	30 000			30 000
本月投入费用	90 000	12 000	4 000	106 000
生产费用合计数	120 000	12 000	4 000	136 000

本月完工产品400件,月末在产品200件,计算完工产品与在产品成本。

任务分析:

该任务是将生产费用在完工产品与在产品之间分配,由于产品成本中原材料费用所占比重较大,采用在产品只计算直接材料的方法计算。

操作步骤:

第一步:计算在产品直接材料费用。

$$直接材料分配率 = \frac{120\,000}{400+200} = 200(元)$$

$$在产品的直接材料费用＝200×200＝40\ 000（元）$$

第一步：计算完工产品。

$$完工产品成本＝30\ 000＋90\ 000＋12\ 000＋4\ 000－40\ 000＝96\ 000（元）$$

计算结果如表 5-11 所示。

表 5-11　　　　　　　　　　生产成本计算单

产品名称：丁产品　　　　　　　　　　　　12 月　　　　　　　　　　　　单位：元

项　目	直接材料	直接人工	制造费用	合　计
月初在产品成本	30 000			30 000
本月投入费用	90 000	12 000	4 000	106 000
生产费用合计数	120 000	12 000	4 000	136 000
完工产品成本	80 000	12 000	4 000	96 000
完工产品单位成本	200	30	10	240
月末在产品成本	40 000			40 000

第三步：账务处理。

借：库存商品——丁产品　　　　　　　　　　　　　　　　　　　　　96 000
　　贷：基本生产成本——丁产品　　　　　　　　　　　　　　　　　　　　96 000

【工作任务 2——先算在产品再算完工产品，在产品按定额成本计算】

西苑机电公司生产甲产品，各项消耗定额比较准确、稳定，各月在产品数量变化不大，月末在产品按定额成本计价。该产品 10 月初和本月生产费用累计为：直接材料 30 000 元，直接人工 9 000 元，制造费用 12 000 元。原材料在生产开始时一次投入。月末完工 50 件，单位产品原材料费用定额为 500 元，月末在产品 20 件，每件在产品工时定额共计 15 小时，每小时费用定额为：人工 6 元/小时，制造费用 8 元/小时。生产费用资料如表 5-12 所示。

表 5-12　　　　　　　　　　生产费用资料表

单位：元

项　目	直接材料	直接人工	制造费用	合　计
月初在产品成本	6 000	3 000	3 000	12 000
本月投入费用	24 000	6 000	9 000	39 000
生产费用合计数	30 000	9 000	12 000	51 000

试计算完工产品与在产品成本。

任务分析：

该任务是将生产费用在完工产品与在产品之间分配，由于产品各项消耗定额比较准确、稳定，各月在产品数量变化不大，采用在产品以定额成本计价的方法计算。

操作步骤:

第一步: 计算在产品定额成本。

$$在产品材料定额成本＝500×20＝10\,000(元)$$
$$在产品直接人工定额成本＝6×15×20＝1\,800(元)$$
$$在产品制造费用定额成本＝8×15×20＝2\,400(元)$$
$$在产品定额成本＝10\,000＋1\,800＋2\,400＝14\,200(元)$$

第二步: 计算完工产品。

$$完工产品总成本＝(6\,000＋3\,000＋3\,000＋24\,000＋6\,000＋9\,000)$$
$$－(10\,000＋1\,800＋2\,400)＝36\,800(元)$$

计算结果,如表 5－13 所示。

表 5－13　　　　　　　生产成本计算单

产品名称: 甲产品　　　　　　　　　　10 月　　　　　　　　　　单位: 元

项　目	直接材料	直接人工	制造费用	合　计
月初在产品成本(定额成本)	6 000	3 000	3 000	12 000
本月投入费用	24 000	6 000	9 000	39 000
生产费用合计数	30 000	9 000	12 000	51 000
完工产品成本	20 000	7 200	9 600	36 800
完工产品单位成本	400	144	172	916
月末在产品成本(定额成本)	10 000	1 800	2 400	14 200

第三步: 账务处理。

借: 库存商品——甲产品　　　　　　　　　　　　　　　　　45 800
　　贷: 基本生产成本——甲产品　　　　　　　　　　　　　　　　45 800

【工作任务 3——将生产费用合计数按照定额比例分配法分配】

南方设备公司生产丙产品,各项消耗定额比较准确、稳定,各月在产品数量变化悬殊较大,8 月初在产品成本: 直接材料 12 000 元,直接人工 9 000 元,制造费用 7 000 元。本月发生费用: 直接材料 72 000 元,直接人工 30 000 元,制造费用 20 000 元。本月完工产品 400 件,单件原材料费用定额 150 元,单件工时定额 12.5 小时。月末在产品 100 件,单件原材料费用定额 150 元,工时定额 10 小时。试计算完工产品与在产品成本。

任务分析:

该任务是将生产费用在完工产品与在产品之间分配,由于产品各项消耗定额比较准确、稳定,各月在产品数量变化较大,采用在产品定额比例分配法分配生产费用。

操作步骤:

第一步: 分别计算完工产品与在产品定额。

丙产品完工产品直接材料定额费用：$150 \times 400 = 60\,000$（元）

丙产品在产品直接材料定额费用：$150 \times 100 = 15\,000$（元）

丙产品完工产品定额工时：$12.5 \times 400 = 5\,000$（小时）

丙产品在产品定额工时：$10 \times 100 = 1\,000$（小时）

第二步：计算各项费用分配率。

$$直接材料分配率 = \frac{84\,000}{60\,000 + 15\,000} = 1.12$$

$$直接人工分配率 = \frac{39\,000}{5\,000 + 1\,000} = 6.5$$

$$制造费用分配率 = \frac{27\,000}{5\,000 + 1\,000} = 4.5$$

第三步：计算完工产品、在产品成本。

完工产品负担的直接材料 $= 60\,000 \times 1.12 = 67\,200$（元）

在产品负担的直接材料 $= 15\,000 \times 1.12 = 16\,800$（元）

完工产品负担的直接人工 $= 5\,000 \times 6.5 = 32\,500$（元）

在产品负担的直接人工 $= 1\,000 \times 6.5 = 6\,500$（元）

完工产品负担的制造费用 $= 5\,000 \times 4.5 = 22\,500$（元）

在产品负担的制造费用 $= 1\,000 \times 4.5 = 4\,500$（元）

完工产品成本 $= 67\,200 + 32\,500 + 22\,500 = 122\,200$（元）

月末在产品成本 $= 16\,800 + 6\,500 + 4\,500 = 27\,800$（元）

产品成本计算单如表 5-14 所示。

表 5-14 产品成本计算单

产品名称：丙产品   8月   金额单位：元

摘　要		直接材料	直接人工	制造费用	合　计
月初在产品成本		12 000	9 000	7 000	28 000
本月生产费用		72 000	30 000	20 000	122 000
生产费用累计		84 000	39 000	27 000	150 000
单位成本（分配率）		1.12	6.5	4.5	－
本月完工产品成本	定额消耗	60 000	5 000 小时	5 000 小时	－
	实际成本	67 200	32 500	22 500	122 200
月末在产品成本	定额消耗	15 000	1 000 小时	1 000 小时	－
	实际成本	16 800	6 500	4 500	27 800

第四步：账务处理。

借：库存商品——丙产品   122 200

　　贷：基本生产成本——丙产品   122 200

【工作任务 4——约当产量比例分配法】

北方汽车配件公司生产乙产品,经过两道工序加工完工,采用约当产量法分配各项生产费用。9月份乙产品的完工产品 500 件;月末在产品数量为:第一道工序 300 件,第二道工序 200 件,其他有关资料如下:

（1）原材料分两道工序、且在每道工序开始时一次性投入;第一道工序的消耗定额为 30 千克,第二道工序的消耗定额为 20 千克。

（2）乙产品的工时定额为 80 小时,其中第一道工序为 60 小时,第二道工序为 20 小时。每道工序内在产品的加工程度都为 50%。

生产费用资料,如表 5-15 所示。

表 5-15　　　　　　　　　　生产费用资料表

单位:元

项　　目	直接材料	直接人工	制造费用	合　　计
月初在产品成本	11 400	10 580	17 020	39 000
本月投入生产费用	43 160	22 420	20 105	85 685
生产费用合计数	54 560	33 000	37 125	124 685

试计算完工产品与在产品成本。

任务分析:

该任务是将生产费用在完工产品与在产品之间分配,采用约当产量比例分配法的分配计算。

操作步骤:

第一步:计算投料程度与完工程度。

投料程度的计算:

$$第一工序在产品投料程度 = \frac{30}{30+20} \times 100\% = 60\%$$

$$第二工序在产品投料程度 = \frac{30+20}{30+20} \times 100\% = 100\%$$

计算结果,如表 5-16 所示。

表 5-16　　　　　　　　月末在产品直接材料约当产量计算表

工序	材料消耗定额/千克	月末在产品数量/件	在产品投料程度/%	在产品约当产量/件
1	30	300	60	180
2	20	200	100	200
合计	50	500	—	380

完工程度的计算:

$$第一工序在产品完工程度 = \frac{60 \times 50\%}{60+20} \times 100\% = 37.5\%$$

$$第二工序在产品完工程度=\frac{60+20\times50\%}{60+20}\times100\%=87.5\%$$

计算结果,如表 5-17 所示。

表 5-17   月末在产品直接人工制造费用约当产量计算表

工序	消耗定额/小时	月末在产品数量/件	在产品投料程度/%	在产品约当产量/件
1	60	300	37.5	112.5
2	20	200	87.5	175
合计	80	500	—	287.5

第二步:计算各项费用的分配率。

$$直接材料分配率=\frac{54\,560}{500+380}=62$$

$$直接人工分配率=\frac{33\,000}{500+287.5}=41.904\,7$$

$$制造费用分配率=\frac{37\,125}{500+287.5}=47.142\,8$$

第三步:计算完工产品、在产品成本。

完工产品负担的直接材料$=500\times62=31\,000(元)$
在产品负担的直接材料$=380\times62=23\,560(元)$
完工产品负担的直接人工$=500\times41.904\,7=20\,952.35(元)$
在产品负担的直接人工$=287.5\times41.904\,7=12\,047.65(元)$
完工产品负担的制造费用$=500\times47.142\,8=23\,571.40(元)$
在产品负担的制造费用$=287.5\times47.142\,8=13\,553.60(元)$
完工产品成本$=31\,000+20\,952+23\,571=75\,523.75(元)$
月末在产品成本$=23\,560+12\,048+13\,554=49\,161.25(元)$

计算结果,如表 5-18 所示。

表 5-18   产品成本计算单

产品名称:乙产品   9 月   金额单位:元

项 目	直接材料	直接人工	制造费用	合 计
月初在产品成本	11 400	10 580	17 020	39 000
本月投入生产费用	43 160	22 420	20 105	85 685
生产费用合计数	54 560	33 000	37 125	124 685
约当产量合计数	880	787.50	787.50	—
费用分配率	62	41.904 7	47.142 8	—
完工产品成本	31 000	20 952.35	23 571.40	75 523.75
完工产品单位成本	62	41.9	47.14	151.04
月末在产品成本	23 560	12 047.65	13 553.60	49 161.25

第四步：账务处理。

借：库存商品——乙产品　　　　　　　　　　　　　　　　75 523.75

　　贷：基本生产成本——乙产品　　　　　　　　　　　　　　　75 523.75

项 目 小 结

本项目内容结构如图 5-1 所示。

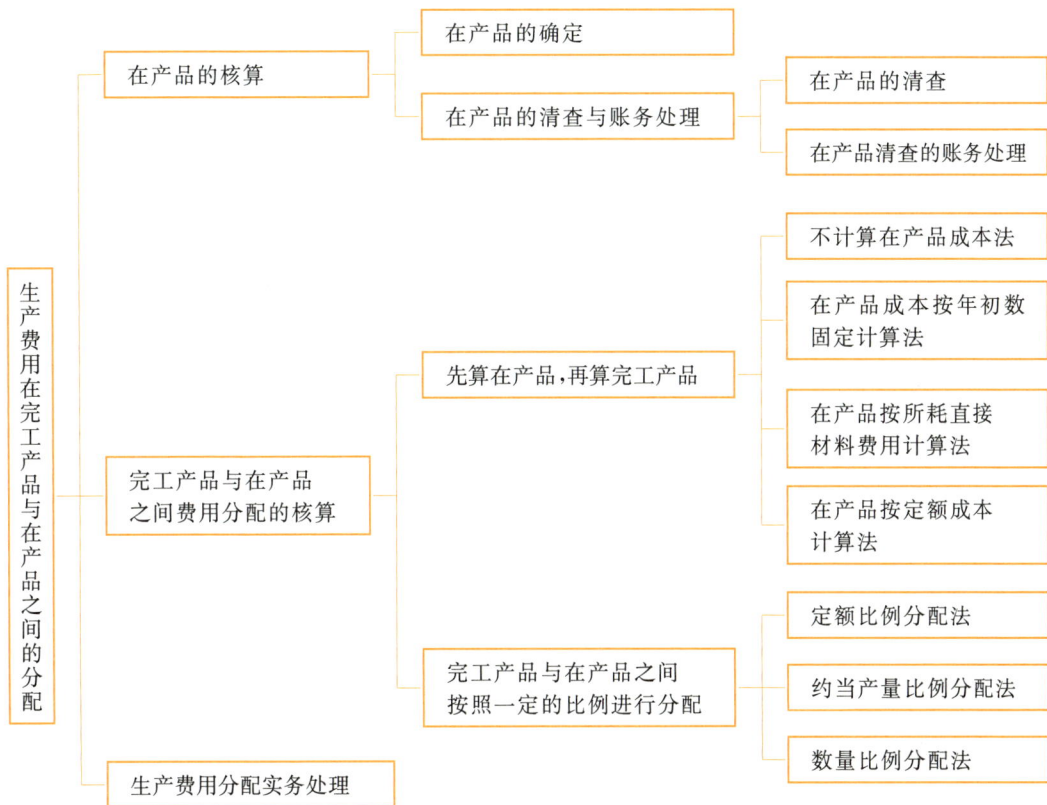

图 5-1　生产费用在完工产品与在产品之间的分配内容结构图

项目六　产品成本计算方法认知

◇ **职业能力目标**

1. 了解企业生产类型的分类。
2. 掌握影响产品成本计算的因素。
3. 掌握成本计算的基本方法和辅助方法及每种方法的适用范围。
4. 能够正确选择适合本企业的成本核算方法。

◇ **典型工作任务**

企业的生产类型及其特点;影响产品成本计算方法的因素;企业的生产类型对产品成本计算方法的影响以及管理要求对产品计算方法的影响。

任务一　了解生产特点和管理要求对产品成本计算的影响

任务引例

合肥火力发电厂除生产电力外还生产一部分热力,生产技术过程不能间断,没有在产品和半成品。火力发电是利用燃料燃烧所发生的高热,使锅炉里的水变成蒸汽,推动汽轮机迅速旋转,借以带动发电机转动,产生电力。因而火力发电厂一般设有下列基本生产分场(车间):① 燃料分场;② 锅炉分场;③ 汽机分场;④ 电气分场。由于产电兼供热,汽机分场还划分为两个部分,即电力化部分和热力化部分。此外,还设有机械修配等辅助生产分场和企业管理部门。

要求:根据该厂的实际情况,分析该厂生产工艺特点和生产组织特点,及其对成本计算的影响。

【知识准备与业务操作】

企业产品成本计算的过程,就是对生产经营过程中所发生的费用,按照一定的对象归集和分配,计算出产品的总成本和单位成本的过程。为了正确计算单位产品成本,企业必须根据其生产特点,并考虑成本管理的要求,选择适当的成本计算方法。因此,在研究产品成本计算方法之前,首先要了解企业的生产类型及其对成本计算方法的影响。

一、企业的生产类型及其特点

生产的类型,就是指产品的生产特点,企业的产品生产特点不同,成本核算的方法也不同。企业的生产类型可以按照生产工艺流程的特点和生产组织的特点进行划分。

(一) 按工艺过程特点划分

工艺过程是指产品从投料到完工的生产工艺、加工制造过程。其主要表现为投料到完工是一步完成还是分步完成,生产过程是否可以间断,生产是否可以分散进行。工业企业的生产,按其生产工艺过程的特点,可以分为单步骤生产和多步骤生产两种类型。

1. 单步骤生产

单步骤生产一般属于简单生产,其工艺过程不可能或者不需要划分为几个生产步骤,属于生产一步完成,技术上的不可间断或生产地点不便分散进行,通常只能由一个企业整体进行。如发电、采掘等工业生产。这类企业,其产品生产周期较短,没有自制半成品或其他中间产品。由于技术上的不可间断(如发电)或由于工作地点上的限制(如采煤),通常只能由一个企业整体进行,而不能由几个企业协作进行。

2. 多步骤生产

多步骤生产,又称复杂生产,是指生产工艺过程由若干个可以间断的、或可以分散在不同地点、不同时间进行的若干生产步骤所组成的生产。它可以在一个企业或车间内独立进行,也可以由几个企业或车间在不同的工作地点协作进行生产,如纺织、钢铁、机械、造纸、服装等工业生产。这类企业,其产品生产周期一般较长,有自制半成品或中间产品。

多步骤生产按产品生产过程加工方式的不同,又可分为连续式生产和装配式生产两类。

(1) 连续式生产。连续式生产是指原材料投入生产后到产品完工要经过若干连续的生产步骤,前一步骤生产的半成品要转移到下一步骤继续加工,直到最后一步骤形成成品。如纺织企业从棉花到棉纱再到棉布的生产,钢铁企业从铁矿石到钢锭再到钢铁产品的生产。连续式多步骤生产如图 6-1 所示。

6

图 6-1　连续式多步骤生产

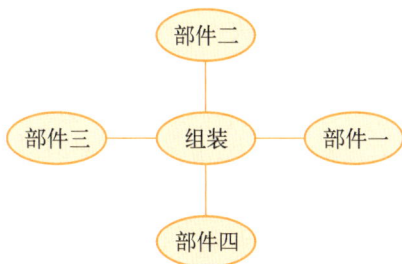

图 6-2　装配式多步骤生产

(2) 装配式生产。装配式生产是指先将各种原材料分别在各个加工车间平行加工为零件或部件,然后再将各种零件和部件装配为产成品的生产,各个步骤是同时或平行进行的,一般在会计期末各个步骤都有期末在产品,如机械、车辆、仪表等的生产。装配式多步骤生产如图6-2 所示。

(二) 按生产组织特点划分

生产组织是指企业生产的专业化程度,表现为在一定时期内的生产产品的品种多少、同种产品生产产量的大小及其重复程度。工业企业的生产，按照生产组织特点划分，可以分为大量生产、成批生产和单件生产三种类型。

1. 大量生产

大量生产是指不断地重复生产一种或者若干种产品的生产，其特点是生产的产品品种较少，而且比较稳定，生产具有不断重复性。这种生产方式的企业或车间，产品的品种较少，每种产品的产量较大而且比较稳定，如采掘、冶金、纺织、面粉、化肥等的生产。

2. 成批生产

成批生产是指按规定的规格和数量每隔一定时期生产一种或若干种产品的生产。其特点是产品的品种较多，生产具有一定的重复性，专业化程度较高，管理上按批组织生产，如服装、机械等的生产。

根据投产的批量大小，它又可分为大批生产和小批生产。

（1）大批生产。大批生产由于产品批量大，往往在一段时期内不断重复地生产一种或者若干种产品，因而性质上也同大量生产一样。大批生产往往集中投料，生产一批零部件供几批产品耗用，耗用量较多的零部件，也可以另行分批生产。

（2）小批生产。小批生产其生产的产品批量小，一批产品一般可以同时完工，类似于单件生产。

3. 单件生产

单件生产是指根据各订货单位的要求，生产某种规格、型号、性能等特定产品的生产。这种类型企业生产的主要特点是品种多，每一订单产品数量少，一般不重复或不定期生产，专业化程度不高，通常采用通用设备加工。例如，造船、重型机械等企业就是单件生产的典型企业。

上述企业生产的分类方法之间有着密切的联系，在一般情况下，简单生产大多是大量生产，连续式复杂的多步骤生产的生产组织多为大量生产，装配式的多步骤生产的生产组织，则有大量生产、成批生产和单件生产。

二、影响产品成本计算方法的因素

企业采用什么成本计算方法，在很大程度上是由产品的生产特点和生产类型所决定的，而生产类型不同，对成本管理的要求也不一样。生产类型不同，对成本进行管理的要求也不一样。生产特点和管理要求必然对产品成本计算产生影响。这一影响主要表现在成本计算对象的确定上、成本计算期的确定、生产费用在完工产品与月末在产品之间的分配三个方面。

（一）生产特点对成本计算方法的影响

1. 对成本计算对象的影响

成本计算对象是指企业为了计算产品成本而确定的归集和分配生产费用的各个对象及成本费用的承担者。企业在进行成本核算时，首先应确定成本计算对象，按照确定的成本计算对象设置"基本生产成本明细账"和成本计算单，据以归集和分配每一成本计算对象所发生的费用。

成本计算对象应根据生产的特点来确定，如在大量大批单步骤生产的企业，一般生产产量大，生产过程不能间断，所以它是以产品品种作为成本计算对象的；在大量大批多步骤生产的企业里，由于其生产过程是可以间断的，因此，不仅可以计算出每种产品的成本，还可以计算出各个步骤半成品的成本,所以它的成本计算对象就是每种产品和它所经过的生产步骤的成本;在单件小批生产的企业里,一般是按照客户的订单或批别来组织生产的,所以在计算成本时,要求计算每一订单产品或每批产品的成本。

综上所述,在产品成本计算工作中有三种不同的成本计算对象:① 以产品的品种为成本计算对象;② 以产品的批别为成本计算对象;③ 以产品生产步骤为成本计算对象。成本计算对象的确定,是设置产品成本明细账、归集生产费用、计算产品成本的前提,是构成成本计算方法的主要标志,因而也是区别各种成本计算基本方法的主要标志。

成本计算对象的确定,除了要考虑企业的生产类型外,还要考虑企业成本管理的要求。

2. 对成本计算期的影响

成本计算期是指每次计算产品成本的周期,计算产品成本的期间并不完全与产品的生产周期或会计结算期一致。产品成本计算期与会计结算期有时一致,有时与产品的生产周期一致而与会计结算期不一致。影响成本计算期的主要因素是生产类型的特点。

在大量大批生产中,由于生产活动连续不断地进行着,月末一般都有完工产品和未完工的在产品,因而产品成本计算都是定期于每月月末进行。这时,产品的成本计算期与会计结算期一致,而与产品的生产周期不一致。

在小批、单件生产的企业里,当每一订单产品或每批产品未完工时,全部是在产品的成本。只有产品全部完工时,才能计算完工产品的成本,故其成本计算期是不固定的,它与产品的生产周期一致,但与会计计算期不一致。在这类企业中,有的采用更简化的方法,即只在有产品完工的月份才对完工产品进行成本计算;对未完工的在产品,只以总数反映在基本生产成本二级账中,而不分产品计算在产品成本。

3. 对在产品成本计算的影响

生产类型的特点,还影响到月末在进行成本计算时有没有在产品,是否需要在完工产品与在产品之间分配费用的问题。

企业生产过程中发生的全部生产费用,经过费用要素的归集和分配,最终都集中在"基本生产成本明细账"和各种"产品成本明细单"中。若该种产品期末在产品数量很少或没有在产品,则归集在"基本生产成本明细账"和各种"产品成本明细单"中的所有生产费用,就是完工产品的总成本。若该产品期末在产品数量很多时,费用额也较大,这时就应该将"基本生产成本明细账"和各种"产品成本明细单"中归集的费用采用适当的方法在完工产品和在产品之间进行分配。

在单步骤生产中,由于其生产过程不能间断,生产周期也短,一般没有在产品,或者在产品数量很少,因而计算产品成本时,生产费用不必在完工产品与在产品之间进行分配。

在多步骤生产中,是否需要在完工产品与在产品之间分配费用,在很大程度上取决于生产组织的特点。在大量、大批生产中,由于生产连续不断地进行,而且经常存在在产品,因而在计算成本时,就需要采用适当的方法,将生产费用在完工产品与在产品之间进行分配。

在小批、单件生产中,在每批、件产品完工前,产品成本明细账中所记入的生产费用就是在产品的成本,完工后,其所记费用就是完工产品的成本,因而不存在在完工产品与在产品之间分配费用的问题。

(二) 管理要求对成本计算方法的影响

一个企业究竟采用什么方法计算产品成本,除了受生产类型特点影响外,还必须根据企业成本管理的要求,来选择适合于本企业的成本计算方法。

单步骤生产或管理上不要求分步骤计算成本的多步骤企业生产,以品种或批别为成本计算对象归集和计算完工产品成本。

管理上要求分步骤计算半产品成本的多步骤生产,以生产步骤为成本计算对象归集和计算完工产品成本。

在产品品种、规格繁多的企业,管理上要求尽快提供产品成本资料,为简化成本计算工作,可对产品按一定标准进行分类,以产品类别为成本计算对象,归集和计算完工产品成本。

引例解析

合肥火力发电厂主要产品是电力,还生产一部分热力,且生产技术过程不能间断。因此,生产工艺特点是单步骤生产,生产组织特点是大量大批生产;它们对成本计算的影响是以电力和热力为成本计算对象,产品成本计算定期于每月月末进行,本月生产费用全部由完工产品——电力和热力负担。

任务二　掌握产品成本计算方法

任务引例

发电企业、纺织企业都要计算产品成本,但各自又都有不同的生产特点。发电企业只生产一种产品——电,而且生产过程在技术上不可间断,没有在产品和半成品;纺织企业可以生产毛坯布和多种花布,主要生产过程依次经过纺纱、织布和染整三个步骤。

要求:思考这两类企业不同工艺过程、不同生产组织生产形式,其产品能采用同样的方法计算产品成本吗? 计算这些产品成本时应考虑哪些因素?

【知识准备与业务操作】

一、产品成本计算的基本方法

根据以上所述,企业的生产组织特点和工艺过程特点不同,形成不同的生产类型。为了适应各种类型生产的特点和管理要求,产品成本存在着不同的计算方法。他们的区别表现在产品成本计算对象的确定、成本计算期的确定与生产费用在完工产品与在产品之间的分配等三个方面,其中最主要的区别在于成本计算对象的不同。产品成本计算工作中有着三种不同的产品成本计算对象,即产品的品种、产品的批别和产品的生产步骤,由此形成三种基本的产品成本计算方法,即品种法、分批法和分步法。

(一)品种法

品种法是按照产品的品种作为产品成本计算对象来归集生产费用、计算产品成本的方法。适用于大量大批单步骤生产的企业,如发电、采掘企业等。也适用于管理上不要求分步骤计算成本的大量大批多步骤生产的企业,如水泥厂等。

在大量大批生产中,不可能等全部产品都完工后才计算其实际成本,成本计算期与会计报告期一致(定期按月),但与生产周期不一致。大量大批生产往往月末有在产品,需要在本月完工产品和月末在产品之间分配生产费用。

(二) 分批法

分批法是按照产品的批别(分批、不分步)作为成本计算对象来归集生产费用、计算产品成本的方法。适用于单件小批单步骤生产和管理上不要求分步骤计算成本的单件小批多步骤生产的企业,如机械、船舶制造等。在单件小批多步骤生产的企业中,一批(或一件)产品往往同时投产又同时完工,在该批产品完工时,就应计算它的完工产品成本。未完工时,全部都是在产品。它的成本计算期不确定,与产品的生产周期一致。所以一般不需要将生产费用在完工产品和月末在产品之间进行分配。

(三) 分步法

分步法是指以产品和其所经过的生产步骤作为成本计算对象的成本计算方法。它适用于管理上要求分步骤计算产品成本的多步骤生产的企业,如纺织和冶金等。

与品种法相同,分步法生产,尤其是大量大批多步骤生产,不可能等完工后才计算成本,只能定期按月计算每一步骤的成本,成本计算期与会计报告期一致,而与产品生产周期不一致。月末有在产品,需要在本月完工产品和月末在产品之间分配生产费用。

以上各种产品成本计算方法的适用范围如表 6-1 所示。

表 6-1　　　　　　　　　　成本计算基本方法的比较

项　目		品　种　法	分　批　法	分　步　法
成本核算对象		产品品种	产品批别	各种产品及其经过的生产步骤
成本计算期		定期按月计算	不定期	定期按月计算
生产费用在完工产品与在产品之间分配		有在产品时,需要分配	一般不需要分配	通常有在产品时,需要分配
适用范围	生产组织类型	大量、大批生产	单件、小批生产	大量、大批生产
	生产工艺过程和管理要求	单步骤生产或管理上不要求分步骤计算成本的多步骤生产	单步骤生产或管理上不要求分步骤计算成本的多步骤生产	管理上要求分步骤计算成本的多步骤生产

二、产品成本计算的辅助方法

在实际工作中,由于产品生产情况复杂多样,企业管理条件差异很大,为了简化成本计算工作或较好地利用管理条件,还需要采用一些其他的成本计算方法,如分类法、定额法等成本计算方法,但这些成本计算方法都不是独立的成本计算方法,在进行成本计算时,必须结合使用三种基本方法当中的一种进行。这些方法是为了解决成本计算或成本管理过程中的某一方面的需要而采用的。

(一) 定额法

定额法是以产品的定额成本为基础,加上或减去脱离定额差异以及定额变动差异来计算产品的实际成本。定额法是在定额管理基础较好的企业,为了加强生产费用和产品成本的定额管理,加强成本控制而采用的成本计算方法。它主要适用于管理制度比较健全、定额管理工作较好、产品生产已经定型和消耗定额合理且稳定的企业。

(二)分类法

分类法是以产品类别为成本计算对象归集生产费用,计算各类产品成本,然后按一定的标准在同一类产品中计算各种产品成本的方法。它主要是在某些产品的品种、规格繁多的工业企业中,为了简化成本计算工作而采用的一种简便的产品成本计算方法。它的特点是以产品类别作为成本计算对象,将生产费用先按产品的类别进行归集,计算各类产品成本,然后再按照一定的分配标准,在同类别各种产品之间分配来计算各种产品的成本。它主要适用于产品的品种规格多,但每类产品的结构、所用原材料、生产工艺过程都基本相同的企业。

定额法和分类法从计算产品实际成本的角度来说,不是必不可少的,而且在采用时,应结合三种基本计算方法中的一种进行计算。因此,定额法和分类法也称为辅助成本计算方法。

三、各种产品成本计算方法的实际应用

产品成本计算的品种法、分步法、分批法、分类法、定额法等,是比较典型的成本计算方法。在实际工作中,一个企业往往是将几种方法同时应用或结合应用的。

(一)几种成本计算方法同时使用

由于企业内生产的产品品种繁多,生产车间也很多,这样,就有可能产生几种成本计算方法同时使用的情况。

有的企业不只生产一种产品,而这些产品的特点不同,其生产类型也可能不同,应采用不同的成本计算方法计算产品成本。例如,在重型机械厂,一般采用分批法计算产品成本,但如果它有传统产品,属于大量生产的,也可采用品种法或分步法计算产品成本。

在企业里,一般都设有基本生产车间和辅助生产车间。基本生产车间和辅助生产车间生产的特点和管理的要求是不一样的,应采用不同的成本计算方法计算成本,例如,在钢铁企业里,其基本生产车间是炼铁、炼钢和轧钢,属于大量大批复杂生产。根据其生产的特点和管理的要求可采用分步法计算产品成本。但企业内部的供热、供气、修理、运输等辅助生产车间则属于大量的简单生产类型,根据其特点应采用品种法计算成本。

(二)几种成本计算方法结合使用

一种产品的不同生产步骤,由于生产特点和管理要求不同,可以结合运用几种不同的成本计算方法;在同一种产品的不同零件、部件之间,由于管理要求不同,也可以结合运用几种不同的成本计算方法;一种产品的不同成本项目可以结合采用几种不同的成本计算方法。此外,产品成本计算的辅助方法一般应与基本方法集合起来使用,而不能单独使用。

企业采用什么方法核算产品成本,本着"主要产品从细,次要产品从简"的原则根据生产的特点和管理的要求来确定,在确定产品成本计算方法时,应注意使成本计算方法与成本计划方法的口径一致;注意与行业其他企业的成本计算方法一致,并保持相对稳定,以便正确计算产品的成本,考核企业成本计划的完成情况,进行成本分析与成本考核,不断降低产品成本,提高企业的经济效益。

引例解析

　　本任务引例中发电企业、纺织企业能否采用相同的成本核算方法,要视企业的生产特点和管理要求而论。

　　发电企业由于其生产过程在技术上的不可间断性,使其生产通常只能由一个步骤完成,不可能或者不需要按照生产步骤计算产品成本,只能按照生产产品的品种计算成本,也即采用品种法核算成本。以电力产品为成本计算对象,产品成本计算定期于每月月末进行,本月生产费用全部由完工产品——电力负担。所以采用品种法计算电力产品成本。

　　纺织企业生产工艺过程属于多步骤生产,若是大量大批生产,总体上生产特点属于大量大批多步骤生产,管理上若要求分步骤计算成本应采用分步法计算产品成本。具体来看,纺纱车间宜采用品种法计算产品成本;织布车间宜采用分步法计算产品成本;染整车间宜采用分步法与分批法结合计算产品成本。任务引例中的纺织企业若大量大批生产且管理上不要求分步骤计算成本,也可以采用品种法计算成本;如生产量比较小且管理上不要求分步骤计算成本,可以采用分批法计算成本。

任务三　产品成本计算方法实例分析

【任务设计——成本计算方法确定】

　　安徽合肥钢铁厂设有炼铁、炼钢和轧钢三个基本生产车间。炼铁车间生产三种生铁:炼钢生铁、铸造生铁和锰铁。其中炼钢生铁全部供应本厂炼钢耗用;铸造生铁和锰铁全部外售。炼钢车间生产高石灰镇静和低石灰镇静两种钢锭,全部供应本厂轧钢车间轧制钢材:高石灰钢轧制盘条,低石灰钢轧制圆钢。此外,该厂还设有供水、供电等辅助生产车间和企业管理部门。

　　请你根据该厂的实际情况,分析该厂生产工艺特点和生产组织特点,及其它们对成本计算的影响,并说明该厂在成本核算中所应采取的成本计算方法。

　　任务分析及操作步骤:

　　(1) 该厂生产工艺是炼铁—炼钢—轧钢,因此生产工艺特点是多步骤生产,生产组织特点是大量大批生产。

　　(2) 它们对成本计算的影响有三个方面。

　　① 对成本计算对象的影响。从总体上来看,是以炼铁、炼钢和轧钢三个步骤为成本计算对象,但具体来看,第一步是以炼钢生铁、铸造生铁和锰铁为成本计算对象,第三步是以高石灰钢轧制盘条,低石灰钢轧制圆钢为成本计算对象。

　　② 对成本计算期的影响。产品成本计算人为地分开,定期在每月月末进行。

　　③ 对生产费用分配的影响。由于生产连续不断地进行,而且经常存在在产品,因而在计算成本时,就需要采用适当的方法,将生产费用在完工产品与在产品之间进行分配。

　　(3) 根据以上分析可以得出下面结论:从总体上来看,该厂的生产特点是大量大批多步骤生产,应该采用分步法计算产品成本。具体来看,炼铁车间宜采用品种法计算产品成本,炼钢和轧钢车间宜采用分步法计算产品成本。

项 目 小 结

本项目内容结构如图 6 - 3 所示。

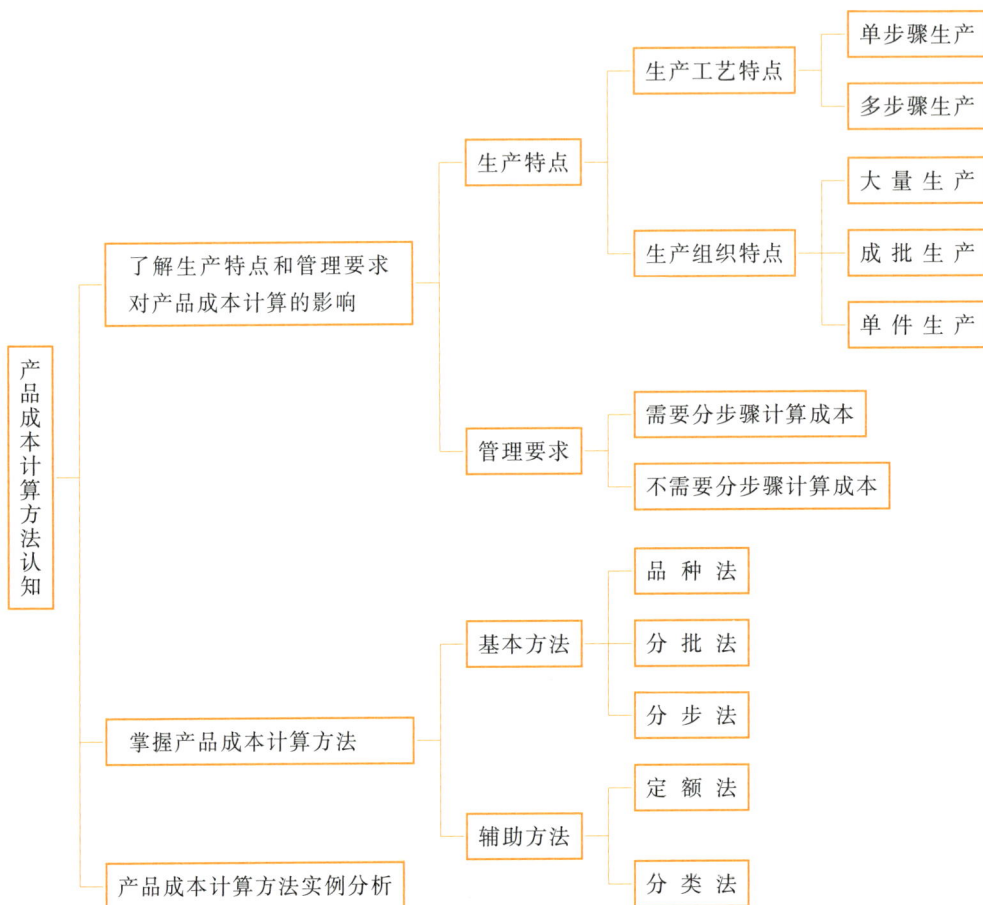

图 6 - 3　产品成本计算方法认知内容结构图

项目七　产品成本计算的品种法运用

◇ **职业能力目标**

1. 熟悉品种法的特点、种类及其适用范围。
2. 掌握品种法的计算程序和账务处理。
3. 能够熟练运用品种法对企业实际成本进行核算。

◇ **典型工作任务**

品种法的特点和适用范围;品种法的成本计算程序和品种法的账务处理。

任务一　了解品种法

任务引例

　　吴方刚大学毕业,回到家乡到地级市的一家小型水泥厂从事成本会计核算工作。吴方通过一周时间的学习,知道了水泥的生产工艺流程分别是:原料破碎和粉磨、生料制备和均化、水泥熟料的烧成、水泥粉磨、水泥包装五个工序。根据水泥生产流程,吴方认为该水泥厂生产的水泥尽管是典型的分步骤生产,但由于该水泥厂是小型企业,属于大量大批多步骤生产。但管理上不要求按步骤计算产品成本,因此,将该水泥厂成本核算方法确定为品种法。

　　要求:分析吴方确定成本的核算方法是否科学合理,思考实际成本核算中具体应如何实施呢?

【知识准备与业务操作】

一、品种法的概念与特点

(一)品种法的概念

　　产品成本计算的品种法,是按照产品的品种作为成本计算对象来归集生产费用、计算产品成本的方法,是最基本的成本计算方法。它适用于大量大批单步骤生产和管理上不要求分步骤计算产品成本的大量大批多步骤生产。

（二）品种法的特点

产品成本不同的计算方法之间的区别主要表现在产品成本计算对象的确定、成本计算期的确定与生产费用在完工产品与在产品之间的分配三个方面。品种法的主要特点表现在以下三个方面。

1. 以产品品种作为成本计算对象

品种法的成本计算对象是每种产品，因此，在进行成本计算时需要为每一种产品设置一张产品成本计算单。

如果企业或生产单位只生产一种产品，成本计算对象就是该种产品。只需为该种产品设置一张成本计算单，单中按成本项目设置专栏，生产中发生的所有生产费用都是直接费用，直接记入该种产品的生产成本明细账和成本计算单，包括制造费用，不需要也不存在在各成本计算对象之间进行分配。

如果生产两种或两种以上的产品，则应该按每种产品设置生产成本明细账，发生直接计入费用可以直接记入各生产成本明细账中，共同发生的费用单独归集后采取适当的分配方法，在各种产品之间进行分配，然后记入各种产品生产成本明细账和产品成本计算单。

成本核算对象按数量上的差异也可以将品种法分为单一品种的品种法和多品种的品种法。

2. 按月定期计算产品成本（成本计算期与会计报告期一致）

采用品种法计算产品成本的企业，从生产组织形式上看，是属于大量、大批生产的组织形式，不可能在投产的各种产品全部完工之后才进行成本计算。因此，成本计算时期一般是按月定期进行的，与企业生产周期不一定一致，它与企业的会计报告期是一致的。

3. 生产费用需要在完工产品与在产品之间进行分配

品种法的成本计算期与会计报告期一致，但与生产周期不一定一致，通常月末在产品数量较多时，则需将生产费用采用适当的方法在本月完工产品和月末在产品之间进行分配，从而计算出完工产品和月末在产品成本。

二、品种法的适用范围

品种法主要适用于大量大批单步骤生产类型的企业，例如发电、供水、采掘等企业。在这种类型的企业中，由于产品生产的工艺流程不能间断，没有必要也不可能划分为按生产步骤计算产品成本，只能以产品品种作为成本计算对象。

在大量大批多步骤生产的情况下，如果企业或车间的规模较小，或者按流水线组织生产，或者从原材料投入到产品产出的全部生产过程是集中封闭式生产，管理上不要求按照生产步骤计算产品成本，也可以采用品种法计算产品成本，如小型水泥厂、砖瓦厂、造纸厂等。又如大量大批生产的铸件熔铸和玻璃制品的熔制等，如果管理上不要求分熔炼与铸造或制造两个生产步骤计算产品成本，也可以采用品种法计算产品成本。

此外，辅助生产的供水、供气、供电等单步骤的大量生产，根据其生产特点和管理要求也可以采用品种法计算产品或劳务成本，把水、气和电作为成本计算对象。

三、品种法的成本计算程序

（一）单一品种的品种法成本计算程序

单一品种的品种法相对多品种的品种法而言，其成本计算程序相对简化，主要体现在成本计算对象品种单一,即只有一种产品。费用的发生较为直接,无须分配,只要按费用项目直接归集即可。基于上述特点,在单一产品品种法下,可按照发生的费用项目设置"基本生产成本明细账"的专栏。各生产单位发生的全部生产费用都为直接费用。应根据原始凭证和各项费用分配表编制记账凭证,直接记入"生产成本明细账"的相应项目。月末汇总"生产成本明细账",编制"产品成本计算单",并计算完工产品总成本和在产品总成本,同时结转完工产品总成本。

(二) 多品种的品种法成本计算程序

如果生产的产品不止一种,成本计算对象就是不同品种的产品,就要按照产品的品种分别开设产品成本明细账,发生的直接费用应直接记入各产品成本明细账,发生的间接费用则应采用适当的分配方法,在各个成本计算对象之间进行分配,然后记入各有关产品的成本明细账。费用按每一种产品归集后,如果没有在产品,或者在产品数量不多,为了简化成本计算工作,就不需要计算月末在产品成本。若在产品数量很多,就需要将"基本生产成本明细账"中归集的生产费用采用适当的分配方法,在完工产品和月末在产品之间进行分配,计算完工产品和月末在产品成本。成本计算程序如下。

1. 按照产品品种设置有关成本明细账或成本计算单

企业应按照产品品种开设基本生产成本明细账或产品成本计算单,并按成本项目设置专栏。由于企业是生产两种或两种以上的产品,则应为不同的产品分别开设"基本生产成本明细账"。同时按辅助生产提供的产品或劳务设置"辅助生产成本明细账",辅助生产费用按成本项目设置专栏。按生产车间开设制"造费用明细账",制造费用明细账按费用项目设置专栏。

2. 归集和分配本月发生的各项要素费用

对生产过程中发生的各项费用进行审核、归集和分配,编制各种要素费用分配表,据以登记"基本生产成本明细账""制造费用明细账",平行登记"产品成本计算单"。

(1) 对生产中本期发生的为产品生产直接耗用的费用,可以根据原始凭证和各项费用分配表等有关资料直接记入按成本计算对象开设的"成本计算单"中的相关成本项目。

(2) 对于本期为几种产品共同耗用的主要间接费用,应按一定标准在各种产品间分配后,分别记入有关"成本计算单"中的相关项目。

(3) 本期发生的其他间接费用,应先按其发生地点进行归集。例如,车间一般耗用的间接费用可以记入该车间的"制造费用明细账"。

(4) 对于跨期发生的费用,应按照权责发生制原则,编制跨期费用分配表,并按分配对象登记有关明细账。

3. 分配辅助生产费用

根据"辅助生产成本明细账"上归集的生产费用,编制辅助生产费用分配表,采用适当的方法分配辅助生产费用,编制相应的会计分录,分别记入"基本生产成本明细账""制造费用明细账"和期间费用明细账。

4. 分配基本生产车间制造费用

根据基本生产车间"制造费用明细账"归集的制造费用,编制制造费用分配表,采用适当的分配方法分配制造费用,编制相应的会计分录,分别记入"基本生产成本明细账"和"产品成本计算单"。

5. 计算本月完工产品成本和在产品成本

根据"基本生产成本明细账"和"成本计算单"归集的生产费用,月末,采用适当的分配方法,计算各种产品的完工产品成本和在产品成本。如果月末没有在产品,则本月发生的生产费用就全部是该产品的完工产品生产成本。如果月末没有完工产品,则本月发生的生产费用就全部是该产品的在产品生产成本。

6. 结转本月完工产品成本

根据"基本生产成本明细账"和"成本计算单"计算的各种产品完工产品成本,编制本月"完工产品成本汇总表",编制结转本月完工产品成本的会计分录,分别记入有关的"基本生产成本明细账"和"库存商品明细账"。

采用多品种的品种法计算产品成本时,其成本计算的具体程序如图 7-1 所示。

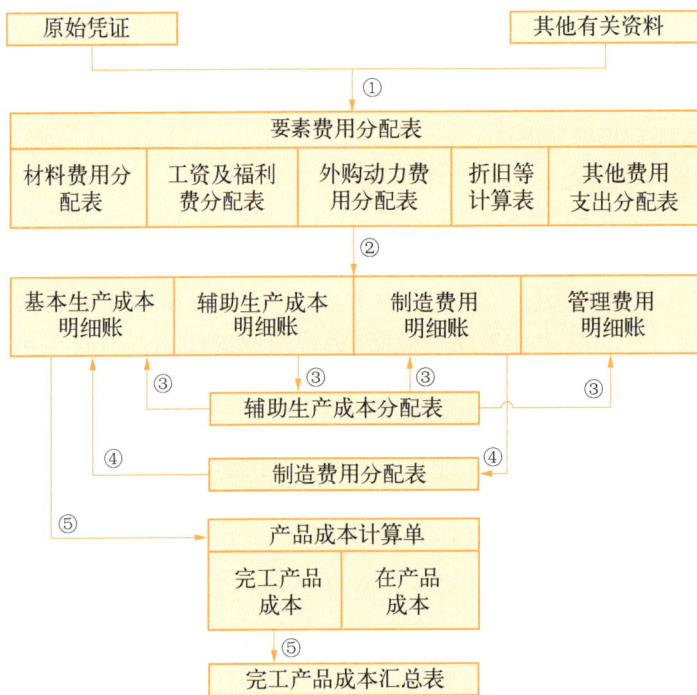

图 7-1　多品种的品种法成本计算程序图

图示说明:

① 根据各项耗费的原始凭证和其他有关资料,分配各项要素费用,编制要素费用分配表。

② 根据各项耗费的原始凭证和其他有关资料,登记"基本生产成本明细账"及"产品成本计算单""辅助生产成本明细账""制造费用明细账"以及"管理费用明细账"等明细账。

③ 编制辅助生产成本分配表,归集辅助生产明细账的生产费用,采用适当方法分配给受益对象,并据以登记有关费用明细账。

④ 编制制造费用分配表,将制造费用明细账中归集的费用采用适当方法在各种产品之间进行分配,并据以登记基本生产成本明细账及产品成本计算单。

⑤ 将基本生产成本明细账及产品成本计算单中按成本项目归集的生产费用采用适当的方法在本月完工产品和月末在产品之间进行分配,确定完工产品和月末在产品成本;编制完工

产品成本汇总表,计算各种完工产品的总成本和单位成本。

引例解析

本任务中吴方确定的成本核算方法科学合理,因为对于大量、大批、多步骤生产可以采用分步法核算成本,若管理上不要求分步法核算成本也可以采用品种法核算,本任务中管理上未做要求,所以吴方的核算方法是科学合理的。

实际成本核算中应将产品生产过程中所发生的各项费用,按照财务会计制度上的有关规定,进行审核、归集和分配,计算完工产品成本和在产品成本。具体实施参照多品种品种法的成本核算程序:

(1)按照产品品种开设有关成本明细账和产品成本计算单。

(2)归集和分配本月发生的各项费用。

(3)分配辅助生产费用。

(4)分配基本生产车间制造费用。

(5)计算本月完工产品成本和在产品成本。

(6)结转完工入库产品的生产成本。

任务二　品种法实务处理

【工作任务 1——单一品种品种法应用】

安徽合肥发电厂属于单步骤的大量生产,只生产电力一种产品。工厂设有燃料车间、锅炉车间、汽机车间和电机车间四个基本生产车间,另外还设有一个热处理辅助生产车间和若干个管理科室。其生产流程为:燃料车间燃烧,对锅炉车间的水供热,形成的高压水蒸气推动汽机车间的汽轮机,进而带动电机车间的发电机转动,从而产生电力。

任务分析:

由于整个工艺流程不能间断,又只生产电力一种产品,而且电力产品不能储存,不存在未完工的在产品,因而无须将生产费用在完工产品和在产品之间进行分配。所以可以选择单品种法计算电力产品成本,而且生产中发生的一切生产费用都是直接费用,可以直接计入电力产品成本。

操作步骤:

第一步:按照产品品种设置有关成本明细账和成本计算单。

设置"生产成本"总账账户,并以成本项目为专栏设置了"生产成本明细账"和"电力产品成本计算单"如表 7 - 4、表 7 - 5 所示。具体项目包括燃料费、生产用水费、材料费、折旧费、职工薪酬和其他费用等。

由于电力产品不能储存,不存在未完工的在产品,因而无须将生产费用在完工产品和在产品之间分配。当月归集的生产费用总额即为当月电力产品的总成本。

第二步:归集和分配本月发生的各项费用。

1. 分配燃料费用

根据燃料车间提供的燃料耗用统计表,编制"燃料费用分配表",如表 7 - 1 所示。

表 7 - 1　　　　　　　　　　　　　　　　燃料费用分配表

10 月

燃料名称	数量/吨	单位/(元/吨)	金额/元
原煤 A	1 000	200	200 000
原煤 B	500	300	150 000
原煤 C	200	250	50 000
合　计	1 700		400 000

根据"燃料费用分配表",编制会计分录如下：

借：生产成本——燃料费　　　　　　　　　　　　　　　　400 000
　　贷：原材料——原煤 A　　　　　　　　　　　　　　　　　200 000
　　　　　　　　——原煤 B　　　　　　　　　　　　　　　　150 000
　　　　　　　　——原煤 C　　　　　　　　　　　　　　　　 50 000

2. 分配材料费用

根据各车间的领料凭证进行汇总,编制"材料费用分配表",如表 7 - 2 所示。

表 7 - 2　　　　　　　　　　　　　　　　材料费用分配表

10 月

车间	材料名称	数量/千克	单价/(元/千克)	金额/元
燃料车间	A 材料	250	60	15 000
锅炉车间	B 材料	100	40	4 000
汽机车间	C 材料	200	50	10 000
电机车间	D 材料	100	30	3 000
热处理车间	E 材料	250	20	5 000
合　计	—	—	—	37 000

根据"燃料费用分配表",编制会计分录如下：

借：生产成本——材料费　　　　　　　　　　　　　　　　 37 000
　　贷：原材料——A 材料　　　　　　　　　　　　　　　　　 15 000
　　　　　　　　——B 材料　　　　　　　　　　　　　　　　　4 000
　　　　　　　　——C 材料　　　　　　　　　　　　　　　　 10 000
　　　　　　　　——D 材料　　　　　　　　　　　　　　　　　3 000
　　　　　　　　——E 材料　　　　　　　　　　　　　　　　　5 000

3. 分配职工薪酬

根据各生产车间工资结算凭证汇总表,编制"工资费用分配表",如表 7 - 3 所示。

表 7 - 3　　　　　　　　　　　**工资费用分配表**

10月　　　　　　　　　　　　　　　　　　　单位:元

车　间	工　资	福利费	合　计
燃料车间	30 000	4 200	34 200
锅炉车间	20 000	2 800	22 800
汽机车间	15 000	2 100	17 100
电机车间	10 000	1 400	11 400
热处理车间	8 000	1 120	9 120
合　计	83 000	11 620	94 620

根据"工资费用分配表",编制会计分录如下:

```
借:生产成本——职工薪酬                              94 620
    贷:应付职工薪酬——工资                              83 300
              ——福利                              11 620
```

4. 分配水费

本月应付水费 25 600 元,其中生产用水费 23 000 元,各车间公共用水费 2 600 元。根据有关凭证编制会计分录如下:

```
借:生产成本——生产用水费                              23 000
          ——其他费用(水费)                          2 600
    贷:应付账款——水费                                  25 600
```

5. 折旧费等其他费用

根据固定资产折旧计算表,各车间本月计提折旧费合计 53 000 元,以银行存款支付本月各车间发生的办公费 5 000 元,本月车间保险费摊销 2 200 元。编制会计分录如下:

```
借:生产成本——折旧费                                  53 000
    贷:累计折旧                                          53 000
借:生产成本——办公费                                  5 000
    贷:银行存款                                          5 000
借:生产成本——其他费用                                22 000
    贷:其他应付款——保险费                              22 000
```

第三步:登记生产成本明细账。

根据上述有关记账凭证登记"生产成本明细账",如表 7 - 4 所示。

7

表 7 - 4   生产成本明细账

10 月   单位：元

月	日	摘 要	燃料费	材料费	职工薪酬	生产用水费	折旧费	办公费	其他费用	合 计
10	31	分配燃料费	400 000							400 000
10	31	分配材料费		37 000						37 000
10	31	分配直接人工费			94 620					94 620
10	31	分配水费				23 000			2 600	25 600
10	31	分配折旧费					53 000			53 000
10	31	分配办公费						5 000		5 000
10	31	摊销保险费							2 200	2 200
10	31	合 计	400 000	37 000	94 620	23 000	53 000	5 000	4 800	617 420

第四步：编制电力产品成本计算单。

根据"生产成本明细账"和电力产品统计表编制"电力产品成本计算单"，如表 7 - 5 所示。在成本计算单中，生产量扣除企业自身用电即为企业供电量。电力成本除以企业供电量，即为电力单位成本。由于燃料成本所占比重较大，从重要性原则考虑还要突出反映电力的燃料单位成本，以便加强对燃料成本的分析和考核。

表 7 - 5   电力产品成本计算单

10 月

成本项目	生产量/1 000 度	总成本/元	单位成本/(元/1 000 度)
燃料费		400 000	
材料费		37 000	
职工薪酬		94 620	
生产用水费		2 300	
折旧费		53 000	
办公费		5 000	
其他费用		4 800	
合 计		617 420	—
生产量 其中：企业自身用电量 企业对外供电量	3 000 200 2 800		
产品单位成本			220.50

根据"生产成本明细账"，结转本月电力成本，编制会计分录如下：

```
借：主营业务成本                                                 617 420
    贷：生产成本                                                          617 420
```

【工作任务 2——多品种品种法应用】

浙宁汽车配件公司为大量大批多步骤生产的小型企业,设有一个基本生产车间和供电、机修两个辅助生产车间,大量生产甲、乙两种产品。根据生产特点和管理要求,确定采用品种法计算这两种产品成本。该企业分别开设"基本生产成本"和"辅助生产成本"两个成本总账账户,"基本生产成本"总账下分别按甲、乙产品设置基本生产成本明细账和产品成本计算单,"辅助生产成本"总账分别按供电车间和机修车间开设辅助生产成本明细账。"制造费用"账户核算基本生产车间发生的间接费用,本公司供电和机修车间由于提供产品或服务单一,发生的间接费用直接记入"辅助生产成本"明细账。"成本计算单"下开设"直接材料""直接人工""制造费用"三个成本项目。

成本计算的相关资料如下:

1. 月初在产品成本

甲、乙两种产品 10 月初在产品成本如表 7-6 所示。

表 7-6　　　　　　　　　　甲、乙产品月初在产品成本资料表

10 月　　　　　　　　　　　　　　　　　　　　　　　　单位:元

摘　要	直接材料	直接人工	制造费用	合　计
甲产品月初在产品成本	164 000	32 470	3 675	200 145
乙产品月初在产品成本	123 740	16 400	3 350	143 490

2. 本月生产数量

甲产品本月完工 500 件,月末在产品 100 件,实际生产工时 6 500 小时;乙产品本月完工 200 件,月末在产品 40 件,实际生产工时 3 500 小时。甲、乙两种产品的原材料都在生产开始时一次投入,加工费用发生比较均衡,月末在产品完工程度均为 50%。

3. 本月发生生产费用

(1) 本月发出材料汇总表如表 7-7 所示。

表 7-7　　　　　　　　　　发出材料汇总表

10 月　　　　　　　　　　　　　　　　　　　　　　　　单位:元

领料部门和用途		材料类别			合　计
		原材料	包装物	低值易耗品	
基本生产车间耗用	甲产品耗用	800 000	10 000		810 000
	乙产品耗用	600 000	4 000		604 000
	甲、乙产品共同耗用	28 000			28 000
	车间一般耗用	2 000		100	2 100

7

续　表

领料部门和用途		材料类别			合　计
		原材料	包装物	低值易耗品	
辅助生产车间耗用	供电车间耗用	1 000			1 000
	机修车间耗用	1 200			1 200
厂部管理部门耗用		1 200		400	1 600
合　计		1 433 400	14 000	500	1 447 900

生产甲、乙两种产品共同耗用的材料,按甲、乙两种产品直接耗用原材料的比例进行分配。

(2) 本月工资结算汇总表及职工福利费用计算表如表 7-8 所示。

表 7-8　　　　　　　　　应付职工薪酬汇总表

10 月　　　　　　　　　　　　　　　　　　　　单位:元

人员类别		应付工资总额	应计提福利费	合　计
基本生产车间	产品生产工人	420 000	58 800	478 800
	车间管理人员	20 000	2 800	22 800
辅助生产车间	供电车间	8 000	1 120	9 120
	机修车间	7 000	980	7 980
厂部管理人员		40 000	5 600	45 600
合　计		495 000	69 300	564 300

(3) 本月以现金支付的费用为 2 500 元,其中基本生产车间负担的办公费 200 元,市内交通费 115 元;供电车间负担的市内交通费 145 元;机修车间负担的外部加工费 480 元;厂部管理部门负担的办公费 1 560 元。

(4) 本月以银行存款支付的费用为 14 700 元,其中基本生产车间负担的办公费 1 000 元,水费 2 000 元,差旅费 4 000 元;供电车间负担的水费 500 元,外部修理费 1 800 元;机修车间负担的办公费 400 元;厂部管理部门负担的办公费 3 200 元,水费 1 000 元,招待费 800 元。

(5) 本月应计提固定资产折旧费 22 000 元,其中:基本生产车间折旧 10 000 元,供电车间折旧 2 000 元,机修车间折旧 4 000 元,厂部管理部门折旧 6 000 元。

(6) 根据“长期待摊费用”账户记录,本月应分摊长期待摊费用 3 195 元,其中供电车间负担 800 元,机修车间负担 600 元,基本生产车间负担 1 195 元,厂部管理部门负担 600 元。

任务分析:

此例中该企业大量生产甲、乙两种产品,根据生产特点和管理要求,确定采用品种法计算这两种产品成本,因而产品计算对象分别是甲、乙两种产品。属于多品种的品种法计算。发生的直接费用直接计入甲、乙产品的明细账,间接费用则要按适当的方法在甲、乙产品之间分配。

由于期末存在大量的在产品,各生产成本明细账中归集的生产费用需要在完工产品和在产品之间进行分配。

操作步骤:

第一步:按照产品品种设置有关成本明细账和成本计算单。

该企业应设置甲、乙两产品的基本生产成本明细账或成本计算单(表7-15、表7-16)设置"直接材料""直接人工""制造费用"三个成本项目专栏组织明细核算,按基本生产车间设置"制造费用明细账"(表7-21),按费用项目设专栏组织明细核算,其他与成本计算无关的费用明细账,如管理费用明细账等,在此省略。

第二步:归集和分配本月发生的各项费用。

根据各项生产费用发生的原始凭证和其他有关资料,编制各项要素费用分配表,分配各项要素费用。

1. 分配材料费用

生产甲、乙两种产品共同耗用材料按甲、乙两种产品直接耗用原材料的比例分配。周转材料采用一次摊销法。该企业10月材料及分配结果,如表7-9、表7-10所示。

表7-9 甲、乙产品共同耗用材料分配表

10月

单位:元

产品名称	直接耗用原材料	分配率	分配共耗材料
甲产品	800 000		16 000
乙产品	600 000		12 000
合 计	1 400 000	0.02	28 000

表7-10 材料费用分配表

10月

单位:元

会计账户	明细账户	原材料	包装物	低值易耗品	合 计
基本生产成本	甲产品	816 000	10 000		826 000
	乙产品	612 000	4 000		616 000
	小 计	1 428 000	14 000		1 442 000
辅助生产成本	供电车间	1 000			1 000
	机修车间	1 200			1 200
	小 计	2 200			2 200
制造费用	基本生产车间	2 000		100	2 100
管理费用	修理费	1 200		400	1 600
合 计		1 433 400	14 000	500	1 447 900

根据材料费用汇总表,编制发出材料的会计分录如下:

```
借：基本生产成本——甲产品                                          826 000
           ——乙产品                                          616 000
    辅助生产成本——供电车间                                          1 000
           ——机修车间                                          1 200
    制造费用——基本生产车间                                          2 100
    管理费用——修理费                                              1 600
    贷：原材料                                                 1 433 400
        周转材料——包装物                                          14 000
        周转材料——低值易耗品                                          500
```

2. 分配人工费用

甲、乙两种产品应付职工薪酬按甲、乙两种产品的实际生产工时比例分配。分配结果如表 7-11 所示。

表 7-11   职工薪酬计算分配表

10 月   金额单位：元

分配对象		分配标准	工　资		福利费	
会计账户	明细账户	工时	分配率	分配额	分配率	分配额
基本生产成本	甲产品	6 500		273 000		38 220
	乙产品	3 500		147 000		20 580
	小　计	10 000	42	420 000	5.88	58 800
辅助生产成本	供电车间			8 000		1 120
	机修车间			7 000		980
	小　计			15 000		2 100
制造费用	基本生产车间			20 000		2 800
管理费用	工资、福利费			40 000		5 600
合　计				495 000		69 300

根据工资及福利费分配表，编制工资及福利费分配业务的会计分录如下：

```
借：基本生产成本——甲产品                                          311 220
           ——乙产品                                          167 580
    辅助生产成本——供电车间                                          9 120
           ——机修车间                                          7 980
    制造费用——基本生产车间                                          22 800
    管理费用——修理费                                             45 600
    贷：应付职工薪酬——工资                                          495 000
                ——福利费                                          69 300
```

3. 计提固定资产折旧费用及摊销长期待摊费用

固定资产折旧费及长期待摊费用分配结果,如表 7 - 12、表 7 - 13 所示。

表 7 - 12   折旧费用计算表

10 月   单位:元

会计账户	明细账户	费用项目	分配金额
制造费用	基本生产车间	折旧费	10 000
辅助生产成本	供电车间	折旧费	2 000
	机修车间	折旧费	4 000
管理费用		折旧费	6 000
合　计			22 000

根据折旧计算表,编制计提折旧的会计分录如下:

借:制造费用——基本生产车间　　　　　　　　　　10 000
　　辅助生产成本——供电车间　　　　　　　　　　2 000
　　　　　　　　　——机修车间　　　　　　　　　　4 000
　　管理费用——折旧费　　　　　　　　　　　　　　6 000
　　贷:累计折旧　　　　　　　　　　　　　　　　　　22 000

表 7 - 13   长期待摊费用分配表

10 月   单位:元

会计账户	明细账户	费用项目	分配金额
制造费用	基本生产车间	装修费	1 195
辅助生产成本	供电车间	装修费	800
	机修车间	装修费	600
管理费用		其他费用	600
合　计			3 195

根据长期待摊费用分配表,编制摊销长期待摊费用的会计分录如下:

借:制造费用——基本生产车间　　　　　　　　　　1 195
　　辅助生产成本——供电车间　　　　　　　　　　800
　　　　　　　　　——机修车间　　　　　　　　　　600
　　管理费用——其他费用　　　　　　　　　　　　　600
　　贷:长期待摊费用　　　　　　　　　　　　　　　　3 195

4. 以现金和银行存款支付其他费用

其他费用分配表,如表 7 - 14 所示。

表 7 - 14 其他费用分配表

10 月 单位：元

会计账户	明细账户	现金支付	银行存款支付	合 计
制造费用	基本生产车间	315	7 000	7 315
辅助生产成本	供电车间	145	2 300	2 445
	机修车间	480	400	880
管理费用		1 560	5 000	6 560
合 计		2 500	14 700	17 200

根据其他费用分配表，编制会计分录如下：

```
借：制造费用——基本生产车间              7 315
    辅助生产成本——供电车间              2 445
              ——机修车间               880
    管理费用                        6 560
    贷：库存现金                        2 500
        银行存款                       14 700
```

5. 根据各项要素费用分配表及编制的会计分录，登记有关成本明细账

基本生产成本明细账如表 7 - 15、表 7 - 16 所示，辅助生产成本明细账如表 7 - 17、表 7 - 18 所示。

表 7 - 15 基本生产成本明细账

产品名称：甲产品 单位：元

月	日	凭证字号	摘 要	直接材料	直接人工	制造费用	合 计
10	31		月初在产品成本	164 000	32 470	3 675	200 145
	31	略	材料费用分配表	826 000			826 000
	31		应付职工薪酬分配表		311 220		311 220
	31		制造费用分配表			35 529	35 529
	31		本月生产费用合计	826 000	311 220	35 529	1 172 749
	31		本月累计	990 000	343 690	39 204	1 372 894
	31		结转完工产品成本	825 000	312 445	35 640	1 173 085
	31		月末在产品成本	165 000	31 245	3 564	199 809

表 7 - 16 基本生产成本明细账

产品名称：乙产品　　　　　　　　　　　　　　　　　　　　　　　　　单位：元

月	日	凭证字号	摘　要	直接材料	直接人工	制造费用	合　计
10	31		月初在产品成本	123 740	16 400	3 350	143 490
	31	略	材料费用分配表	616 000			616 000
	31		职工薪酬分配表		167 580		167 580
	31		制造费用分配表			19 131	19 131
	31		本月生产费用合计	616 000	167 580	19 131	802 711
	31		本月累计	739 740	183 980	22 481	946 201
	31		结转完工产品成本	616 450	167 254	20 437	804 141
	31		月末在产品成本	123 290	16 726	2 044	142 060

表 7 - 17 辅助生产成本明细账

车间名称：供电车间　　　　　　　　　　　　　　　　　　　　　　　　　单位：元

月	日	凭证字号	摘　要	材料费用	职工薪酬	折旧费	推销费	其他费用	合　计
10	31	略	材料费用分配表	1 000					1 000
	31		应付职工薪酬分配表		9 120				9 120
	31		折旧费用分配表			2 000			2 000
	31		长期待摊费用分配表				800		800
	31		其他费用分配表					2 445	2 445
	31		本月合计	1 000	9 120	2 000	800	2 445	15 365
	31		结转各受益部门	1 000	9 120	5 245	15 365	2 445	15 365

表 7 - 18 辅助生产成本明细账

车间名称：机修车间　　　　　　　　　　　　　　　　　　　　　　　　　单位：元

月	日	凭证字号	摘　要	材料费用	职工薪酬	折旧费	待摊费	其他费用	合　计
10	31	略	材料费用分配表	1 200					1 200
	31		应付职工薪酬分配表		7 980				7 980
	31		计提折旧费			4 000			4 000
	31		长期待摊费用分配表				600		600
	31		其他费用分配表					880	880
	31		本月合计	1 200	7 980	4 000	600	880	14 660
	31		结转各受益部门	1 200	7 980	4 000	600	880	14 660

第三步：分配辅助生产成本费用。

根据要素费用分配表和相应的账务处理，月末将归集在"辅助生产成本明细账"中的待分配辅助生产费用和辅助生产车间本月劳务供应量，采用直接分配法分配辅助生产费用如表 7-20 所示，并据以登记有关生产成本明细账或成本计算单和有关费用明细账。

本月供电和机修车间提供的劳务量如表 7-19 所示。

表 7-19　　　　　　　　供电和机修车间提供的劳务量表

10 月

受益部门	机修车间/小时	供电车间/度
供电车间		400
机修车间	3 000	
基本生产车间	30 000	3 002
厂部管理部门	13 000	1 098
合　计	46 000	4 500

表 7-20　　　　　　　　辅助生产费用分配表（直接分配法）

10 月　　　　　　　　　　　　　　　　　　　　　　金额单位：元

辅助生产车间名称		机修车间	供电车间	合　计
待分配费用		14 660	15 365	30 025
供应劳务数量		43 000	4 100	
单位成本（分配率）		0.340 9	3.747 6	
基本生产车间	耗用数量	30 000	3 002	
	分配金额	10 227	11 250	21 477
行政管理部门	耗用数量	13 000	1 098	
	分配金额	4 433	4 115	8 548

根据辅助生产费用分配表，编制会计分录如下：

借：制造费用——基本生产车间　　　　　　　　　　　　　　11 250
　　管理费用　　　　　　　　　　　　　　　　　　　　　　18 775
　　贷：辅助生产成本——机修车间　　　　　　　　　　　　　　14 660
　　　　　　　　　　——供电车间　　　　　　　　　　　　　　15 365

注：① 按现行有关制度规定，机修车间费用属于修理费，应全部计入管理费用。

　　② 18 775＝8 548＋10 227。

第四步：分配基本生产车间制造费用。

本月基本生产车间发生的制造费用已全部记入"制造费用明细账"，如表 7-21 所示（因表格数据多，故凭证号略），月末根据"制造费用明细账"，按实际生产工时在甲、乙两种产品之间进行分配，编制"制造费用分配表"，如表 7-22 所示。

表 7 - 21　　　　　　　　　　　　制造费用明细账

车间名称：基本生产车间　　　　　　　　　　　　10 月　　　　　　　　　　　　　单位：元

月	日	摘　要	材料费	人工费	折旧费	水电费	保险费	其他	合　计
10	31	材料费用分配表	2 100						2 100
	31	应付职工薪酬分配表		22 800					22 800
	31	折旧费用计算表			10 000				10 000
	31	长期待摊费用分配表					1 195		1 195
	31	其他费用分配表						7 315	7 315
	31	辅助生产分配表				11 250			11 250
	31	本月合计	2 100	22 800	10 000	11 250	1 195	7 315	54 660
	31	结转制造费用	2 100	22 800	10 000	11 250	1 195	7 315	54 660

表 7 - 22　　　　　　　　　　　　制造费用分配表

10 月

产品	生产工时/小时	分配率	分配金额/元
甲产品	6 500	5.466	35 529
乙产品	3 500	5.466	19 131
合　计	10 000		54 660

编制会计分录如下：

借：基本生产成本——甲产品　　　　　　　　　　　　35 529

　　　　　　　　——乙产品　　　　　　　　　　　　19 131

　　贷：制造费用——基本生产车间　　　　　　　　　　　　54 660

第五步：计算本月完工产品成本和在产品成本。

根据各产品成本计算单归集的生产费用合计数和有关生产数量记录，在完工产品和月末在产品之间分配生产费用。

按约当产量法分别计算甲、乙两种产品月末在产品约当产量计算情况如表 7 - 23、表 7 - 24 所示。

表 7 - 23　　　　　　　　　　　　在产品约当产量计算表

产品名称：甲产品

成本项目	在产品数量/件	投料程度（加工程度）/%	约当产量/件
直接材料	100	100	100
直接人工	100	50	50
制造费用	100	50	50

7

表 7 - 24 在产品约当产量计算表

产品名称：乙产品

成本项目	在产品数量/件	投料程度（加工程度）/%	约当产量/件
直接材料	40	100	40
直接人工	40	50	20
制造费用	40	50	20

编制成本计算单如下，如表 7 - 25、表 7 - 26 所示。

表 7 - 25 产品成本计算单

产品名称：甲产品 产成品：500 件 在产品：100 件 金额单位：元

摘 要	直接材料	直接人工	制造费用	合 计
月初在产品成本	164 000	32 470	3 675	200 145
本月发生生产费用	826 000	311 220	35 529	1 172 749
生产费用合计	990 000	343 690	39 204	1 372 894
完工产品数量	500	500	500	
在产品约当量	100	50	50	
总约当产量	600	550	550	
分配率（单位成本）	1 650	624.89	71.28	
完工产品总成本	825 000	312 445	35 640	1 173 085
月末在产品成本	165 000	31 245	3 564	199 809

表 7 - 26 产品成本计算单

产品名称：乙产品 产成品：200 件 在产品：40 件 金额单位：元

摘 要	直接材料	直接人工	制造费用	合 计
月初在产品成本	123 740	16 400	3 350	143 490
本月发生生产费用	616 000	167 580	19 131	802 711
生产费用合计	739 740	183 980	22 481	946 201
完工产品数量	200	200	200	
在产品约当量	40	20	20	
总约当产量	240	220	220	
分配率（单位成本）	3 082.25	836.27	102.19	
完工产品总成本	616 450	167 254	20 437	804 141
月末在产品成本	123 290	16 726	2 044	142 060

第六步：结转完工产品的生产成本。

根据表 7 - 25、表 7 - 26 中的分配结果，编制完工产品成本汇总表（表 7 - 27），并据以结转完工产品成本。

表 7 - 27   完工产品成本汇总表

10 月   单位：元

成本项目	甲产品（500 件）		乙产品（200 件）	
	总成本	单位成本	总成本	单位成本
直接材料	825 000	1 650	616 450	3 082.25
直接人工	312 445	624.89	167 254	836.27
制造费用	35 640	71.28	20 437	102.19
合 计	1 173 085	2 346.17	804 141	4 020.71

根据完工产品成本汇总表或成本计算单及成品入库单，结转完工入库产品的生产成本。编制会计分录如下：

借：库存商品——甲产品   1 173 085
        ——乙产品   804 141
    贷：基本生产成本——甲产品   1 173 085
            ——乙产品   804 141

【工作任务 3——品种法实务案例】

某小型企业只生产一种产品，且生产工艺为单步骤生产，采用品种法计算该产品成本时，成本计算人员小王直接将原始凭证归类汇总，编制记账凭证，登记"基本生产成本"总账，小王认为没必要编制各项生产费用分配表，也没有必要按成本项目设置生产成本明细账。理由是：该企业仅生产一种产品，为生产产品所耗费的全部生产费用都应该计入该产品成本中，且该产品属于单步骤生产期末没有在产品，计入产品成本的生产费用也就是完工产品成本。

小张认为小王的认识不正确，但又不能说服他。

任务分析：

该任务是成本计算方法以及适用范围的确定。

下面是 10 月小王对该产品成本核算所编制的会计分录。

（1）汇总本月生产产品燃料共 199 400 元。

借：基本生产成本   199 400
    贷：燃料   199 400

（2）汇总本月生产用材料费共 18 000 元。

借：基本生产成本   18 000
    贷：原材料   18 000

（3）汇总本月生产工人薪酬 74 100 元。

借：基本生产成本　　　　　　　　　　　　　　　　　　　　74 100
　　贷：应付职工薪酬　　　　　　　　　　　　　　　　　　　　　　74 100

（4）本月耗用水电费 27 850 元（其中：生产用 27 000 元,各车间一般耗用 850 元）。

借：基本生产成本——生产用水　　　　　　　　　　　　　　27 000
　　　　　　　　　——其他用水　　　　　　　　　　　　　　　 850
　　贷：应付账款　　　　　　　　　　　　　　　　　　　　　　　27 850

（5）本月生产车间计提折旧 51 000 元。

借：基本生产成本　　　　　　　　　　　　　　　　　　　　51 000
　　贷：累计折旧　　　　　　　　　　　　　　　　　　　　　　　51 000

（6）应由本月车间负担的低值易耗品摊销费 2 200 元。

借：基本生产成本　　　　　　　　　　　　　　　　　　　　 2 200
　　贷：周转材料　　　　　　　　　　　　　　　　　　　　　　　 2 200

（7）月末结转该产品生产成本 285 900 元。

借：主营业务成本　　　　　　　　　　　　　　　　　　　 285 900
　　贷：基本生产成本　　　　　　　　　　　　　　　　　　　　 285 900

　　根据以上记账凭证,小王已登记了有关总账,他认为完成了本月产品成本的计算工作,请你分析小王此种成本核算方法是否科学。

操作步骤:

　　上例中小王将他的这种处理方法视为对品种法的简化核算。

　　从成本计算的角度看,尽管"基本生产成本"总账提供了产品的总成本,也可以计算出单位成本,但是尚有以下不足:第一,不能提供按成本项目反映的产品成本构成的详细资料,不便于分析单位成本的计划或定额完成情况,不利于进一步挖掘降低产品成本的潜力;第二,没有提供各车间耗费的具体资料,不便于分析和考核生产车间各项费用支出是否合理,不利于加强企业管理,也不利于落实经济责任制。

　　正确的处理方法是:对各项生产费用应按发生的车间或部门编制费用分配表,以提供各车间费用支出的具体资料;设置生产成本明细账,账内按成本项目设置专栏,以反映产品成本构成的详细情况;分别按车间设置生产成本三级明细账或备查账簿,达到成本核算为管理服务的目的。

　　根据上述资料,对该产品成本核算的账务处理如下。

　　（1）根据燃料车间提供的燃料耗用资料,编制燃料费用分配表,如表 7 - 28 所示。

表 7 - 28   燃料费用分配表

10 月

车间	材料名称	数量/吨	单价/(元/吨)	金额/元
锅炉车间	原煤 A	500	280	140 000
汽机车间	原煤 A	105	280	29 400
电机车间	原煤 B	100	300	30 000
合　计	—	—	—	199 400

根据燃料费用分配表,编制会计分录:

借:基本生产成本——燃料费   199 400
　　贷:燃料   199 400

(2) 根据领料凭证汇总表,编制材料费用分配表,如表 7 - 29 所示。

表 7 - 29   材料费用分配表

10 月

车间名称	材料名称	数量/千克	单价/(元/千克)	金额/元
燃料车间	材料 A	100	30	3 000
锅炉车间	材料 B	200	40	8 000
汽机车间	材料 C	150	50	7 500
电机车间	材料 B	100	40	4 000
修理车间	材料 A	300	30	9 000
合　计	—	—	—	31 500

根据材料费用分配表,编制会计分录:

借:基本生产成本——材料费   31 500
　　贷:原材料   31 500

(3) 根据各生产车间工资结算单,编制职工薪酬分配表,如表 7 - 30 所示。

表 7 - 30   职工薪酬分配表

10 月   单位:元

车间	工资	福利费	合　计
燃料车间	30 000	4 200	34 200
锅炉车间	20 000	2 800	22 800

7

车　间	工资	福利费	合　计
电机车间	10 000	1 400	11 400
修理车间	15 000	2 100	17 100
汽机车间	15 000	2 100	17 100
合　计	90 000	12 600	102 600

根据职工分配表,编制会计分录如下:

借:基本生产成本——职工薪酬　　　　　　　　　　　　　　　　　　102 600

　　贷:应付职工薪酬　　　　　　　　　　　　　　　　　　　　　　　102 600

(4)据银行支付水费通知单和各车间水表记录,编制水费分配表,如表7-31所示。

表7-31　　　　　　　　　　　　　水费分配表

10月　　　　　　　　　　　　　　　单位:元

车　间	生产用水	一般耗用水
燃料车间	500	200
锅炉车间	25 000	—
汽机车间	1 000	300
电机车间	500	200
修理车间	—	150
合　计	27 000	850

根据水费分配表,编制会计分录如下:

借:基本生产成本——生产用水　　　　　　　　　　　　　　　　　　27 000

　　　　　　　　　——其他用水　　　　　　　　　　　　　　　　　　850

　　贷:应付账款　　　　　　　　　　　　　　　　　　　　　　　　27 850

(5)计提本月各车间固定资产折旧,编制折旧费用分配表,如表7-32所示。

表7-32　　　　　　　　　　　　　折旧分配表

10月　　　　　　　　　　　　　　　单位:元

车　间	金　额
燃料车间	10 000
锅炉车间	8 000
汽机车间	12 000

续　表

车　间	金　额
电机车间	15 000
修理车间	6 000
合　计	51 000

借：基本生产成本——折旧费　　　　　　　　　　　　　　51 000
　　贷：累计折旧　　　　　　　　　　　　　　　　　　　　　51 000

（6）计算本月各生产车间应负担的低值易耗品摊销费，编制低值易耗品摊销分配表，如表7-33所示。

表 7 - 33　　　　　　　　　　　低值易耗品分配表

10 月　　　　　　　　　　　　　　　　　　　单位：元

车　间	金　额
燃料车间	500
锅炉车间	200
汽机车间	600
电机车间	600
修理车间	300
合　计	2 200

根据低值易耗品分配表，编制会计分录如下：

借：基本生产成本——其他费用　　　　　　　　　　　　　2 200
　　贷：周转材料　　　　　　　　　　　　　　　　　　　　　2 200

（7）根据上述费用分配表和记账凭证，分别登记按成本项目设置的基本生产成本明细账，如表7-34所示。

表 7 - 34　　　　　　　　　　　生产成本明细账

10 月　　　　　　　　　　　　　　　　　　　单位：元

月	日	摘　要	燃料费	材料费	职工薪酬	生产用水费	折旧费	其他费用	合　计
10	31	分配燃料费	199 400						199 400
	31	分配材料费		31 500					31 500
	31	分配直接人工费			102 600				102 600
	31	分配水费				27 850			27 850

续　表

月	日	摘　要	燃料费	材料费	职工薪酬	生产用水费	折旧费	其他费用	合　计
10	31	分配折旧费					51 000		51 000
	31	其他费用						2 200	2 200
	31	合计	199 400	31 500	102 600	27 850	51 000	2 200	414 550
	31	本月转出							
	31	单位成本							

项 目 小 结

本项目内容结构如图 7-2 所示。

图 7-2　产品成本计算的品种法运用内容结构图

项目八　产品成本计算的分批法运用

◇ **职业能力目标**

1. 了解分批法的含义、特点与适用范围。
2. 掌握分批法的成本计算程序。
3. 理解分批法和简化分批法的主要区别。
4. 掌握分批法的实际应用。

◇ **典型工作任务**

分批法成本计算对象的确定;分批法和简化分批法下的成本计算方法;基本生产成本二级账的设立;累计间接计入费用分配率的计算;简化分批法进行产品成本的计算。

任务一　了　解　分　批　法

任务引例

宏发公司设有一个基本生产车间,按生产任务通知单(工作令号)分批组织生产,属于小批生产组织类型的企业。

宏发公司 10 月 1 日投产的 A 产品 100 件,批号为 1001♯,在 10 月份全部完工;10 月 10 日投产 B 产品 150 件,批号 1002♯,当月完工 40 件。

要求:分析宏发公司应采用何种方法核算 A、B 产品的成本。

【知识准备与业务操作】

在单件小批量生产的企业中,一批产品往往同时完工。在一般情况下,管理上不要求分步骤计算产品成本,却需要提供每批次产品的成本。此时,应按产品品种及生产批次计算其产品成本。分批法分为一般分批法和简化分批法,学习时需要注意两者之间的联系和区别。

一、分批法的概念与特点

(一) 分批法的概念

产品成本计算分批法,是指按照产品的批别或订单归集生产费用、计算产品成本的一种方法。

分批法主要适用于小批、单件单步骤或管理上不要求分步骤计算成本的多步骤生产的企业，如船舶制造、重型机器制造、精密仪器制造及服装、印刷、家具等企业，在这种生产类型的企业中，生产活动一般是根据客户的订单来组织生产。企业新产品试制成本的计算，也可采用分批法。有时产品成本计算分批法也称为订单法。

（二）分批法的特点

1. 以产品的批别或订单作为成本计算对象

分批法下，以产品的批别或订单作为成本计算对象。产品成本明细账要按照产品的批别或订货单位的订单来设置，并分别按成本项目来归集各批产品所发生的生产费用。

因为在单件、小批单步骤生产的企业中，生产活动一般是按照产品的批别或订单的要求来组织生产的，因而，按批、按件计算产品成本也就是按订单计算产品成本。每一张订单可能是一种产品，也可能是几种不同的产品，或者几张订单要求的都是相同的产品。这时，为了便于考核、分析各种产品成本计划的完成情况并便于进行生产管理，企业可以将几张订单的产品分批进行生产。如在同一期间，企业可将不同订货单位要求生产同一种产品的几张订单，合并为一批进行生产。如果属于大型复杂的产品，价值较大、生产周期较长，也可以按产品的组成部分分批组织生产。

采用分批法计算产品成本的企业在生产开始时，由生产计划部门根据产品批别或订单所要求的产品品种、数量、投产日期、完成日期，签发"生产任务通知单"（或称"工作命令单"），通知车间、供应部门和会计部门。车间根据"生产任务通知单"组织安排生产，供应部门及时准备材料，会计部门据以进行产品成本核算。

2. 成本计算期与产品的生产周期一致

采用分批法，产品的实际成本要在订单完工以后才计算，因而产品成本计算是不定期的，成本计算期与产品的生产周期一致，而与会计报告期不一致。所以，在分批法下，完工产品的成本，不仅包括报告月份发生的成本费用，还包括以前月份所发生的成本费用。

3. 一般不存在生产费用在完工产品和在产品之间进行的分配

在小批、单件生产中，由于完工产品成本计算期与生产周期一致，因而在月末计算产品成本时，一般不存在生产费用在完工产品和在产品之间进行分配的问题。

但在实际工作中，有时可能有跨月完工的情况，即某批产品一部分已经完工入库，而另一部分还在加工中，对已经入库的产品、订货单位又要求交付使用。这时就有必要在完工产品和在产品之间分配生产费用，计算出完工产品成本和月末在产品成本。

如果完工产品数量占产品批量比例较小时，为简化核算工作，也可以按定额单位成本、计划单位成本或最近一期相同产品的实际单位成本计算产成品成本，从产品成本明细账中转出，剩余金额即为在产品成本。如果月内完工数量较大，为了正确计算完工产品成本，则应根据具体情况采用适当的分配方法（如约当产量法等）在完工产品和月末在产品之间分配生产费用。为了正确考核和分析该批产品成本计划的完成情况，在该批产品全部完工时，还应计算该批产品实际总成本和实际单位成本，但对已经转账的产成品成本，则不做账面调整。

为了使同一批产品尽量能够同时完工，避免跨月陆续完工的情况，在合理组织生产的前提下，企业可适当缩小每批产品的投产量，以准确提供当期生产产品的成本和核算资料。

二、分批法的适用范围

分批法主要适用于单件、小批单步骤或管理上不要求分步骤核算的多步骤生产的企业。这类企业一般是根据客户的特定要求定制的产品,如船舶制造、重型机器制造、精密仪器制造及专用设备、专用工具、模具等的生产。另外,在大量、大批生产的企业中,企业所进行的新产品试制、来料加工、自制设备的成本计算也可以使用分批法。

具体来说,分批法的使用范围主要包括:

(1) 根据客户订单生产,经常变换产品品种的制造企业。

(2) 承揽机器设备修理、修配劳务或生产的企业。

(3) 从事新产品试制、自制设备、辅助生产工具、自制模具等生产任务的生产单位或车间。

三、分批法的成本计算程序

在采用分批法计算产品成本时,其成本计算程序如下。

1. 按批号(生产令号)设置生产成本明细账(产品成本计算单)

如果企业按产品批次组织生产,在产品投产时,生产计划部门要发出"生产通知单",将生产任务下达到生产车间,并通知财会部门。在生产通知单中一般有该生产任务的编号,通常称为生产批号或生产令号。财会部门应根据生产计划部门下达的产品批号(即产品批别)设立产品成本明细账或计算单。明细账或计算单中按成本项目分别设置专栏,归集生产费用,计算本批产品的成本。产品成本明细账的设立和结账应与该批产品的投产和完工保持时间上的一致,产品成本明细账的费用归集口径应与该批产品所耗费用的口径保持一致,以保证成本计算的准确性和真实性。

2. 按产品批别归集和分配本月发生的各项生产费用

发生生产费用时,根据各项费用分配表将各项费用计入产品成本明细账的各有关成本项目,可以直接计入各批产品成本的直接费用,应直接计入各批产品成本明细账;不能直接计入各批产品成本明细账的间接费用,则应采用适当的分配标准分配给各批产品。

分配的计算公式如式 8-1、式 8-2 所示。

$$间接费用分配率 = \frac{当月发生的间接费用总额}{当月分配标准(工时)总额} \quad (8-1)$$

$$某批产品应分配的间接费用 = 该批产品当月发生的分配标准(工时) \times 间接费用分配率 \quad (8-2)$$

3. 分配辅助生产费用

在设有辅助生产单位的企业,月末应将汇集的辅助生产费用分配给各受益对象,包括分配给产品的生产成本、基本生产车间的制造费用、行政管理部门的管理费用等。

4. 分配基本生产车间的制造费用

基本生产车间的制造费用应由该生产单位的各批产品成本负担,月末应将汇集的基本生产单位的制造费用分配给各收益产品成本明细账。

5. 计算完工产品总成本和单位成本

采用分批法一般不需要在本月完工产品与月末在产品之间分配生产费用。如果某批产品完工,则该批产品生产成本明细账(产品成本计算单)归集的生产费用合计就是该批产品的总成本。上述生产费用合计除以产量,即为该批产品的单位成本。

6. 结转完工产品成本

期末,根据成本计算结果结转本期完工的产品的实际总成本。

8

引例解析

根据引例小组内容，宏发公司属于小批生产组织类型的企业。按批别 1001♯、1002♯计算产品成本。所以宏发公司应该采用分批法核算 A、B 产品的成本。

任务二　分批法实务处理

任务引例

宏发公司设有一个基本生产车间，按"生产任务通知单"（工作令号）分批组织生产，属于小批生产组织类型的企业。

宏发公司 10 月 1 日投产的 A 产品 100 件，批号为 1001♯，在 10 月份全部完工；10 月 10 日投产 B 产品 150 件，批号 1002♯，当月完工 40 件。本月发生的各项费用如下：① 1001♯产品耗用原材料 15 000 元，1002♯产品耗用原材料 20 000 元，生产车间一般耗用原材料 8 000 元；② 生产工人工资 10 000 元，车间管理人员工资 3 000 元；③ 车间耗用外购的水电费 2 400 元，以银行存款付讫；④ 计提基本生产车间负担的固定资产折旧费 4 000 元；⑤ 基本生产车间负担的其他费用 200 元，以银行存款付讫。

要求：讨论宏发公司应怎样核算 A、B 产品的成本。

一、分批法举例

【做中学 8-1】　安徽雅格服饰有限公司根据订货单位的要求组织生产，采用分批法计算产品成本。10 月份有关生产记录和产品成本计算如下。

批号 1001 甲产品 10 台，本月份投产，月末尚未完工。

批号 901 乙产品 5 台，9 月份投产，本月份全部完工。

批号 1002 丙产品 10 台，本月份投产，当月完工 5 台。

（1）月初在产品成本如表 8-1 所示。

表 8-1　　　　　　　　　　月初在产品成本

单位：元

批号	直接材料	燃料和动力	直接人工	制造费用	合　计
901	6 000	500	2 800	2 000	11 300

（2）当月发生的成本。

根据各种费用分配表，汇总各批产品本月发生的生产费用如表 8-2 所示。

表 8-2　　　　　　　　　　本月发生生产费用

单位：元

批号	直接材料	燃料和动力	直接人工	制造费用	合　计
1001	10 000	2 000	6 000	4 000	22 000
901		1 000	3 200	2 000	6 200
1002	8 000	4 000	5 000	3 000	20 000

（3）采用在完工产品和月末在产品之间分配费用的方法。

批号1002丙产品，本月末完工的数量较大。直接材料在生产开始时一次性投入，其费用可以按照完工产品和期末在产品实际数量比例进行分配；其他费用，采用约当产量比例法在完工产品和期末在产品之间进行分配，在产品完工程度为60%。

（4）根据上述各项资料，登记各批产品成本明细账，如表8-3、表8-4所示。

表8-3　　　　　　　　　　产品成本明细账

产品批号：901　　　　　　　　　　　　　　　　　　　　　投产日期：9月
产品名称：乙产品　　批量：5台　　　　单位：元　　　　　　完工日期：10月

摘　要	直接材料	燃料和动力	直接人工	制造费用	合　计
月初在产品成本	6 000	500	2 800	2 000	11 300
本月生产费用		1 000	3 200	2 000	6 200
生产费用合计	6 000	1 500	6 000	4 000	17 500
完工产品成本	6 000	1 500	6 000	4 000	17 500
完工产品单位成本	1 200	300	1 200	800	3 500

表8-4　　　　　　　　　　产品成本明细账

产品批号：1002　　　　　　　　　　　　　　　　　　　　　投产日期：10月
产品名称：丙产品　　批量：10台　　　单位：元　　　　　　完工日期：

摘　要	直接材料	燃料和动力	直接人工	制造费用	合　计
本月发生生产费用	8 000	4 000	5 000	3 000	20 000
生产费用合计	8 000	4 000	5 000	3 000	20 000
完工产品总成本	4 000	2 500	3 125	1 875	11 500
完工产品单位成本	800	500	625	375	2 300
月末在产品成本	4 000	1 500	1 875	1 125	8 500

8

在表8-4中：

$$完工产品直接材料费用=\frac{8\,000}{5+5}\times5=4\,000(元)$$

$$月末在产品直接材料费用=\frac{8\,000}{5+5}\times5=4\,000(元)$$

$$月末在产品约当产量=5\times60\%=3(台)$$

$$完工产品燃料和动力费用=\frac{4\,000}{5+3}\times5=2\,500(元)$$

$$月末在产品燃料和动力费用=\frac{4\,000}{5+3}\times3=1\,500(元)$$

$$完工产品直接人工=\frac{5\,000}{5+3}\times5=3\,125(元)$$

$$月末在产品直接人工=\frac{5\,000}{5+3}\times3=1\,875(元)$$

$$完工产品制造费用=\frac{3\,000}{5+3}\times5=1\,875(元)$$

$$月末在产品制造费用=\frac{3\,000}{5+3}\times3=1\,125(元)$$

（5）结转完工产品成本

借：库存商品——乙产品	17 500
——丙产品	11 500
贷：基本生产成本——901 批次	17 500
——1002 批次	11 500

引例解析

　　根据宏发公司的生产组织特点和管理要求，应当采用分批法计算 A、B 产品的生产成本，按照批别 1001♯、1002♯ 分别归集相应批别的直接材料、直接人工；采用适当的方法把制造费用分给 A、B 产品成本中。

二、分批法实务案例

【工作任务——分批法实务案例】

　　大华机械厂属于小批单件多步骤生产的企业，按购货单位订单要求生产甲、乙、丙三种产品，产品成本计算采用分批法，该企业 9 月份的有关成本计算资料如下。

1. 各批次产品产量、费用资料

（1）701 号甲产品 5 件，7 月投产，本月全部完工。7、8 月份累计费用为：直接材料 4 000 元，直接人工 1 000 元，制造费用 1 200 元。本月发生费用直接人工 400 元，制造费用 500 元。

（2）802 号乙产品 10 件，8 月投产，本月完工 6 件。8 月份累计发生费用为：直接材料 6 000 元，直接人工 1 500 元，制造费用 1 300 元。本月发生费用直接人工 700 元，制造费用 600 元。

（3）903 号丙产品 7 件，本月投产，尚未完工。本月发生生产费用为：直接材料 2 000，直接人工 560 元，制造费用 480 元。

2. 其他资料

（1）三种产品的原材料均在生产开始时一次性投入。

（2）802 号乙产品本月完工数量占批内比重较大，根据生产费用发生情况，原材料费用按照完工产品和在产品实际数量比例分配，加工费用采用约当比例法在完工产品和在产品之间进行分配，在产品完工程度为 50%。

任务分析：

该任务是属于小批单件多步骤生产，产品成本计算采用分批法。

操作步骤：

1. 701号产品成本计算

701号产品成本计算单如表8-5所示。

表8-5   **701号产品成本计算单**

批号：701   产品名称：甲产品   投产日期：7月

购货单位：宏巨   批量：5件   单位：元   完工日期：9月

成本项目	直接材料	直接人工	制造费用	合 计
月初在产品成本	4 000	1 000	1 200	6 200
本月发生费用		400	500	900
生产费用合计	4 000	1 400	1 700	7 100
完工产品成本	4 000	1 400	1 700	7 100
完工产品单位成本	800	280	340	1 420

根据表8-5编制会计分录如下：

借：库存商品——甲产品   7 100

     贷：基本生产成本——701批次   7 100

2. 802号产品成本计算

802号产品成本计算单如表8-6所示。

表8-6   **802号产品成本计算单**

批号：802   产品名称：乙产品   投产日期：8月

购货单位：宏巨   批量：10件   单位：元   本月完工6件

成本项目	直接材料	直接人工	制造费用	合 计
月初在产品成本	6 000	1 500	1 300	8 800
本月发生费用		700	600	1 300
生产费用合计	6 000	2 200	1 900	10 100
完工产品成本	3 600	1 650	1 425	6 675
完工产品单位成本	600	275	237.5	1 112.5
月末在产品成本	2 400	550	475	3 425

根据表8-6编制会计分录如下：

借：库存商品——乙产品   6 675

     贷：基本生产成本——802批次   6 675

8

3. 903 号产品成本计算

903 号产品成本计算单如表 8-7 所示。

表 8-7 903 号产品成本计算单

批号：903   产品名称：丙产品   投产日期：9月
购货单位：宏巨   批量：7件   单位：元   完工日期：

成本项目	直接材料	直接人工	制造费用	合　计
本月发生费用	2 000	560	480	3 040
合　计	2 000	560	480	3 040

任务三　简化分批法实务处理

任务引例

宏发公司设有一个基本生产车间,按生产任务通知单(工作令号)分批组织生产,属于小批生产组织类型的企业。

该公司每月接受的订单非常多,同时每月未完工的订单也非常多。

要求：请分析在这种情况下,该公司采用何种成本计算方法比较合适。

一、简化分批法的概念与特点

(一) 简化分批法的概念

简化分批法也称为简单分批法,是指每月发生的各项间接计入费用,不按月在各批产品之间进行分配,而是将这些费用先分别累计起来,到某批产品完工时,按照完工产品的累计工时的比例,在各批完工产品之间再进行分配。它是在成本核算的具体运用中,考虑到企业的一些特殊情况,在一般分批法核算的基础上,减少一些计算程序,从而达到简化核算过程、减少核算工作的目的。

它的主要思路是：在单件、小批生产的企业或车间中,如果同一月份内投产的批数很多,往往有几十批甚至上百批,但到月终时,完工产品的批数则较少,在这种情况下,各种间接计入费用在各批产品之间按月进行分配的工作量就极为繁重。因此,为了简化核算工作,在投产批数较多而完工批数较少的企业,可采用一种简化的分批法(又叫"不分批计算在产品成本的分批法"),以减少计算间接计入费用分配的工作量。

在一些企业中,产品投产的批次较多,使得在各批产品之间分配间接计入费用成为一项较为繁杂的工作。因而在月末时,如果该企业的完工产品不多或没有完工产品。则各批产品的在产品不分配间接计入费用,也不计算在产品的成本;直到有完工产品时,再根据累计的间接计入费用分配率对完工产品进行间接计入费用的分配。

(二) 简化分批法的特点

简化分批法除具备一般分批法的基本特点外,还具有以下特点。

简化分批
法的特点

1. 必须设立基本生产成本二级账

采用简化的分批法,需要按批别设立生产成本明细账(产品生产计算单),同时必须设立基本生产成本二级账。

在各批产品完工之前,产品成本明细账(产品生产计算单)只需按月登记直接费用(例如直接材料)和生产工时,而不必按月分配、登记各项间接计入费用,计算各批在产品成本。

2. 增设生产工时专栏

为了计算完工批次的产品成本,在生产成本明细账和基本生产二级账中,应增设生产工时专栏,以反映各批产品的累计生产工时情况。

3. 各项间接计入费用只有在有完工产品的月份才进行分配

每月发生的各项间接计入费用(如直接人工、制造费用),不是按月在各批产品之间进行分配,而是先通过基本生产成本二级账进行归集,按成本项目累计起来,仅在有完工产品的月份,才将基本生产成本二级账中的间接计入费用,按照本月完工产品占全部累计工时的比例,在各批完工产品之间进行分配。对未完工的在产品则不分配间接计入费用,所负担的间接计入费用仍保留在基本生产成本二级账中。

4. 通过计算累计费用分配率来分配间接计入费用

对各批次完工产品分配累计间接费用,一般按照完工产品累计生产工时比例,通过计算全部产品累计间接计入费用分配率来完成。

全部产品累计间接计入费用分配率计算公式如式8-3、式8-4所示。

$$全部产品累计间接计入费用分配率=\frac{月初累计间接费用+本月累计间接费用}{月初在产品生产工时数+本月生产工时数}$$

$$(8-3)$$

$$某批完工产品应负担的间接计入费用=该批完工产品累计工时×全部产品累计间接计入费用分配率$$

$$(8-4)$$

简化分批法适用于生产批次较多,而各月完工的批数不多的情况。

引例解析

根据案例介绍内容,该公司属于小批组织生产的企业,由于当月投产的批数较多,同时未完工的批数也较多,因此可以采用简化分批法计算各完工批次的产品生产成本。

二、简化分批法的计算程序

(1)按产品批别设立产品成本明细账(或产品生产计算单)和基本生产成本二级账。在账内增设生产工时专栏。

(2)根据要素费用分配表和有关的工时记录,分别登记基本生产成本二级账,并根据有关费用汇总表,登记产品成本明细账的直接材料和生产工时数。

(3)月末如果有完工产品,应根据基本生产成本二级账上的数据资料,计算累计间接计入费用分配率。

(4)根据各批完工产品的累计生产工时和累计间接计入费用分配率,计算各批次完工产品应负担的费用,将其加计汇总,计算出完工产品的成本。

(5)根据基本生产成本二级账记录的完工成本生产工时和应负担的间接计入费用,汇总登记基本生产成本二级账应转出的完工产品的成本和生产工时数。

（6）根据产品成本明细账和产品入库单，编制产成品入库的会计分录。

【做中学 8-2】   大地机械厂按客户订单进行生产，产品批数多，月末有大量未完工产品，为简化核算工作，采用简化分批法计算完工批次产品的成本。9 月份各批产品的资料如表 8-8 所示。

表 8-8   各批产品的资料

批号 701	A 产品	7 月投产	本月全部完工
批号 801	B 产品	8 月投产	本月完工 4 件（系一次投料）
批号 901	C 产品	9 月投产	尚未完工

大地机械厂基本生产成本二级账，如表 8-9 所示。各批产品成本明细账所记直接费用之和以及工时之和应与生产成本二级账所记直接材料和工时数相符。

表 8-9   基本生产成本二级账

（各批产品总成本）   金额单位：元

月	日	摘　要	直接材料	工时/小时	直接人工	制造费用	合计
7	31	7 月份发生成本	8 000	300	2 200	1 800	12 000
8	31	8 月份发生成本	9 000	320	4 000	2 000	15 000
9	30	9 月份发生成本	10 000	380	5 800	3 700	19 500
	30	累计数	27 000	1 000	12 000	7 500	46 500
	30	累计间接计入费用分配率			12	7.5	
	30	9 月份完工转出	18 000	740	8 880	5 550	32 430
	30	月末在产品余额	9 000	260	3 120	1 950	14 070

在表 8-9 基本生产成本二级账中，8 月 31 日在产品的生产工时和各项费用是根据上月末的生产工时和生产费用资料计算登记；本月发生的直接材料费用和生产工时，应根据本月直接材料费用分配表、生产工时记录，与各批产品成本明细账平行登记；本月发生的各项间接计入费用，应根据各项费用汇总表汇总登记。

$$直接人工累计分配率 = \frac{12\ 000}{1\ 000} = 12$$

$$制造费用累计分配率 = \frac{7\ 500}{1\ 000} = 7.5$$

本月完工转出产品的直接材料费用和生产工时，应根据各批产品成本明细账中完工产品的直接材料费用和生产工时汇总记录；各项累计间接计入费用，可以根据账中完工产品的生产工时分别乘以各项费用的累计间接计入分配率计算登记。以账中累计行的各栏数字分别减去完工产品的转出数，即为 9 月末在产品直接材料费用、生产工时和各项间接计入费用。月末在产品的直接材料费用和生产工时,也可以根据后列各批产品成本明细账中月末在产品的直接材料费用和生产工时分别汇总登记;各项间接计入费用也可以根据其生产工时分别乘以各该费用累计分配率计算登记。两者计算结果应该一致。

大地机械厂各批产品成本明细账如表8-10至表8-12所示。

表8-10   **产品成本明细账**

批号:701   投产日期:7月

产品名称:A产品   批量:5台   完工日期:9月

月	日	摘 要	直接材料/元	工时/小时	直接人工/元	制造费用/元	合计/元
7	31	7月份发生成本	8 000	300			
8	31	8月份发生成本	2 000	120			
9	30	9月份发生成本	4 000	200			
	30	累计数及分配率	14 000	620	12	7.5	
	30	完工5台转出	14 000	620	7 440	4 650	26 090
	30	完工产品单位成本	2 800		1 488	930	5 218

表8-11   **产品成本明细账**

批号:801   投产日期:8月

产品名称:B产品   批量:10台   完工日期:9月(完工4台)

月	日	摘 要	直接材料/元	工时/小时	直接人工/元	制造费用/元	合计/元
8	31	8月份发生成本	7 000	200			
9	30	9月份发生成本	3 000	100			
	30	累计数和分配率	10 000	300	12	7.5	
	30	完工4台转出	4 000	120	1 440	900	6 340
	30	完工产品单位成本	1 000		360	225	1 585
	30	月末在产品成本	6 000	180			

表8-12   **产品成本明细账**

批号:901   投产日期:9月

产品名称:C产品   批量:8台   完工日期:

月	日	摘 要	直接材料/元	工时/小时	直接人工/元	制造费用/元	合计/元
9	30	9月份发生成本	3 000	80			

在上列的各批产品明细账中,对于没有完工产品的月份,只登记直接材料费用(直接计入费用)和生产工时,如第901批产品;对于有完工产品的月份,包括批内产品全部或部

分完工,除了登记本月发生的直接材料费用和生产工时及累计数外,还应根据生产成本二级账登记各项累计间接计入费用分配率。

第 701 批产品,月末全部完工,因而产品成本明细账中累计的直接材料费用和生产工时,就是直接材料费用和生产工时,以其生产工时乘以各项累计间接计入费用分配率,即为完工产品分配的累计间接计入费用。

第 801 批产品,月末部分完工,因而还应在完工产品和在产品之间分配生产费用。该种产品所耗直接材料在生产开始时一次性投入,因而直接材料费用按完工产品和在产品的数量比例分配,计算如下:

$$完工产品直接材料费用 = \frac{10\ 000}{4+6} \times 4 = 4\ 000(元)$$

$$月末在产品直接材料费用 = \frac{10\ 000}{4+6} \times 6 = 6\ 000(元)$$

假定该批产品的月末在产品的生产工时按工时定额计算,其定额工时共计 180 小时,则其完工产品的工时应为 120 小时。以该工时分别乘以各项累计间接计入费用分配率,即可计算完工产品的各项间接计入费用。

三、简化分批法的应用条件

(一)简化分批法的优点

简化分批法显然可以简化费用的分配和计算工作,尤其是在产品批次较多的情况下更为明显,因此在各月的间接费用消耗水平较为均衡的情况下,计算结果较为准确,能满足成本管理的要求。

(二)简化分批法的缺点

该方法的运用也受到一些制约条件的限制,由于其间接费用的分配是以累计的间接费用分配率为依据进行分配的,因此,只有各个月的间接费用水平相差不大的情况下,才适宜采用该方法;否则,就会影响各月完工产品成本计算的正确性。例如,上几个月的间接费用消耗水平过高的话,本月投产本月完工的产品所分配的间接费用,就可能由于受到累计间接费用分配率偏高的影响而偏高;其次,如果月末大多数批次的产品已经完工,这时候采用简单分批法并不能起到简化核算的目的,因为,这时有完工产品的批次均要进行间接费用的分配,间接费用的分配工作量减少并不明显,但成本计算的正确性却受到一定的影响。

(三)简化分批法的应用条件

简化分批法必须同时具备两个条件。

(1)各月的间接费用消耗水平较为均衡。

(2)月末完工产品的批数较少。

项 目 小 结

本项目内容结构如图 8-1 所示。

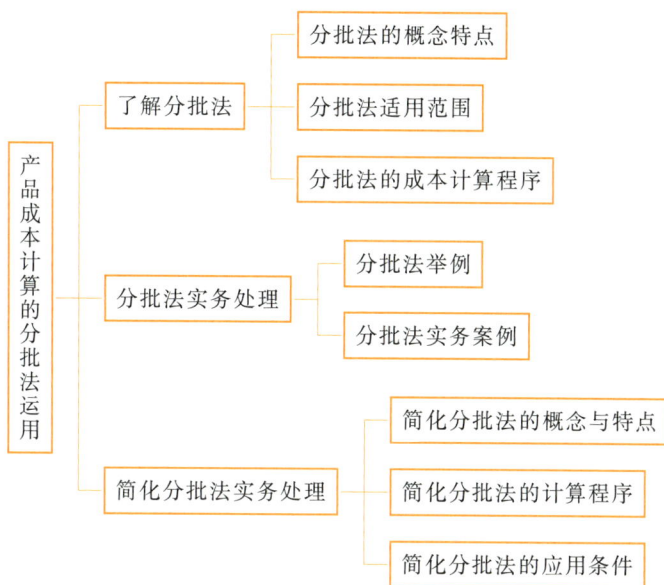

图 8 - 1　产品成本计算的分批法运用内容结构图

8

项目九 产品成本计算的分步法运用

◇ 职业能力目标

1. 了解分步法的含义、特点和适用范围。
2. 掌握逐步结转分步法和平行结转分步法的成本计算程序。
3. 了解逐步结转分步法和平行结转分步法的优缺点。
4. 掌握逐步结转分步法和平行结转分步法的成本计算方法。

◇ 典型工作任务

分步法成本计算对象的确定;逐步结转分步法的成本计算程序;综合结转分步法产品成本计算;综合结转分步法的成本还原;分项结转分步法产品成本计算;平行结转分步法的产品成本计算。

任务一 了解分步法

任务引例

常青公司生产的甲产品经过三个车间连续加工制成,第一车间生产 A 半成品,加工完后直接转入二车间加工制成 B 半成品,B 半成品加工完后直接转入三车间加工成甲产成品。其中,1 件甲产品耗用 1 件 B 半成品,1 件 B 半成品耗用 1 件 A 半成品。

要求:分析常青公司应该采用何种方法计算甲产成品的成本。

【知识准备与业务操作】

一、分步法的概念与特点

(一) 分步法的概念

产品成本计算分步法,是指按照产品的生产步骤归集生产费用、计算产品成本的一种方法。产品成本计算的分步法,是兼顾核算和管理两方面需要,同时将两者要求贯穿成本核算全过程的一种比较理想的成本计算方法。此方法不仅要求按产品品种计算产品成本,还要求按产品的生产加工步骤计算产品成本,以此来加强各生产步骤的成本管理。

(二) 分步法的特点

采用分步法计算产品成本,其计算对象是各种产品及其所经过的各生产步骤。分步法主要内容及其特点如下:

1. 成本计算对象

分步法的成本计算对象,是产品的各生产步骤和最终产成品,也就是说,不仅要按照产品品种计算成本,还要求按照生产步骤计算成本。因此,在计算产品成本时,应按产品的生产步骤和产品的品种设立产品成本明细账。

如果只生产一种产品,成本计算对象就是该产品所经过的各生产步骤,产品成本明细账应该按照生产步骤设置;如果生产多种产品,产品成本计算对象则应该是各种产品及所经过的各生产步骤,产品明细账应该按照每种产品的各个步骤设置。

但是,在实际工作中,生产步骤的划分,不一定与实际的生产步骤完全一致,企业应根据管理要求和简化核算程序的原则,可以只对管理上要求分步计算成本的生产步骤,设置产品成本明细账,单独计算成本;反之,不要求单独计算成本的步骤,则可与其他生产步骤合并计算成本。例如,在按生产步骤设立车间的企业中,一般分步计算成本也就是按车间计算成本。如企业生产规模较大,车间内又有几个生产步骤,管理上要求分步骤计算时,可在车间内再分几个步骤计算成本;如果企业规模较小,管理上不要求分车间计算成本,也可将几个车间合并为一个步骤计算成本。总之,应根据管理的要求,本着简化计算工作的原则,确定成本计算对象。

2. 成本计算期

在大量、大批生产的企业里,生产具有连续性,无法明确分辨产品的间断期。也就是说,原材料连续不断地投入,产品也连续不断完工,同时在生产过程中始终有一定数量的在产品存在,所以成本不能等全部产品完工后再计算,只能在每月月末进行。在分步法下,生产成本计算期与生产周期不一致,而与会计报告期一致。

3. 生产费用在完工产品和在产品之间的分配

由于大量、大批、多步骤生产的产品往往陆续完工,月末一般都既存在完工产品,又存在在产品,因此要将生产费用在产成品(或半成品)和在产品之间进行分配。在产品的计价方法有以下几种。

(1) 约当产量法。这是使用较多的计算方法。如果一个步骤中有几个小步骤(或工序),其在产品应分别按完工程度折合约当产量计算,以保证成本计算的正确性。

(2) 定额比例法。如果企业各项消耗定额或费用定额比较准确、稳定,而且各月末在产品数量变化较大时,用定额比例法比较合适。

(3) 按完工产成品成本计价。这种方法适用于各步骤的在产品或最后步骤的产成品已接近完工时的情况。

4. 各步骤成本之间的结转

由于产品生产是分步骤进行的,上一步骤生产的半成品是下一步骤加工的对象。因此,为了计算各种产品的成本,还需要按照产品品种,结转各步骤成本。也就是说,与其他产品成本计算方法不同,在采用分步法计算产品成本时,在各步骤之间还有成本结转的问题。这是分步法的一个重要特点。

采用分步法计算产品成本,由于各企业对成本管理的要求不同,有些企业既要求按步骤归集生产费用,又需要按生产步骤计算各步骤完工半成品成本,如纺织行业中棉纱、坯布,钢铁行业中生铁、钢锭，造纸行业中纸浆等。这些半成品既是下一步骤加工对象，有的也将对外销售。有些企业只需按步骤归集生产费用，而不需计算各步骤完工产成品成本。因此各步骤成本结转至产成品的方法也不相同。分步法按照各步骤成本计算和结转方法的不同，相应地分为逐步结转分步法和平行结转分步法。

二、分步法的适用范围

产品成本计算的分步法适用于大量、大批、多步骤生产，而且管理上要求分步计算产品成本的企业。例如：冶金企业的生产可分为炼铁、炼钢、轧钢等步骤；纺织企业的生产可分为纺纱、织布、印染等步骤；机器制造企业可分为铸造、加工、装配等步骤。在这种类型的企业里，生产过程由若干个生产步骤组成，从原材料的投入生产到产品的制造完工，除最后一个步骤外，其他各个步骤生产的都是半成品。为了适应企业的生产特点和成本管理的要求，不仅需要按照产品品种计算成本，而且还要求生产步骤计算成本，以便更好地考核和分析成本计划的执行情况。

引例解析

根据常青公司生产组织特点和管理要求可知，甲产品的生产经过三个连续的生产步骤加工而成，可以使用分步法计算甲产品的生产成本。

任务二　逐步结转分步法实务处理

任务引例

常青公司生产的甲产品经过三个车间连续加工制成，第一车间生产 A 半成品，加工完后直接转入二车间加工制成 B 半成品，B 半成品加工完后直接转入三车间加工成甲产成品。其中，1 件甲产品耗用 1 件 B 半成品，1 件 B 半成品耗用 1 件 A 半成品。原材料于第一车间生产开始时一次投入，第二车间和第三车间不再投入材料。各车间月末在产品完工率均为 50%。各车间生产费用在完工产品和在产品之间的分配采用约当产量法。

要求：思考怎样运用逐步结转分步法计算 A、B 半成品和甲产成品的成本。

【知识准备与业务操作】

一、逐步结转分步法的计算程序

逐步结转分步法，是指按照产品加工步骤顺序计算完工半成品成本，并随半成品实物的转移逐步计算出完工产品成本的一种方法。除了要计算最终完工产品成本外，还要求计算各步骤半成品的成本，所以也称计算半成品成本法。

逐步结转分步法是按照产品的加工顺序，先计算第一步骤的完工半成品成本，随着半成品实物的转移，将其成本转入下一步骤的成本明细账，然后加上第二步骤发生的费用，计算出第二步骤完工半成品成本，再将其转入下一步骤，直至最后步骤，依次计算半成品成本和最后步骤的完工产品成本。

（一）设置产品成本明细账

在大量、大批、连续式生产的企业中，生产一般是按照步骤（或车间）来划分的，其产品成本明细账可按照生产步骤来设置,据以汇集各步骤产品发生的各项生产费用。

企业只生产一种产品,即按生产步骤为该产品设置产品成本明细账;生产几种产品则要按生产步骤为各种产品设置产品成本明细账。如果在一个步骤内又包括几个小的加工步骤,则在按产品设置的成本明细账上,还要按小的加工步骤设置专栏,以便分别归集生产费用,正确计算成本。

(二)生产费用的归集与分配

产品成本明细账应按产品品种和各生产步骤设置,并按成本项目登记。在成本明细账上先根据上月成本明细账的期末在产品资料,计入本月成本明细账的期初在产品成本栏,然后根据各种费用登记表,登记本月生产费用。

如果一个步骤只生产一种产品,那么这个步骤所发生的费用都可以直接计入该产品的成本明细账内;如果一个步骤生产多种产品,凡可以区分的也应直接计入各种产品的成本明细账内,若是几种产品共同耗用的,那么需按照适当的分配方法进行分配后计入。

在逐步结转分步法下,因各步骤半成品成本是随着实物的转移而结转的,所以在成本明细账里,应设置自制半成品成本项目,以反映耗用上一步骤半成品的成本。

(三)在产品成本的计算

月末将各生产步骤中各种产品成本明细账上归集的全部生产费用,在完工的半成品(最后步骤是产成品)和在产品之间进行分配。分配方法可采用约当产量法,也可以采用其他方法。在产品的计价通常采用的是约当产量法,因为在生产中,一般加工费用与产品完工程度有明显的比例关系,在按约当产量计算时,如果一个步骤中包括若干小步骤,各小步骤的在产品,应分别按其完工程度折算约当产量,以保证成本计算的正确性。

(四)结转各步骤半成品成本

各步骤在产品成本计算后,将全部生产费用扣除在产品成本,即得半成品成本。随着半成品实物转移到下一步骤继续加工(或交自制半成品仓库),半成品成本也转移到下一步骤(或半成品仓库),直到最后一个步骤计算出产成品总成本和单位成本。

如果半成品完工后,为下一步骤直接领用,半成品成本就在各步骤的产品成本明细账中直接结转,不必编制转账的会计分录;如果半成品完工后,不直接领用,而是要通过自制半成品仓库储存,半成品成本就要从各步骤的产品成本明细账中转出,并编制结转分录,从"基本生产成本"账户中转入"自制半成品"账户,下一步骤从自制半成品仓库领用时,再从"自制半成品"账户转入"基本生产成本"账户。自制半成品仓库同材料仓库一样,设立自制半成品明细账,来登记自制半成品的收入、发出、结存情况。

逐步结转分步法成本计算顺序如图 9-1 所示。

逐步结转分步法适用于半成品需要对外销售,要求计算外售半成品成本,半成品成本具有独立经济意义,或管理上要求提供半成品成本资料的大量、大批多步骤生产的企业。

采用逐步结转分步法按照结转半成品成本在下一步骤产品成本明细账中的反映方法不同,分为综合结转法和分项结转法两种。

第一步骤成本明细账	
直接材料	2 000
直接人工	1 800
制造费用	1 500
半成品成本	4 000
在产品成本	1 300

第二步骤成本明细账	
半成品成本	3 000
直接人工	2 000
制造费用	1 000
半成品成本	5 000
在产品成本	1 000

第三步骤成本明细账	
半成品成本	4 000
直接人工	1 000
制造费用	500
产成品成本	5 000
在产品成本	500

半成品 A 明细账	
月初余额	500
本月增加	4 000
本月减少	3 000
月末余额	1 500

半成品 B 明细账	
月初余额	1 000
本月增加	5 000
本月减少	4 000
月末余额	2 000

图 9-1　逐步结转分步法成本计算顺序

引例解析

　　根据常青公司资料可知,甲产品经过三个车间连续加工制成,第一车间生产 A 半成品,加工完后直接转入二车间加工制成 B 半成品,B 半成品加工完后直接转入三车间加工成甲产成品。其中,1 件甲产品耗用 1 件 B 半成品,1 件 B 半成品耗用 1 件 A 半成品。可以先计算 A 半成品的成本;然后根据领用的 A 半成品计算 B 半成品的成本;最后根据领用的 B 半成品计算甲产品的生产成本。

二、半成品成本的综合结转法

　　半成品成本的综合结转法是指在逐步结转分步法下,将各步骤所耗用上一步骤半成品成本,以"直接材料"或专设的"自制半成品"成本项目,综合计入该步骤的产品成本明细账中。综合结转可以按照半成品的实际成本结转,也可以按照半成品的计划成本或定额成本结转,因此,综合结转法又分为实际成本综合结转法与计划成本综合结转法。

(一)半成品按实际成本综合结转

1. 半成品不通过仓库收发,按实际成本计价逐步综合结转

　　半成品不通过仓库收发,按实际成本逐步综合结转,各步骤半成品成本,应等额转入下一步骤成本明细账"直接材料"或"半成品"项目。

　　【做中学 9-1】　大华汽车配件厂的甲产品分两个生产步骤,分别由两个车间加工完成。第一步骤为第二步骤提供半成品,第二步骤把半成品加工成完工产品。半成品不通过半成品仓库收发,按实际成本计价逐步综合结转。该厂 4 月份甲产品成本核算的有关资料如下,原材料在生产开始时一次性投入。

（1）该月各生产车间产量资料如表9-1所示。

表9-1   产量资料

4月   数量单位：件

项　　目	一车间	二车间
月初在产品数量	1	2
本月投入或上步骤转入	11	8
本月完工转出	8	6
月末在产品数量	4	4
完工程度/%	50	50
月末在产品月当产量	2	2

（2）各车间期初在产品成本和本月生产费用资料，如表9-2、表9-3所示。

表9-2   期初在产品成本

金额单位：元

项　　目	直接材料（半成品）	直接人工	制造费用	合　　计
一车间	200	100	100	400
二车间	100	80	60	240

表9-3   生产费用资料

4月   金额单位：元

项　　目	直接材料	直接人工	制造费用	合　　计
一车间	1 000	800	600	2 400
二车间		640	500	1 140

（3）该月各生产车间产品成本计算单分别如表9-4、表9-5所示。

表9-4   第一车间产品成本计算单

产品名称：甲A半成品   4月   金额单位：元

项　　目	直接材料	直接人工	制造费用	合　　计
期初在产品成本	200	100	100	400
本月生产费用	1 000	800	600	2 400
费用合计	1 200	900	700	2 800
完工半成品成本	800	720	560	2 080
单位产品成本	100	90	70	260
月末在产品成本	400	180	140	720

9

注：甲 A 半成品直接材料单位成本＝1 200÷12＝100(元/件)

直接人工单位成本－900：10－90(元/件)

制造费用单位成本＝700÷10＝70(元/件)

表 9-5 第二车间产品成本计算单

产品名称：甲产成品　　　　　　　　　4 月　　　　　　　　　金额单位：元

项　目	半成品	直接人工	制造费用	合　计
期初在产品成本	100	80	60	240
本月生产费用	2 080	640	500	3 220
费用合计	2 180	720	560	3 460
完工产成品成本	1 308	540	420	2 268
单位产品成本	218	90	70	378
月末在产品成本	872	180	140	1 192

注：甲产成品自制半成品单位成本＝2 180÷10＝218(元/件)

直接人工单位成本＝720÷8＝90(元/件)

制造费用单位成本＝560÷8＝70(元/件)

根据第二车间成本计算单和产成品入库单，财会部门编制以下会计分录。

借：库存商品——甲产品　　　　　　　　　　　　　　　　2 268

贷：基本生产成本——甲产品　　　　　　　　　　　　　　　　2 268

2. 半成品通过仓库收发，按实际成本计价逐步综合结转

　　在半成品实物通过仓库收发，按实际成本计价逐步综合结转时，各步骤所耗上一步骤的半成品成本，应根据所耗的半成品数量乘以半成品的实际单位成本来计算。各步骤所耗上步骤的半成品数量，应根据实际耗用量确定；半成品的实际单位成本，应根据生产该半成品的上步骤的成本资料计算确定。但由于各个月份所生产的半成品的实际单位成本不同，所以领用半成品的实际成本应与其他存货按实际成本计价核算一样，采用先进先出法、加权平均法等方法来计算。

【做中学 9-2】 仍以【做中学 9-1】的资料为例，假设该厂生产的半成品通过半成品仓库收发，按全月一次加权平均成本计价逐步综合结转。其产量资料、生产费用资料和第一车间产品成本计算单分别如表 9-1、表 9-2、表 9-3、表 9-6 所示。

　　(1) 根据表 9-4"第一车间产品成本计算单"和半成品入库单，编制以下会计分录：

借：自制半成品——甲 A 半成品　　　　　　　　　　　　　2 080

贷：基本生产成本——第一车间　　　　　　　　　　　　　　　　2 080

　　(2) "自制半成品——甲半成品"明细账资料如表 9-6 所示。

表9-6   **自制半成品明细账**

产品名称：甲A半成品   金额单位：元

月	日	摘要	收入			发出			结存		
			数量	单价	金额	数量	单价	金额	数量	单价	金额
4	×	月初余额							4	265	1 060
		本月入库	8	260	2 080				12	261.67	3 140
		本月领用				8	261.67	2 093	4		1 047
		本月合计	8	260	2 080	8	261.67	2 093	4		1 047

注：第二车间领用半成品单位成本=(1 060+2 080)÷(4+8)=261.67(元/件)

     第二车间领用半成品成本=8×261.67=2 093(元)

根据第二车间自制半成品领用单,编制以下会计分录。

借：基本生产成本——第二车间   2 093

    贷：自制半成品——甲A半成品   2 093

(3)根据第二车间有关成本费用资料及上述领用自制半成品的账务处理,编制第二车间产品成本计算单,如表9-7所示。

表9-7   **第二车间产品成本计算单**

产品名称：甲产成品   4月   金额单位：元

项目	自制半成品	直接人工	制造费用	合计
期初在产品成本	100	80	60	240
本月生产费用		640	500	1 140
领用上车间半成品	2 093			
费用合计	2 193	720	560	3 473
完工产成品成本	1 316	540	420	2 276
完工产品单位产品成本	219.3	90	70	379.3
月末在产品成本	877	180	140	1 197

注：甲产成品自制半成品单位成本=2 193÷10=219.3(元/件)

     直接人工单位成本=720÷8=90(元/件)

     制造费用单位成本=560÷8=70(元/件)

根据第二车间产品成本计算单,编制以下会计分录。

借：库存商品——甲产品   2 276

    贷：基本生产成本——第二车间   2 276

上例中假设产品只需经两个生产步骤加工即可完成。如果产品需经过更多的生产步骤连续加工方能完成,则其基本做法和核算程序与上述方法相同。

半成品成本按实际成本计价结转,能保证成本计算的客观真实,比较直观且符合实际。但它也有一定的局限性:① 后一步骤产品的成本计算,只有在上一步骤半成品成本计算完后才能进行,从而影响成本计算和分析的及时性;② 后一步骤产品的成本水平直接受上一步骤半成品成本水平的影响。因此,有些企业也采用计划成本对半成品进行计价结转。

(二) 半成品按计划成本计价综合结转

半成品按计划成本计价结转,是指半成品在各步骤间的结转及日常收发核算均按计划成本进行的一种结转形式。在期末半成品实际成本计算出来以后,根据计划成本与实际成本的差异计算出半成品成本差异率,调整所耗半成品的成本使之符合实际。半成品按计划成本计价综合结转,能简化和加速核算工作,并便于进行成本的考核和分析。其半成品成本结转的程序与按实际成本计价结转的程序基本一致。

在半成品实物通过仓库收发,按计划成本计价综合结转时,各步骤所耗上一步骤的半成品成本,应根据所耗的半成品数量乘以半成品的计划单位成本来计算。各步骤所耗上步骤的半成品数量,应根据实际耗用量确定;半成品的计划单位成本,应根据年初制订的半成品计划单位成本确定。

【做中学 9 - 3】 仍以【做中学 9 - 1】的资料为例,假设该厂生产的半成品通过半成品仓库收发,按计划成本计价综合结转。其产量资料如表 9 - 1 所示。

(1) 该月第二车间的生产费用资料如表 9 - 8 所示。

表 9 - 8   生产费用资料

4 月   金额单位:元

月初余额			本月增加			合 计					本月减少		
数量	计划成本	实际成本	数量	计划成本	实际成本	数量	计划成本	实际成本	成本差异	成本差异率	数量	计划成本	实际成本
①	②	③	④	⑤	⑥	⑦=①+④	⑧=②+⑤	⑨=③+⑥	⑩=⑨-⑧	⑪=⑩/⑧	⑫	⑬	⑭=⑬+⑬×⑪
4	1 000	1 060	8	2 200	2 080	12	3 200	3 140	-60	-1.87%	8	2 100	2 061

(2) 该厂第二生产车间的产品成本计算单如表 9 - 9 所示。

表 9 - 9   第二车间产品成本计算单

产品名称:甲产品成本   4 月   金额单位:元

项 目	产量/件	半成品			直接人工	制造费用	合 计
		计划成本	成本差异	实际成本			
期初在产品成本				100	80	60	240
本月生产费用		2 100	-39	2 061	640	500	3 201
合 计				2 161	720	560	3 441
完工产成品成本	6			1 297	540	420	2 257
单位产品成本				216.10	90	70	376.1
月末在产品成本				864	180	140	1 184

综上所述,综合结转半成品成本的核算,类似于各步骤领用原材料的核算。可以采用实际成本结转,也可以采用计划成本综合结转半成品成本。但是由于一般工业企业半成品的种类不多,半成品的收发也不如原材料收发那么频繁,所以大多数按实际成本进行综合结转半成品成本的核算。

(三) 成本还原

在综合结转方式下,半成品成本不论是按实际成本还是按计划成本计价,它始终都是各步骤所耗半成品的一项综合成本指标,不可避免地混合了前面步骤各个成本项目的原始数据。在此基础上逐步累计计算出来的最终完工产成品的成本,就不可能真实反映其原始的成本结构。因此,综合结转分步法下还有一项重要的工作,就是成本还原。

所谓成本还原,就是从最后一个步骤起,把本月产成品耗用各步骤"自制半成品"的综合成本,逐步还原为直接材料、直接人工、制造费用等原始成本项目,从而求得按其原始成本项目表现的产品成本资料的一种方法。

通常成本还原的方法及计算步骤是:从最后一个步骤起,把各步骤所耗上一步骤半成品的综合成本,逐步向前推算分解,还原成直接材料、直接人工、制造费用等原始成本项目的金额,从而求得按原始成本项目反映的产成品成本资料。用公式表达如式 9-1 所示。

$$还原分配率 = \frac{本月产成品所耗上一步骤半成品成本合计}{本月所产该种半成品成本合计} \quad (9-1)$$

该公式实际上是将本月产成品所耗上一步骤半成品的综合成本,按照本月所产该种半成品的成本结构进行还原,因为本月所产半成品成本合计包括了各个成本项目的客观比例。换句话说,也就是按所产半成品的各个成本项目比例进行还原分配。当然,第一次还原分配率的计算,由于是从最后步骤开始,故为产成品所耗用,接下来的还原分配率的计算,则应转换为半成品所耗用。既然还原分配率是按本月所产半成品的成本项目比例求出的,那么以各个成本项目的本月金额数乘以还原分配率,就可以求出某步骤耗用上步骤"自制半成品"成本中各该成本项目的还原数,其计算公式如式 9-2 所示。

$$某成本项目还原数 = 上一步骤本月所产该半成品某成本项目金额 \times 还原分配率 \quad (9-2)$$

【做中学 9-4】　仍以【做中学 9-1】各成本计算单中所列本月所产半成品成本的结构进行分解、还原,求出按原始成本项目反映的产成品成本。根据前面所举的两个步骤产品成本计算单的有关资料,编制产成品成本还原计算表如表 9-10 所示。

9

表 9-10　　　　　　　　　产品成本还原计算表

4 月　　　　　　　　　金额单位:元

项　　目	产量/件	还原分配率	半成品	直接材料	直接人工	制造费用	合　计
还原前产品成本	6		1 308		540	420	2 268
本月所产半成品成本				800	720	560	2 080
产成品中半成品成本还原		0.628 8	-1 308	503.04	452.74	352.22	
还原后产成品总成本	6			503.04	992.74	772.22	2 268
还原后单位产成品成本				83.84	165.46	128.70	378

成本还原：

$$还原分配率＝1\ 308÷2\ 080＝0.628\ 8$$
$$产成品所耗上步骤直接材料费用＝800×0.628\ 8＝503.04（元）$$
$$产成品所耗上步骤中直接人工费用＝720×0.628\ 8＝452.74（元）$$
$$产成品所耗上步骤中制造费用＝560×0.628\ 8＝352.22（元）$$

通过以上还原计算后，可以按产成品成本的原来面目反映出该产品从投料到半成品成本顺序结转直至产成品成本构成的真实情况。

以上成本还原的做法，是基于产成品所耗用的自制半成品中以前月份所产的部分比较小，或者各月所产自制半成品的成本结构变动不大的情况下得出的。它没有考虑以前月份所产自制半成品的成本结构对本月产成品成本所耗用自制半成品成本结构的影响，仅按本月所产半成品成本结构进行分解。如果情况相反，则影响趋大，就应对成本计算单中所记月初在产品成本、本月生产费用和月末在产品成本中所耗上一步骤半成品的综合成本全部按原始的成本项目进行分解，并根据月初在产品成本加上本月生产费用减去月末在产品成本等于完工产品成本的原理，计算按原始成本项目反映的完工产品的成本。这样，成本还原工作陷入复杂化。

三、半成品成本的分项结转法

分项结转法是将各生产步骤所耗用的上一步骤半成品成本，按照成本项目分项转入各步骤成本明细账的各个成本项目中。

半成品成本分项结转，从理论上说，既可按实际成本结转，也可按计划成本结转。但如果半成品按计划成本分项结转后，还得按成本项目分项调整成本差异，则显然计算工作量过大。因此在实际操作中，大多采用按实际成本分项结转的方法。

分项结转的具体做法中，除了必须分别成本项目结转半成品成本外，其他程序与综合结转基本相同，特别是第一步骤跟综合结转完全一样，因为还没有发生半成品成本的结转。

【做中学9-5】　沿用【做中学9-1】的有关资料，假设该厂生产的半成品通过仓库收发，按实际成本计价分项结转。

（1）根据前例产量资料、生产费用资料、编制第一车间产品成本计算单如表9-11所示。

表9-11　　　　第一车间产品成本计算单

产品名称：甲A半成品　　　　　　　　　　4月　　　　　　　　　　金额单位：元

项　　　目	直接材料	直接人工	制造费用	合　　计
期初在产品成本	200	100	100	400
本月生产费用	1 000	800	600	2 400
生产费用合计	1 200	900	700	2 800
完工半成品成本	800	720	560	2 080
单位产品成本	100	90	70	260
月末在产品成本	400	180	140	720

（2）根据第二车间有关成本费用资料及上述第一车间产品成本计算单，编制第二车间产品成本计算单，如表9-12所示。

表 9-12　　　　　　　　　第二车间产品成本计算单

产品名称：甲产品　　　　　　　　　　　　4月　　　　　　　　　金额单位：元

项　　目	直接材料	直接人工	制造费用	合　　计
期初在产品成本	100	80	60	240
本月生产费用		640	500	1 140
本月耗用半成品费用	800	720	560	2 080
生产费用合计	900	1 440	1 120	3 460
完工产成品成本	540	1 080	840	2 460
单位产品成本	90	180	140	410
月末在产品成本	360	360	280	1 000

根据第二步骤成本计算单和产成品入库单，编制以下会计分录。

借：库存商品——甲产品　　　　　　　　　　　　　　　　　　　2 460

　　贷：基本生产成本——第二车间　　　　　　　　　　　　　　　　2 460

分项结转分步法能直接、正确提供原始成本项目反映的企业产品成本，不需要进行成本还原。但是，该方法的成本结转工作比较复杂，而且区分不了各步骤完工产品成本中上步骤半成品成本和本步骤加工成本各为多少，不便于进行各步骤完工产品的成本分析。因此，一般只宜在管理上不要求分别提供完工产品中半成品成本和本步骤加工成本资料，但要求按原始成本项目反映产品成本资料的情况下采用。

四、逐步结转分步法的适用范围

（一）逐步结转分步法的优点

通过上述对逐步结转分步法的系统介绍，可以归纳出它的主要优点如下。

（1）它不仅可提供产成品成本资料，而且还可提供各步骤半成品成本资料。

（2）半成品成本随着实物转移而结转，有利于加强半成品和在产品的实物管理和资金管理。

（3）在综合结转方式下，还有利于对各加工步骤完工产品成本进行分析和考核。

（二）逐步结转分步法的缺点

当然，逐步结转分步法也存在一定的不足，归纳起来主要有如下缺点。

（1）各加工步骤的半成品成本按加工顺序逐步结转，影响了成本计算工作的及时性。

（2）在综合结转方式下，如果要从整个企业角度分析产成品成本构成，成本还原工作量较大；在分项结转方式下，各步骤半成品成本结转的工作量较大。

（3）在分项结转方式下，不利于对各加工步骤完工产品成本进行分析和考核。

（三）逐步结转分步法的适用范围

逐步结转分步法一般应在半成品种类不多，逐步结转半成品成本工作量不大，或者半成品种类较多，但是管理上要求提供各生产步骤半成品成本资料的情况下采用。

任务三　平行结转分步法实务处理

任务引例

常青公司生产的甲产品经过三个车间连续加工制成，第一车间生产 A 半成品，加工完后直接转入二车间加工制成 B 半成品，B 半成品加工完后直接转入三车间加工成甲产成品。其中，1 件甲产品耗用 1 件 B 半成品，1 件 B 半成品耗用 1 件 A 半成品。原材料于第一车间生产开始时一次投入，第二车间和第三车间不再投入材料。各车间月末在产品完工率均为 50%。各车间生产费用在完工产品和在产品之间的分配采用约当产量法。

要求：讨论应如何采用平行结转分步法计算甲产成品的成本。

【知识准备与业务操作】

一、平行结转分步法的计算程序

（一）平行结转分步法的含义

在大量大批多步骤生产的企业里，有的企业各步骤生产出来的产品并不对外出售或很少出售，而只供下一步骤继续加工。在管理上也不要求提供各步骤半成品的成本信息，只要求反映和考核各步骤发生的生产耗费，计算完工产品成本。在这种情况下，产品成本计算就可以采用平行结转分步法。

平行结转分步法，是指在计算各步骤成本时，不计算各步骤所生产的半成品成本，也不计算各步骤所耗上一步骤半成品成本，而只计算本步骤发生的各项费用，以及在月终时各步骤成本中应计入产成品成本的"份额"，将相同产品各步骤成本明细账中的这些份额平行结转汇总，即可算出该种产品的完工产品成本。

在平行结转分步法下各生产步骤不计算也不逐步结转半成品成本，只是在企业的产成品入库时，才将各步骤成本中应计入产成品成本的份额，从各步骤产品成本明细账中转出，从"基本生产成本"账户转入"库存商品"账户。因此，不论半成品是在各生产步骤之间直接转移，还是通过半成品仓库收发，都不通过"自制半成品"账户进行总分类核算。

（二）平行结转分步法的计算程序

在平行结转分步法下，不管半成品实物的流转程序如何，即不管半成品是否通过半成品仓库收发，都不需要设置"自制半成品"账户，因为此方法不计算各步骤的半成品成本。基于此，平行结转分步法的核算程序如下步骤。

（1）按各加工步骤的各种产品设置产品成本计算单，归集其在本步骤加工发生的各项费用，但不包括其所耗上一步骤的半成品成本。

（2）月末采用一定的方法将各加工步骤所归集的生产费用在最终完工的产品与在产品之间进行分配，计算出产成品应负担的各加工步骤的费用"份额"。

（3）将各加工步骤生产费用中应计入产成品成本的"份额"平行结转、汇总，计算出产成品成本。

必须指出，这里所讲的最终完工产品和在产品之间的费用分配，是就全厂范围而言的完工产品与在产品。

（三）平行结转分步法的特点

（1）平行结转分步法下，各生产步骤不计算半成品成本，只核算本步骤所发生的各项生产费用以及应计入最终产品成本的份额。

（2）采用这一方法，各步骤之间不结转半成品成本。不论半成品实物是在各生产步骤之间直接转移，还是通过半成品库收发，都不进行总分类核算。也就是说半成品成本不随半成品实物转移而转移。

（3）每月终了，将各步骤成本计算单上发生的生产费用选择适当的方法在完工产品和在产品之间进行分配。

这里的"完工产品"是指最终完工的产成品；"在产品"是指就整个企业而言的未完工产品，即广义在产品，具体包括：① 本步骤正在加工的在产品（亦称狭义在产品），② 本步骤完工转入以后各步骤但尚未最终产成的在产品，③ 本步骤完工转入半成品库的半成品。

（4）将各步骤费用中应计入产成品的"份额"平行结转、汇总，计算该种产成品的总成本和单位成本。

引例解析

根据常青公司资料可知，甲产品经过三个车间连续加工制成，第一车间生产 A 半成品，加工完后直接转入二车间加工制成 B 半成品，B 半成品加工完后直接转入三车间加工成甲产成品。其中，1 件甲产品耗用 1 件 B 半成品，1 件 B 半成品耗用 1 件 A 半成品。可以先计算第一车间生产费用中计入产成品的份额；然后计算第二车间生产费用中计入产成品的份额；接着计算第三车间生产费用中计入产成品的份额；最后把三个车间计入产成品的份额平行结转、汇总即可计算出甲产品的生产成本。

二、平行结转分步法的应用举例

在平行结转分步法下，确定各步骤应计入产成品成本的"份额"是成本计算的关键。只要有效确定其各步骤中的这一"份额"，然后将其直接相加就可形成产成品成本。而各步骤"份额"的确定，又首先取决于各步骤的全部生产费用在广义的在产品与最终完工的产成品之间的分配。为此，各企业应根据具体情况，选择生产费用在完工产品和在产品之间分配的各种方法进行费用的分配。在实际工作中，通常采用约当产量法、在产品按定额成本计价法或定额比例法计算。

9

【做中学 9 - 6】　江淮汽车配件厂生产 A 产品，连续经过三个生产步骤进行加工，原材料是在第一个生产步骤一次投入。各生产步骤的半成品，直接为下一个生产步骤耗用，不经过半成品库。月末在产品成本按约当产量法计算，其他有关资料如下：

（1）本月产品产量资料如表 9 - 13 所示。

表 9 - 13　　　　　　　　　　产量资料　　　　　　　　　数量单位：件

项　目	第一步	第二步	第二步
月初在产品数量	3	2	1
本月投产数量	6	5	4
本月完工产品数量	5	4	3
月末在产品数量	4	3	2
在产品完工程度/%	50	50	50

（2）月初在产品费用资料如表 9-14 所示。

表 9 - 14　　　　　　　　　月初在产品费用

金额单位：元

项　目	直接材料	直接人工	制造费用	合　计
第一步骤	600	400	200	1 200
第二步骤		300	100	400
第三步骤		200	200	400
合　计	600	900	500	2 000

（3）本月发生生产费用资料如表 9-15 所示。

表 9 - 15　　　　　　　　　本月发生生产费用

金额单位：元

项　目	直接材料	直接人工	制造费用	合　计
第一步骤	3 000	700	500	4 200
第二步骤		600	400	1 000
第三步骤		500	300	800
合　计	3 000	1 800	1 200	6 000

（4）按平行结转分步法计算 A 产品成本。

根据上述资料，按平行结转分步法计算 A 产品成本，A 产品的成本计算单，如表 9-16 至表 9-19 所示。

表 9 - 16　　　　　　第一生产步骤产品成本计算单

金额单位：元

成本项目	直接材料	直接人工	制造费用	合　计
月初在产品成本	600	400	200	1 200
本月发生费用	3 000	700	500	4 200
生产费用合计	3 600	1 100	700	5 400

续　表

成本项目	直接材料	直接人工	制造费用	合　计
约当产量/件	12	10	10	
应计入产成品成本份额	900	330	210	1 440
单位半成品成本	300	110	70	480
月末在产品成本	2 700	770	490	3 960

注：直接材料约当产量＝3＋4×100％＋3×100％＋2×100％＝12（件）

直接人工约当产量＝3＋4×50％＋3×100％＋2×100％＝10（件）

制造费用约当产量＝3＋4×50％＋3×100％＋2×100％＝10（件）

表 9 - 17　　　　　　第二生产步骤产品成本计算单

金额单位：元

成本项目	直接材料	直接人工	制造费用	合　计
月初在产品成本		300	100	400
本月发生费用		600	400	1 000
生产费用合计		900	500	1 400
约当产量/件		6.5	6.5	
应计入产成品成本份额		415.38	230.77	646.15
单位半成品成本		138.46	76.92	215.38
月末在产品成本		484.62	269.23	753.85

注：直接人工约当产量＝3＋3×50％＋2×100％＝6.5（件）

制造费用约当产量＝3＋3×50％＋2×100％＝6.5（件）

表 9 - 18　　　　　　第三生产步骤产品成本计算单

金额单位：元

成本项目	直接材料	直接人工	制造费用	合　计
月初在产品成本		200	200	400
本月发生费用		500	300	800
合　计		700	500	1 200
约当产量/件		4	4	
应计入产成品成本份额		525	375	900
单位半成品成本		175	125	300
月末在产品成本		175	125	300

注：直接人工约当产量＝3＋2×50％＝4（件）

制造费用约当产量＝3＋2×50％＝4（件）

表 9 - 19		A 产品成本计算单			金额单位：元
成本项目	产量/件	直接材料	直接人工	制造费用	合 计
第一步骤转入份额	3	900	330	210	1 440
第二步骤转入份额	3		415.38	230.77	646.15
第三步骤转入份额	3		525	375	900
总成本	3	900	1 270.38	815.77	2 986.15
单位成本		300	423.46	271.92	995.38

根据以上产成品成本计算表和产成品入库单，编制如下会计分录：

借：库存商品——A 产品　　　　　　　　　　　　　　　2 986.15

　　贷：基本生产成本——第一步骤　　　　　　　　　　　1 440.00

　　　　　　　　　　——第二步骤　　　　　　　　　　　　646.15

　　　　　　　　　　——第三步骤　　　　　　　　　　　　900.00

三、平行结转分步法的适用范围

（一）平行结转分步法的优点

总结以上所述，平行结转分步法与逐步结转分步法相比较，具有以下优点。

（1）采用这种方法，各步骤可以同时计算产品成本，然后将应计入完工产品成本的份额平行结转、汇总计入产品成本，从而可以简化和加速成本计算工作。

（2）采用这一方法，一般是按成本项目平行结转，汇总各步骤成本中应计入产成品成本的份额，因而能够直接提供按原始成本项目反映的产品成本资料，不必进行成本还原，省去了大量繁杂的计算工作。

（二）平行结转分步法的缺点

由于采用这一方法各步骤不计算也不结转半成品成本，因而存在以下缺点。

（1）不能提供各步骤半成品成本资料及各步骤所耗上一步骤半成品费用资料，因而不能全面反映各步骤生产耗费的水平，不利于各步骤的成本管理。

（2）由于各步骤间不结转半成品成本，不利于各步骤的成本管理。

（三）平行结转分步法的适用范围

从以上对比分析中可以看出，平行结转分步法的优缺点正好与逐步结转分步法的优缺点相反。因此，平行结转分步法只宜在半成品种类较多、逐步结转半成品成本工作量较大、管理上又不要求提供各步骤半成品成本资料的情况下采用，使用该方法时须加强各步骤在产品收发结存的数量核算，以便为在产品的实物管理和资金管理提供资料，弥补这一方法的不足。

项 目 小 结

本项目内容结构如图 9 - 2 所示。

图 9 - 2　产品成本计算的分步法运用内容结构图

9

项目十 产品成本计算的辅助方法运用

◇ **职业能力目标**

1. 掌握分类法的计算程序。
2. 了解分类法的适用范围及优缺点。
3. 掌握副产品的成本计算方法。
4. 理解成本计算定额法的作用。
5. 能够根据不同的管理要求选择合适的成本计算方法。

◇ **典型工作任务**

科学制定分类标准,对产品进行分类划分;运用分类法和定额法计算产品成本;准确判断联产品和副产品,并进行成本计算。

任务一 产品成本计算分类法实务处理

任务引例

皖西集团下属的皖福公司第一分厂生产 A、B、C 三种产品,所用原材料和工艺过程相似,合并为甲类进行生产成本计算。该企业规定:该类产品的原材料费用随生产进度逐步投入,材料费用按照各种产品的原材料费用系数进行分配;加工费用按照各种产品的工时系数进行分配。同类产品内各种产品的原材料费用,按原材料费用定额确定系数;同类产品内各种产品之间的直接工资和制造费用,均按各种产品的定额工时计算确定系数;该公司规定 B 种产品为标准产品。

要求:思考该企业应如何进行产品成本计算。

【知识准备与业务操作】

产品成本计算的分类法,是指按照产品的类别归集生产费用,在计算出某类产品总成本的基础上,按一定标准分配计算类内各种产品成本的一种成本计算方法。

分类法的目的在于简化成本核算,主要适用于产品品种或规格较多的企业或车间,如电子元件、针织、制鞋、食品等企业。

一、分类法的特点和计算程序

(一) 分类法的特点

(1) 以产品类别为成本计算对象。按照产品的类别归集生产费用,计算该类产品成本。同一类产品内不同品种或规格产品的成本,采用一定的分配方法分配确定。

产品的分类是否恰当,类距是否合适,分配标准的选择是否符合实际,将直接影响到成本计算结果的准确性。

(2) 分类法的成本计算期要根据生产特点和成本管理要求来决定。如果与品种法或分步法结合使用,则成本计算应按月进行;如果与分批法结合使用,则成本计算期不固定,与生产周期一致。

(3) 分类法不是一种独立的成本计算方法。它要与品种法、分批法、分步法等产品成本计算基本方法结合使用,是一种辅助的成本计算方法。

(二) 分类法的计算程序

采用分类法计算产品成本时,应按照以下程序进行。

(1) 划分产品类别,按产品的类别设立产品成本明细账。在分类法下,首先要将产品按照性质、结构、用途、生产工艺过程、耗用原材料等不同标志,划分为若干类别。如低温肉制品加工企业可以根据耗用原材料的不同分为鸡肉类、牛肉类、猪肉类等类别。

(2) 采用相应的成本计算基本方法,计算出各类产品的完工产品总成本和在产品成本。

(3) 采用一定的分配标准,计算出类内不同品种和规格的产品的总成本和单位成本。分配标准的选择应尽可能选择与产品成本高低有着密切联系而又简便、易行的标准。分配标准一经确定,不应随意变动,以保持核算指标口径的一致性。各成本项目可以采用同一分配标准,也可以采用不同的分配标准。定额消耗量、定额成本、计划成本、产品售价、产品的重量或体积等,都可作为成本分配的标准。

在实际工作中,为了简化分配工作,类内产品成本的计算,一般采用系数法。将类内产品的分配标准折合为系数,按系数分配计算类内每种产品的成本。

确定系数的具体做法是,在同类产品中选择一种产量较大、生产比较稳定或规格折中的产品作为标准产品,把这种产品的分配标准系数确定为 1,以其他产品的单位产品的分配标准数据与标准产品的数据相比,求出的比例即为其他产品的系数。系数确定后,把各种产品的实际产量乘上系数,换算成标准产品产量,或称为总系数,再按各种产品总系数比例分配计算类内各种产品成本。采用系数法分配计算类内各种产品成本时,既可按综合系数分配,也可分成本项目采用单项系数分配。另外,材料费用一般按系数进行分配,其他各项费用既可以按系数进行分配,也可以按定额工时比例进行分配。

10

【做中学 10-1】 大别山石化厂所生产的 A、B、C 三种经过的生产工艺流程、使用的原材料都相同,只是规格不同,所以可以划分为一类进行产品成本计算,这类产品称为甲产品。该类产品的直接材料费用按照各种产品的原材料系数进行分配,原材料系数按直接材料定额成本确定,直接工资等其他费用项目均按各种产品工时系数分配。该类产品中 A 为标准产品。有关产品产量、分配标准和成本资料如表 10-1 至表 10-4 所示。

表 10-1   **产品产量、分配标准和成本资料表**   金额单位：元

产品类别	产品名称	单位产品原材料耗用				原材料费用系数
		原材料名称或编号	消耗定额/千克	计划单价	费用定额	
甲类	A（标准产品）	M01	90	10	900	1
		M02	50	14	700	
		M03	20	15	300	
		合计			1 900	
	B	M01	75	10	750	1 717/1 900＝0.9
		M02	45	14	630	
		M03	22	15	330	
		合计			1 710	
	C	M01	69	10	690	2 280/1 900＝1.2
		M02	60	14	840	
		M03	50	15	750	
					2 280	

表 10-2   **产量和定额工时资料**

产品类别	产品品种	计量单位	产量	单位产品工时定额/小时
甲类	A 产品	件	5 000	11
	B 产品	件	4 000	16.5
	C 产品	件	1 200	15.4

表 10-3   **甲类产品基本生产成本明细账**

产品类别：甲类   6 月   单位：元

月	日	项目	直接材料	直接人工	制造费用	合计
6	1	月初在产品（定额成本）	31 400	28 500	53 800	113 700
6	30	本月生产费用	4 030 800	1 193 300	1 070 070	6 294 170
6	30	生产费用合计	4 062 200	1 221 800	1 123 870	6 407 870
6	30	完工产品成本	3 915 600	1 191 920	1 077 800	6 185 320
6	30	在产品成本（定额成本）	146 600	29 880	46 070	222 550

10

表 10-4　　　　　　　　　　**甲类产品内各种产成品成本计算表**

产品类别：甲类　　　　　　　　　　　　　6月

项目	产量/件	原材料费用系数	原材料费用总系数	工时定额/小时	定额工时/小时	直接材料/元	直接人工/元	制造费用/元	合计/元
	①	②	③	④	⑤	⑥=②×⑤	⑦=④×分配率	⑧=⑥×分配率	⑨=⑥×分配率	⑩
分配率	—	—	—	—	—	390	8.545 5	7.727 3	
A产成品	5 000	1	5 000	11	55 000	1 950 000	470 002	425 001	2 845 003
B产成品	4 000	0.9	3 600	16.5	66 000	1 404 000	564 003	510 001	2 478 004
C产成品	1 200	1.2	1 440	15.4	18 480	561 600	157 915	142 798	862 313
合　计	—		10 040		139 480	3 915 600	1 191 920	1 077 800	6 185 320

注：原材料费用分配率=3 915 600÷10 040=390

　　直接人工分配率=1 191 920÷139 480=8.545 5

　　制造费用分配率=1 077 800÷139 480=7.727 3

【做中学 10-2】　鸿润集团下属的滨湖公司第二分厂 10 月生产甲、乙、丙三种联产品，本月实际产量为：甲产品 40 000 千克；乙产品 20 000 千克；丙产品 15 000 千克。各种产品的市场售价为：甲产品 15 元；乙产品 24 元；丙产品 12 元。联产品分离前的联合成本为 1 008 000 元（本例为了简化成本计算，不分成本项目计算）。

（1）根据资料，假设采用系数分配法计算甲、乙、丙产品的成本（表 10-5）。

联合产品成本的分配方法

表 10-5　　　　　　　　**联产品成本计算单（系数分配法）**

10 月

品名	实际产量/千克	系数	标准产量/千克	分配率	各产品总成本/元	各产品单位成本/（元/千克）
甲产品	40 000	1	40 000		480 000	12.00
乙产品	20 000	1.6	32 000		384 000	19.20
丙产品	15 000	0.8	12 000		144 000	9.60
合　计	75 000	—	84 000	12	1 008 000	

注：确定甲产品为标准产品，系数定为"1"，按产品售价计算乙、丙产品的系数为：

　　乙产品系数=24÷15=1.6；丙产品系数=12÷15=0.8。

根据表 10-5 的成本计算单和产品入库单，编制结转完工入库产品成本的会计分录：

借：库存商品——甲产品　　　　　　　　　　　　　　　480 000

　　　　　　　——乙产品　　　　　　　　　　　　　　384 000

　　　　　　　——丙产品　　　　　　　　　　　　　　144 000

　　贷：基本生产成本　　　　　　　　　　　　　　　　　　1 008 000

10

（2）根据资料，假设采用实物量分配法计算甲、乙、丙产品的成本（表10-6）。

表10-6　　　　　　　联产品成本计算单（实物量分配法）

10月

品名	实际产量/千克	分配率	各产品总成本/元	各产品单位成本/（元/千克）
甲产品	40 000		537 600	13.44
乙产品	20 000		268 800	13.44
丙产品	15 000		201 600	13.44
合　计	75 000	13.44	1 008 000	

根据表10-6的成本计算单和产品入库单，编制结转完工入库产品成本的会计分录：

借：库存商品——甲产品　　　　　　　　　　　　　　　　　537 600

　　　　　——乙产品　　　　　　　　　　　　　　　　　268 800

　　　　　——丙产品　　　　　　　　　　　　　　　　　201 600

　　贷：基本生产成本　　　　　　　　　　　　　　　　　　1 008 000

（3）根据资料，假设采用销售价值分配法计算甲、乙、丙产品的成本（表10-7）。

表10-7　　　　　　　联产品成本计算单（销售价值分配法）

10月

品名	实际产量/千克	单价/（元/千克）	销售价值/元	分配率	各产品总成本/元	各产品单位成本/（元/千克）
甲产品	40 000	15	600 000		480 000	12.00
乙产品	20 000	24	480 000		384 000	19.20
丙产品	15 000	12	180 000		144 000	9.60
合　计	75 000		1 260 000	0.8	1 008 000	

根据表10-7的成本计算单和产品入库单，编制结转完工入库产品成本的会计分录：

借：库存商品——甲产品　　　　　　　　　　　　　　　　　480 000

　　　　　——乙产品　　　　　　　　　　　　　　　　　384 000

　　　　　——丙产品　　　　　　　　　　　　　　　　　144 000

　　贷：基本生产成本　　　　　　　　　　　　　　　　　　1 008 000

10

二、分类法的适用范围和优缺点

（一）分类法的适用范围

产品成本计算的分类法与产品生产的类型无直接关系，它可以在各种类型的企业中应用，即凡是产品的品种或规格繁多，而且可以按照一定标准划分为若干类别的企业或车间，均可以采用分类法计算成本。分类法主要适用于具有以下生产特点的企业。

1. 联产品生产企业

同时将一个共同的投入物转化为几种产出的过程称为联合生产过程。例如，加工木材可以产出不同等级的制材,加工原油可以产生不同等级的汽油,这些产品称为联产品。由于联产品所用的原料和工艺技术过程相同,最适宜并只能归为一类,采用分类法计算成本。

2. 采用同样原材料、同样工艺过程,生产出不同规格产品的生产企业

服装企业、电子元器件生产企业等就属于这种企业。

3. 生产主产品和副产品的企业

计算产品成本的方法是将主、副产品归为一类计算成本,然后将副产品按一定方法计价,从总成本中扣除,求得主产品成本。如炼油厂在提炼原油过程中,生产出来的沥青原料和油渣,都属于副产品。

4. 生产零星产品的企业

生产零星产品的企业,其产品虽然内部结构、所耗用原材料和工艺过程不一定完全相近,但其品种规格多,且数量少,费用比重小。为了简化成本计算工作,也可以把它们归为几类,采用分类法计算成本。

此外,有些企业,在同一生产过程中以相同的材料可能生产出来品种相同但质量有所差别的产品,我们称之为等级产品。如果不同质量的产品是由于所用原材料的质量或工艺技术上的要求不同而产生的,那么,这些产品应是同一品种不同规格的产品,也可以归为一类,采用分类法计算成本。

(二) 分类法的优缺点

采用分类法计算产品成本时,生产费用的原始凭证如领料单、工时记录和各种费用分配表都可以只按产品类别填列,产品成本明细账也可以只按产品类别设立,不仅能简化成本计算工作,而且还能够在产品品种、规格繁多的情况下,分类掌握产品成本的水平。由于在同类产品各种产品成本的计算中,不论是间接计入费用还是直接计入费用,都是按一定的标准比例分配计算的,其计算结果有一定的假定性。在分类法下,产品的分类和分配标准(或系数)的选定是否恰当,是一个关键性的问题。

三、副产品的成本计算方法

(一) 副产品的概念

副产品是指利用同一种原料,经过同一个生产过程,附带生产出的一种经济价值较低的次要产品。例如,煤尘就是煤炭开采的副产品,它可以与水混合,生产出低质量的燃料;油渣、石油焦就是汽油生产的副产品;你是否经常看到服装厂的零布头以折扣价销售的广告? 这些零布头往往都是纺织品生产的副产品。

由于副产品和主产品是在同一生产过程中生产出来的,它们发生的费用很难分开。这种产品是生产主产品附带生产出来。通常将副产品按一定标准作价,从分离前的联合成本中扣除。副产品在分离后,有的可作为成品直接销售,也可以继续加工以后再销售,这样就产生了无需进一步加工的副产品计价和需要进一步加工的副产品计价问题。无需进一步加工的副产品可能价值较低,也可能价值较高,在这种情况下,应按销售价格减去销售费用和销售税金的差额计价。需要进一步加工的副产品,可能属一般价值,也可能是经济价值相对高的。对于一般价格,按销售价格减去销售费用和销售税金再减去分离后加工成本之差计价。对于经济价值相对较高的副产品,按销售价格减去销售费用,销售税金以及分离后加工成本后再减去按固定销售利润率计算的销售利润之差计价。因此,一般是将副产品和主要产品归为一类,按照分类法归集费用,计算其总成本。主、副产品分离前的成本可视为联合成本。

10

(二)副产品的成本计算方法

从定义上看副产品是数量或价值较低的产品。因此,用来核算副产品的方法将不可能对决策或对内对外报告的财务报表有重大影响。所以,在实际工作中应尽可能使副产品核算变得简单。经常采用的下列计算方法:

(1)从联合成本中扣除副产品销售的可实现净值,实际上就是将联合成本的一部分分配给副产品,分配的数额相当于副产品的销售价值。剩余的联合成本再分配给主产品。

(2)将副产品销售收入视为其他销售收入,将联合成本全部分配给主产品。利用这种方法,会计人员不必将加工副产品的成本记录为存货,也不用计算副产品的可变现净值。

【做中学 10-3】　鸿润集团下属的滨湖公司第三分厂在生产主要产品——丁产品的同时,附带生产出 A 副产品,A 副产品分离后需进一步加工后才能出售。11 月共发生联合成本 155 000 元,其中:直接材料 77 500 元,直接人工 31 000 元,制造费用 46 500 元。A 副产品进一步加工发生直接人工费 2 000 元,制造费用 2 500 元。本月生产丁产品 1 000 千克,A 副产品 200 千克,A 副产品的市场售价 150 元/千克,单位税金和利润 50 元。

根据资料,按 A 副产品既要负担专属成本,又要负担分离前联合成本的方法计算丁产品成本和 A 副产品成本,如表 10-8、表 10-9 所示。

表 10-8　　　　　　　　　　　主产品成本计算单

品名：丁产品　　　　　　　　　　　11 月　　　　　　　　　　　单位：元

品　名	直接材料	直接人工	制造费用	合　计
生产费用合计	77 500	31 000	46 500	155 000
结转副产品负担的联合成本	7 750	3 100	4 650	15 500
本月完工丁产品的生产成本	69 750	27 900	41 850	139 500
单位成本	69.75	27.90	41.85	139.50

表 10-9　　　　　　　　　　　副产品成本计算单

品名：A 副产品　　　　　　　　　　　11 月　　　　　　　　　　　单位：元

品　名	直接材料	直接人工	制造费用	合　计
分摊的联合成本	7 750	3 100	4 650	15 500
可归属的成本		2 000	2 500	4 500
A 副产品总成本	7 750	5 100	7 150	20 000
单位成本	38.75	25.50	35.75	100

注:副产品应负担的联合总成本=200×(150-50)-(2 000+2 500)=15 500(元),本例中对副产品应负担的联合总成本,按分离前的联合成本的成本项目构成比例分配给副产品的各成本项目,其中:分配率=15 500÷155 000=0.1,则直接材料=77 500×0.1=7 750(元);直接人工=31 000×0.1=3 100(元);制造费用=46 500×0.1=4 650(元)。

根据表 10-8 和表 10-9 的成本计算单和产品入库单,编制结转完工入库产品成本的会计分录:

10

借：库存商品——丁产品   139 500

        ——A 副产品   20 000

  贷：基本生产成本   159 500

四、等级品的成本计算方法

等级品是指使用相同原材料，在同一生产过程中生产相同品种但在质量上有差别的产品。等级品同联产品、副产品不同。虽然它们都是使用相同原材料在同一生产过程中生产的，但联产品、副产品生产出来的是不同品种的产品，而等级品则为同一品种的产品，只是在质量上有所差别。质量好的等级高，售价也高；质量差的等级低，售价也低。从理论上讲，产品等级不同，产品成本不应有所差别。等级高的产品售价高，利润大；等级低的产品售价低，利润小，正好反映企业产品质量所产生的经济效益。但在实际管理工作中，由于原材料质量、工艺技术等客观原因，产品质量尚难控制，等级品在所难免，例如搪瓷制品等。对不同等级的产品成本，一般采用系数法加以计算。

【做中学 10-4】 鸿润集团下属的滨湖公司第四分厂 11 月生产丙产品，在生产中出现不同等级质量的产品。本月生产的丙产品实际产量为 750 件，其中：一等品 200 件；二等品 400 件；三等品 150 件。各种等级的丙产品的市场售价为：一等品售价 24 元；二等品售价 15 元；三等品售价 12 元。本月丙产品的总成本为 10 080 元（本例为了简化成本计算，不分成本项目计算）。

根据以上资料，进行丙产品的各等级品成本计算：

（1）假设不同质量等级的丙产品，是由于目前生产技术水平、工艺技术条件和原材料质量等客观原因所造成的，采用系数分配法计算各等级品成本。成本计算结果如表 10-10 所示。

表 10-10   **丙产品的等级品成本计算单**（系数分配法）

11 月

产品等级	实际产量/件	系数	标准产量/件	分配率	各等级产品总成本/元	各等级产品单位成本/（元/件）
一等品	200	1.6	320		3 840	19.20
二等品	400	1	400		4 800	12.00
三等品	150	0.8	120		1 440	9.60
合 计	750		840	12	10 080	

注：确定一等品为标准产品，系数定为"1"，按各等级产品的售价计算二等品、三等品的系数为：二等品系数＝24÷15＝1.6；三等品系数＝12÷15＝0.8。

根据表 10-10 的等级品成本计算单和产品入库单，编制会计分录如下：

借：库存商品——丙产品（一等品）   3 840

        ——丙产品（二等品）   4 800

        ——丙产品（三等品）   1 440

  贷：基本生产成本——丙产品   10 080

10

（2）如果不同质量等级的产品，是由于违规操作，或者技术不熟练等主观原因所造成的，采用实物量分配法计算各等级品成本。成本计算结果如表10-11所示。

表10-11　　　　　丙产品的等级品成本计算单（实物量分配法）

11月

产品等级	实际产量/件	分配率	各等级产品总成本/元	各等级产品单位成本/（元/件）
一等品	200		2 688	13.44
二等品	400		5 376	13.44
三等品	150		2 016	13.44
合　计	750	13.44	10 080	

根据表10-11的等级品成本计算单和产品入库单，编制会计分录如下：

借：库存商品——丙产品（一等品）　　　　　　　　　　　　　　2 688

　　　　　　——丙产品（二等品）　　　　　　　　　　　　　　5 376

　　　　　　——丙产品（三等品）　　　　　　　　　　　　　　2 016

　　贷：基本生产成本——丙产品　　　　　　　　　　　　　　　　　10 080

引例解析

此例应采用系数法。将类内产品的分配标准折合为系数，按系数分配计算类内每种产品的成本。具体做法是：在同类产品中选择一种产量较大、生产比较稳定或规格折中的产品作为标准产品，把这种产品的分配标准系数确定为1，以其他产品的单位产品的分配标准数据与标准产品的数据相比，求出的比例即为其他产品的系数。系数确定后，把各种产品的实际产量乘上系数，换算成标准产品产量，或称为总系数，再按各种产品总系数比例分配计算类内各种产品成本。采用系数法分配计算类内各种产品成本时，既可按综合系数分配，也可分成本项目采用单项系数分配。另外，材料费用一般按系数进行分配，其他各项费用既可以按系数进行分配，也可以按定额工时比例进行分配。

任务二　产品成本计算定额法实务处理

任务引例

安庆雅倩日化公司生产甲产品，本月期初在产品60台，本月完工产量500台，期末在产品数量120台，原材料系开工时一次投入，单位产品材料消耗定额为10千克，材料计划单价为4元/千克。本月材料限额领料凭证登记数量为5 600千克，材料超限额领料凭证登记数量为400千克，期初车间有余料100千克，期末车间盘存余料为300千克。

要求：计算本月产品的原材料定额费用及脱离定额差异。

10

【知识准备与业务操作】

定额法是另一种辅助的成本计算方法。定额法是以产品的品种(或批别)作为成本计算对象,根据产品的实际产量,计算产品的定额生产费用以及实际费用脱离定额的差异,用完工产品的定额成本,加上或减去定额差异、定额变动差异,从而计算出完工产品成本和在产品成本的一种方法。

一、定额法的特点

定额法有以下特点:

(1)成本计算对象是企业的完工产品或半成品。根据企业管理的要求,只计算完工产品成本或者同时计算半成品成本与完工产品成本。

(2)成本计算期间是每月的会计报告期。定额法一般用于大批大量生产企业,只能按月进行成本计算。

(3)产品实际成本是以定额成本为基础,由定额成本、定额差异和定额变动三部分相加而组成。

(4)每月的生产费用应据定额成本、定额差异和定额变动三方面分配于完工产品和在产品。

二、定额法下产品实际成本的计算

在定额法下,产品实际成本的计算与其他成本计算方法不一样,其他成本计算方法是在生产费用实际发生额的基础上减去在产品成本,计算出完工产品成本。而定额法却是在定额成本的基础上,加上或减去脱离定额的差异、定额变动差异来计算完工产品的实际成本的,其实际成本的计算公式如式 10-1 所示。

$$产品实际成本=定额成本\pm脱离定额差异\pm定额变动差异 \qquad (10-1)$$

若材料按计划成本核算,还应加减材料成本差异。

产品实际成本的构成关系如图 10-1 所示。

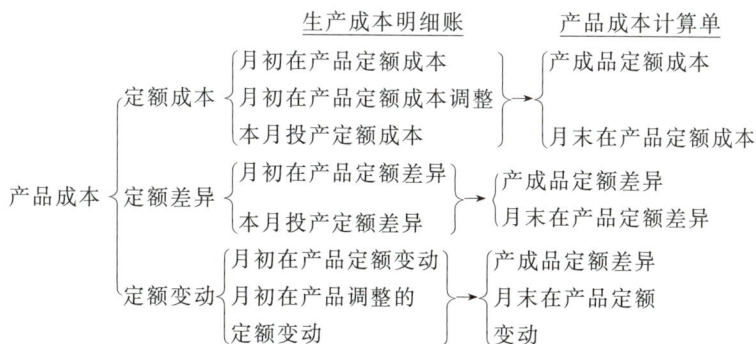

图 10-1　产品实际成本构成图

下面对定额法产品成本计算的步骤进行详细说明。

(一)定额成本的制定

定额成本的制定依据主要是产品的现行工艺规程、产品的材料消耗定额、燃料和动力消耗定额、工时定额、小时工资率、小时费用(制造费用)率等。只有具备了科学、合理的定额,才能

10

制定产品的定额成本。定额成本可按零件、部件和产品分别制定。

定额成本各成本项目的计算公式如式 10 - 2 至式 10 - 4 所示。

$$单位产品耗用直接材料定额成本 = \sum (产品的材料消耗定额 \times 材料的计划单价)$$

$$(10 - 2)$$

$$单位产品耗用直接人工定额成本 = 产品的工时消耗定额 \times 计划工资率 \quad (10 - 3)$$

$$单位产品耗用制造费用定额成本 = 产品的工时消耗定额 \times 制造费用计划分配率$$

$$(10 - 4)$$

各成本项目的定额成本相加,即为产品的单位定额成本。单位定额成本乘以实际产量即为总定额成本。定额成本计算如表 10 - 12 所示。

表 10 - 12 定额成本计算表

产品名称:B 产品　　　　　　　9 月

项 目	材料消耗定额/千克	工时消耗定额/小时	计划单价/元	金额/元
直接材料				840
其中:甲材料	15		40	600
乙材料	4		60	240
直接人工		20	20	400
制造费用		20	10	200
单位定额成本				1 440

(二) 脱离定额差异的计算

脱离定额差异,是指在产品生产过程中实际支出的各种费用与定额之间的差异。实际数大于定额数为超支(以"＋"表示),实际数小于定额数为节约(以"－"表示)。

在定额法下,定额差异的计算是按成本项目分别进行的,即分别计算直接材料脱离定额差异、直接人工脱离定额差异和制造费用脱离定额差异。

1. 直接材料脱离定额差异的计算

(1)限额领料单法。采用定额法时,原材料的信用一般应实行限额领料制度。限额范围内的用料,应根据限额领料单领用;增加产量发生的超额用料,在办理了追加限额手续后,也可使用限额领料单领用;其他原因超额用料或使用代用材料,一般应根据填制的领料单或代用材料领料单等差异凭证领料。对于材料代用和废料利用,还应在有关限额领料单中注明,并从原定的限额内扣除。生产任务完成后的余料,应填制退料单。退料单应视同差异凭证。限额领料单中的原材料余额和退料单中的原材料数额,都属于直接材料脱离定额的节约差异。

(2)切割法。对于需要切割后才能加工的材料,还应利用材料切割单来计算材料脱离定额的差异。切割单应按切割材料的批别开立,填列切割材料的各类、数量、消耗定额以及应切割的毛坯数量;切割完成后,再填写实际切割成的毛坯数量和材料的实际耗用量等。根据切割的毛坯数量和消耗定额,可以计算出材料的定额耗用量,与实际耗用量相比较,就可以计算出脱离定额的差异。

(3)盘存法。在连续或大量生产产品的企业中,产品不能按批别划分,可用定期盘存法计算材料脱离定额的差异。其计算程序是：先根据产量凭证和在产品盘存（或账面）资料所列完工产品数量和在产品数量，计算出产品投产数，再乘以直接材料消耗定额，计算出直接材料定额消耗量；根据限额领料单、领料单等退料凭证以及车间余料盘存数，计算出直接材料实际消耗量；通过比较，确定出材料脱离定额的差异。

2. 直接人工脱离定额差异的计算

直接人工脱离定额差异，应依据工资制度进行计算。

（1）在计件工资条件下，生产工人工资属于直接费用，其脱离定额差异的核算与直接材料相类似。凡符合定额的生产工人工资可反映在工票、工作班产量记录、工序里程单等产量记录中。脱离定额的差异部分，应设置"工资补付单"等差异凭证予以反映，"工资补付单"中应注明差异发生的原因，并要经过一定的审批手续。

（2）在计时工资条件下，生产工人工资脱离定额的差异不能在平时按照产品直接计算，只有在月末实际生产工人工资总额确定以后，才能按照式 10-5 至式 10-9 进行计算。

计划小时工资率＝某车间计划产量的定额生产工人工资总额÷该车间计划
产量的定额生产工时　　　　　　　　　　（10-5）

实际小时工资率＝某车间实际生产工人工资总额÷该车间实际生产工时总额　（10-6）

某产品定额生产工资＝该产品实际产量的定额生产工时×计划小时工资率　（10-7）

某产品实际生产工资＝该产品实际产量实际生产工时×实际小时工资率　（10-8）

某产品生产工资脱离定额差异＝该产品实际生产工资－该产品定额生产工资　（10-9）

3. 制造费用定额差异的计算

制造费用一般属于间接费用，按车间分别进行归集，月末分配计入产品成本。该项费用采用制定费用预算的办法下达给车间及有关部门，一般不能用日常核算办法来控制差异，只能定期（一般按月）将费用预算与实际发生数相比较计算出差异。计算方法与直接人工脱离定额的差异计算方法相同。

（三）定额变动差异的计算

定额变动差异，是由于修订消耗定额或费用定额而产生的新旧定额的差异额。

定额的修订一般在月初、季初或年初定期进行。修订定额的月份投产的产品，都是按定额计算其定额成本和脱离定额的差异。在定额变动的月份，月初在产品的定额成本仍是按旧定额计算的。为了将按旧定额计算的月初在产品定额成本和按新定额计算的本月投入产品的定额成本在新定额的同一基础上相加，以便计算产品的实际成本，就必须将按旧定额计算的月初在产品定额成本调整为按新定额计算的月初在产品定额成本。按新定额计算的在产品定额成本与按旧定额计算的在产品定额成本之间的差额，称为月初在产品定额变动差异。

月初在产品定额变动差异可根据定额发生变动的月初在产品结存数量（或在产品账面结存数量）乘以单位定额变动差异来计算（这种计算应按零件、部件或工序进行，计算工作量较大），也可通过计算定额变动系数进行折算，即采用系数法。定额变动系数，是指按新定额计算的单位产品费用与按旧定额计算的单位产品费用之比，其计算公式如式 10-10、式 10-11 所示。

定额变动系数＝按新定额计算的单位产品费用÷按旧定额计算的单位产品费用

（10-10）

$$月初在产品定额变动差异=按旧定额计算的月初在产品费用×（1-定额变动系数）$$
$$(10-11)$$

【做中学 10-5】　安庆雅倩日化公司生产甲产品，采用定额法计算产品成本，原材料在开始生产时一次投入。月初在产品 10 件，4 月初在产品有关资料如表 10-13 所示。

表 10-13　　　　　　　　　　月初在产品资料

成本项目	产量/件	消耗定额	计划单价	定额成本/元	定额差异/元	定额变动差异/元
直接材料	10	120 千克	4.50 元/千克	5 400	+800	+150
直接人工	10	140 小时	0.37 元/小时	259	-120	—
制造费用	10	140 元	0.28 元/小时	196	-80	—
合　计	—	—	—	5 855	+600	+150

注：上表中在产品按人工制造费用定额成本按完工程度 50% 计算。

自本月初起，原材料消耗定额由 120 千克降低为 115 千克，工时由 140 小时降低为 130 小时。本月份甲产品应分配的直接材料费用为 24 050 元，材料成本差异率为 -1%，直接工资为 2 350 元，制造费用为 1 700 元。本月投产 50 件，月末完工 45 件。根据上述资料，按定额法计算甲产品成本的结果如下：

(1) 月初在产品定额变动差异的计算。

$$直接材料定额变动差异=(115-120)×4.50×10=-225（元）$$
$$直接工资定额变动差异=(130-140)×0.37×10÷2=-18.50（元）$$
$$制造费用定额变动差异=(130-140)×0.28×10÷2=-14（元）$$

(2) 本月投产产品定额成本的计算。

$$直接材料定额成本=115×50×4.50=25 875（元）$$
$$直接工资定额成本=130×50×0.37=2 405（元）$$
$$制造费用定额成本=130×50×0.28=1 820（元）$$

(3) 脱离定额差异的计算。

$$直接材料脱离定额差异=24 050-25 875=-1 825（元）$$
$$应分配的材料成本差异=(25 875-1 825)×(-1%)=-240.50（元）$$
$$脱离定额差异合计=-2 065.50（元）$$
$$直接工资定额差异=2 350-2 405=-55（元）$$
$$制造费用定额差异=1 700-1 820=-120（元）$$

根据上述计算结果，可编制"产品成本计算单"，如表 10-14 所示。

在表 10-14 中，完工产品定额成本的计算结果如下：

$$直接材料定额成本=45×115×4.50=23 287.50（元）$$
$$直接工资定额成本=45×130×0.37=2 164.50（元）$$
$$制造费用定额成本=45×130×0.28=1 638（元）$$

表10-14

产品成本计算单

金额单位：元

成本项目	月初在产品成本			月初在产品定额变动		本月费用			费用合计			分配率		完工产品成本				月末在产品成本		
	定额成本	定额差异	定额变动	定额变动	定额成本调整	定额成本	定额差异	定额变动	定额成本	定额差异	定额变动	定额差异	定额变动	定额成本	定额差异	定额变动	实际成本	定额成本	定额差异	定额变动
直接材料	5 400	+800	+150	-225	+225	25 875	-2 065.50	+375	31 050	-1 265.50	+375	-0.04	0.012	23 287.5	-931.5	279.45	22 635.45	7 762.5	-334	95.55
直接人工	259	-120	—	-18.50	+18.50	2 405	-55	+18.5	2 645.50	-175	+18.5	-0.066	0.006 99	2 164.5	-142.86	15.13	2 036.77	481	-32.14	3.37
制造费用	196	-80	—	-14	+14	1 820	-120	+14	2 002	-200	+14	-0.099 9	0.006 99	1 638	-163.64	11.45	1 485.81	364	-36.36	2.55
合计	5 855	+600	+150	-257.50	+257.50	30 100	-2 240.50	+407.5	35 697.50	-1 640.50	+407.5	—	—	27 090	-1 238	306.03	26 158.03	8 607.5	-402.5	101.47

10

三、定额法的优缺点和适用范围

(一) 定额法的优点

(1) 由于采用定额成本计算法可以计算出定额与实际费用之间的差异额,并采取措施加以改进。所以,采用这种方法有利于加强成本的日常控制。

(2) 由于采用定额成本计算法可计算出定额成本、定额差异、定额变动差异等项指标,有利于进行产品成本的定期分析。

(3) 通过对定额差异的分析,可以对定额进行修改,从而提高定额的管理和计划管理水平。

(4) 弥补了成本计算其他方法只有在月末后才能确定成本定额差异的缺陷,能够及时核算并确定定额成本差异。

(二) 定额法的缺点

(1) 因它要分别核算定额成本、定额差异和定额变动差异,工作量较大,推行起来比较困难。

(2) 不便于对各个责任部门的工作情况进行考核和分析。

(3) 定额资料若不准确,则会影响成本计算的准确性。

因此,在采用定额法时,应注意减少其不足对成本计算的影响,采取有效的措施,减少不利因素的影响,充分发挥定额法的作用,为提高企业的成本管理水平服务。

(三) 定额法的适用范围

定额法一般适用于产品已经定型,产品品种比较稳定,各项定额比较齐全、准确、原始记录健全的企业。定额法不是基本成本计算方法,它一般与企业的生产类型无关,只是为了加强成本控制,及时揭露成本计划执行过程中存在的问题,及时采取措施,加以改进而采用的。它虽然计算手续麻烦一些,但对于企业的成本控制来说是非常重要的。

由于定额法的成本计算对象既可以是最终完工产品,也可以是半成品,所以定额法既可以在整个企业运用,又可以只运用于企业中的某些车间。

引例解析

甲产品本月投产数量＝500＋120－60＝560(台)

原材料定额消耗量＝560×10＝5 600(千克)

原材料实际消耗量＝5 600＋400＋100－300＝5 800(千克)

原材料脱离定额差异＝(原材料实际消耗量－原材料定额消耗量)×材料计划单价

＝(5 800－5 600)×4＝800(元)

项 目 小 结

本项目内容结构如图 10-2 所示。

产品成本计算的辅助方法运用

- 产品成本计算分类法实务处理
  - 分类法的特点和计算程序
  - 分类法的适用范围和优缺点
  - 副产品的成本计算方法
  - 等级品的成本计算方法
- 产品成本计算定额法实务处理
  - 定额法的特点
  - 定额法下产品实际成本的计算
    - 定额成本的制定
    - 脱离定额差异的计算
    - 定额变动差异的计算
  - 定额法的优缺点和适用范围

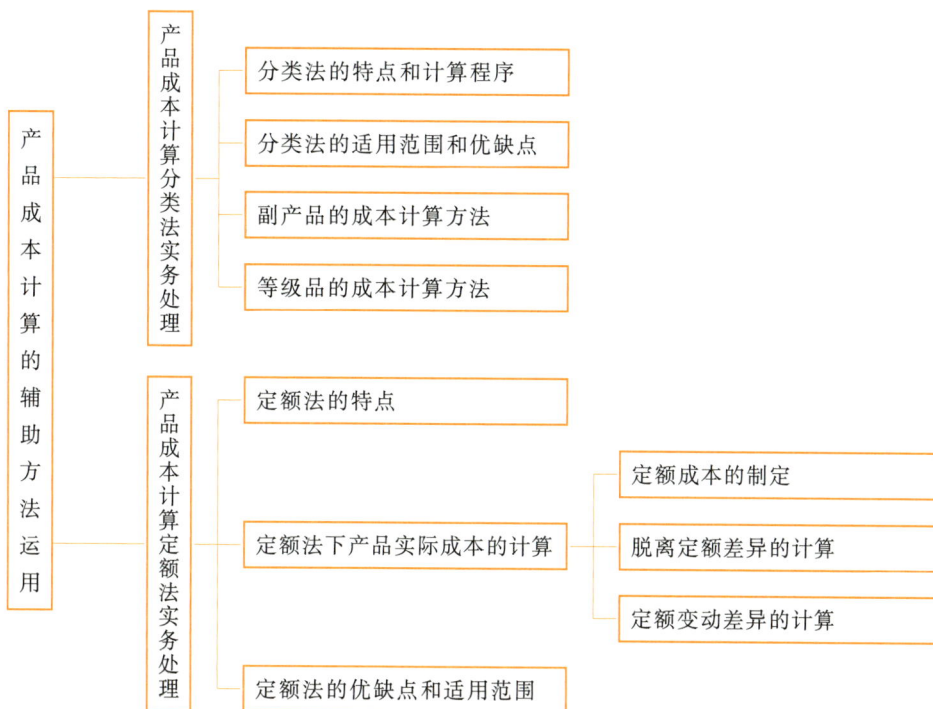

图 10 - 2　产品成本计算的辅助方法运用内容结构图

10

项目十一　成本报表编制与分析

项目十一
思政案例
导入

◇ 职业能力目标

1. 了解成本报表的特点、种类和作用。

2. 能够编制生产成本表,主要产品单位成本表,制造费用、管理费用、财务费用和销售费用明细表。

3. 掌握各种成本报表分析方法:比较分析法、比率分析法和因素分析法。

4. 熟练运用各种分析方法根据企业内部经营管理需要对产品生产成本表、主要产品单位成本表及各种费用明细表进行分析。

◇ 典型工作任务

生产成本表、主要产品单位成本表和各种费用明细表的编制;比较分析法、比率分析法和因素分析法的应用;生产成本表和主要产品单位成本表、各种费用明细表的分析。

任务一　认知成本报表

任务引例

金东液晶显示屏制造公司于2010年成立以来,经营状况稳步上升。作为一家典型的工业制造企业,公司具备比较全面的成本会计核算体系。小徐2018年毕业以来就入职金东公司,现作为生产车间主管,每月按时提供生产数据配合会计部门编制成本报表:全部产品生产成本表、主要产品单位成本表、各项费用明细表。但随着技术的革新,他发现会计部门编制的报表反映的项目不能体现新的业务,缺乏一定的可比性,实用性也不强,发挥不了成本核算指导生产的作用。

经过向会计部门咨询,小徐了解到成本报表属于内部报表,主要是为了满足企业内部经营管理的需要而编制的,不对外公开。

要求:请讨论各类报表究竟包括什么样的项目,怎样进行编制才能反映新技术条件下的成本情况,使自己提供的数据能真实贴切地反映企业的生产情况,发挥成本核算指导的作用。

【知识准备与业务操作】

一、成本报表的含义

成本报表是用以反映企业生产费用与产品成本的构成及其升降变动情况，以考核各项费用与生产成本计划执行结果的会计报表，是会计报表体系的重要组成部分。通过成本报表反映资金耗费和产品成本及其升降变动情况，用以考核成本计划执行结果。产品成本作为反映企业生产经营活动情况的综合性指标，是企业经营管理水平的重要尺度。

工业企业的成本报表，是根据工业企业产品成本和期间费用的核算资料及其他有关资料编制的，用来反映工业企业一定时期内产品成本和期间费用的水平和构成情况的报告文件。编制和分析成本报表是成本计算与管理工作的一项重要内容。

二、成本报表的划分

成本报表不是对外报送或公布的会计报表。因此，成本报表的种类、项目、格式和编制方法，由企业自行确定。为了能全面、正确地认识和理解相关成本报表，有必要对其进行科学的分类。

（一）按报表反映的内容分类

按照报表反映的不同经济内容，可分为反映成本计划执行情况的报表、反映费用支出情况的报表、反映生产耗费的报表。

1. 反映成本计划执行情况的报表

这类报表主要揭示企业为生产一定种类和数量的产品所发生的成本是否达到预定的要求，在报表中可以将报告期实际成本水平与计划成本水平、历史成本水平以及同行业平均水平或者先进水平进行比较，以反映企业成本管理的成效，并为成本分析和成本控制、降低成本或消耗提供资料，主要有产品生产成本表和主要产品单位成本表。

2. 反映费用支出情况表

这类报表重点反映企业在一定时期内生产经营费用支出的总额及其构成情况，在报表中可以将报告期的实际费用和预算数、前期数进行比较，分析费用支出的合理程度和变化趋势，考核各项费用支出预算的执行情况，这类报表包括制造费用明细表、产品销售费用明细表、管理费用明细表和财务费用明细表。

3. 反映生产耗费的报表

这类报表主要反映生产中影响产品生产成本的某些特定的企业某项专项成本、费用情况或成本管理中的专题问题情况的报表。企业根据实际情况灵活设置如材料价格差异分析表、消耗报表、生产报表等。

（二）按编制的时间分类

成本报表按照编制的时间不同，可以分为定期报表和不定期报表。

1. 定期报表

这类报表按规定期限编报、反映企业有关成本情况的报表，及时反映成本信息。按照报送期限的长短不同，可以分为年报、季报、月报、周报、旬报、日报等。

2. 不定期报表

这类报表是为了满足企业内部管理的特殊要求而随时按照要求编制的成本报表，如异常成本差异表。不定期报表能充分体现成本报表适应管理要求的灵活性。

11

（三）按报表编制的范围分类

成本报表按编制的范围分类,有全厂报表、车间成本报表和班组(或个人)成本报表等。企业根据组织特点和管理要求自行设计与确定。产品生产成本表、主要产品单位成本表属于全厂报表,制造费用明细表、生产情况表既可以是全厂报表,也可以是车间成本报表。

> **注意**
>
> 企业为了加强成本的日常管理,除了上列编制的报表以外,还可以根据不同企业的情况设计和编制日常的成本报表,例如主要产品成本旬报、日报等。

三、成本报表的特点

按照企业会计准则的要求,企业不需要对外编制和报送成本报表,但是不意味着企业不需要成本报表。

从企业的竞争角度考虑,企业的竞争优势要做到成本领先,就要求企业:① 通过技术改进和管理水平的提高降低成本,以达到成本领先;② 通过保密措施来延长这一竞争优势,也就是说,反映工业企业一定时期内产品成本和期间费用水平和构成情况的成本报表,是企业的商业秘密,不对外公布或报送,所以也称成本报表为对内管理会计报表。

作为服务于企业内部经营管理的对内会计报表,与对外报送的财务报表(包括资产负债表、利润表和现金流量表)相比较,它有以下几个特点。

（一）成本报表能满足企业的内部需要,具备较强的实用性

成本报表是为企业内部生产经营管理的需要而编制,因此,在实际工作中,成本报表编制的种类、格式、项目指标的设计和编制时间、编制方法,具体的报送对象、报送时间等完全由企业根据自身的特点与管理要求自行决定,并随着企业生产条件的改善和管理水平的提高,成本报表应经常进行修改、补充、调整和完善。

（二）成本报表具有较大的灵活性与多样性

成本的核算方法,与企业的生产工艺过程、生产组织特点及其成本管理的要求密切相关。各个企业成本核算方法不同,成本管理工作中的要求不同,所需成本信息也各有侧重点。因此,企业为反映内部生产经营管理需要而自行设计和编制成本报表,具有较大的灵活性与多样性,即不同企业在报表类、格式、项目指标与内容上存在一定的差异,不同企业也很难进行成本报表的相互对比。这是成本报表区别于财务会计报表的重要特点。

（三）成本报表提供的成本信息全面综合地反映企业各方面的工作质量

成本资料所提供的信息最具综合性和全面性。成本指标是反映企业生产、技术、经营和管理工作水平的综合性指标。企业产品产量的多少,质量的高低,原材料、燃料的节约与浪费,工人劳动生产率的高低和平均工资水平的变动,固定资产的利用程度,废品率的变化以及管理水平的高低等都会或多或少、直接间接地反映到成本、费用上来。因此,成本报表提供的信息特点以及它同企业其他各项生产技术指标的联系决定它可以综合反映企业经营管理工作的质量。

（四）成本报表具有及时性

成本报表可以根据内部管理需要适时地、定期或不定期地进行编制,使成本报表及时地反映和反馈成本信息,揭示存在的问题,促进有关部门和人员及时采取措施,改进工作,控制费用

的发生以达到节约的目的。

引例解析

　　成本报表属于内部报表,主要是为了满足企业内部经营管理的需要而编制的,不对外公开。各类报表主要用来反映费用支出水平、生产耗费情况、计划执行情况,可以定期或者不定期地编制,具体的项目根据企业经营管理需要设置。小徐作为企业的生产部门主管,对企业生产过程中的各项费用支出水平,计划执行情况,可以跟会计部门商讨根据企业的实际来设置具体成本报表反映项目,而不一定按部就班采用统一的报表格式,从而达到为企业内部成本管理服务的需要。

任务二　成本报表编制

任务引例

　　成本报表主要是满足企业内部经营管理者的需要,相对于外部报表而言,内容更具有针对性;因此,成本报表的编制和报送要求与对外报表是有区别的,不可随意套用。

　　但是全部产品生产成本表、主要产品单位成本表和各项费用报表,具体选择哪些项目来进行编制,才能更好地、更贴切地反映企业成本的水平? 随着经济的发展,一些正在成长的公司经常不定期发生一些新业务,如何使这些新的业务的成本在成本报表中表达出来,是企业成本会计人员不得不思考的一个问题。

【知识准备与业务操作】

一、成本报表编制的一般方法

　　各种成本报表反映的内容不同,格式及具体编制方法也不同,有的反映本期的实际成本、费用,有的还可能反映本期累计的实际成本和费用。为了考核和分析成本计划的执行情况,这些报表一般还反映有关的计划数和某些其他有关资料。

　　成本报表中的本期实际成本、费用,应根据有关的产品成本或费用明细账的本期实际发生额填列。表中的累计实际成本、费用,应根据本期报表中的本期实际成本、费用,加上上期报表中的累计实际成本、费用计算填列;如果有关的明细账中登记了期末累计实际成本、费用,可以直接根据有关的明细账相应数据填列。

　　成本报表中的计划数,应根据有关的计划与预算填列;表中其他资料,应按报表编制的有关规定填列。

二、常见成本报表编制

(一) 全部产品生产成本报表编制

　　全部产品生产成本表是反映工业企业在报告期内(月、季、年)生产产品所发生的生产费用总额和全部产品生产总成本的报表,是企业编制的主要成本报表之一。该表一般有两种编制方法,一种是按产品种类反映,另一种是按成本项目反映。

　　1. 全部产品生产成本(按产品种类反映)表的编制

　　按产品种类反映的产品生产成本表是按产品种类汇总反映工业企业在报告期内生产的全

11

部产品的单位成本和总成本的报表。按实际产量、单位成本、本月总成本和本年累计总成本四部分分别反映。并且按照产品种类分别反映本月产量、本年累计产量,以及上年实际成本、本年计划成本、本月实际成本和本年累计实际成本。

在按产品种类反映的产品生产成本表中,对于主要产品,应按产品品种反映实际产量和单位成本,以及本月总成本和本年累计总成本;对于非主要产品,则可按照产品类别,汇总反映本月总成本和本年累计总成本;对于上一年度没有正式生产或没有上年成本资料的产品,称为不可比产品,在表中不反映上年成本资料;对于上一年度正式生产过、具有上年成本资料的产品,一般称为可比产品,在该表中还应反映上年成本资料。

该表的填列方法一般如下。

各种产品的本月实际产量应根据相应的产品成本明细账填列。本年累计实际产量应根据本月实际产量加上上月本表的本年累计实际产量计算填列。

年实际平均单位成本,应根据上年度本表所列全年累计实际平均单位成本填列;本年计划单位成本,应根据本年度成本计划填列;本月实际单位成本,应根据表中本月实际总成本除以本月实际产量计算填列。如果产品成本明细账或产成品成本汇总表中有着现成的本月产品实际的产量、总成本和单位成本,表中的这些项目都可以产品成本明细账或产品成本汇总表填列。表中本年累计实际平均单位成本,应根据表中本年累计实际总成本除以本年累计实际产量计算填列。

按上年实际平均单位成本计算的本月总成本和本年累计总成本,应根据本月实际产量和本年累计实际产量,乘以上年实际平均单位成本计算填列。按本年计划单位成本计算的本月总成本和本年累计总成本,应根据本月实际产量和本年累计实际产量,乘以本年计划单位成本计算填列。本月实际总成本,应根据产品成本明细账或产成品成本汇总表填列。本年累计实际总成本,应根据产品成本明细账或产成品成本汇总表本年各月产成品成本计算填列。

由于不可比产品过去没有正式生产过,无成本资料可比,因而涉及"上年实际平均单位成本"的栏目,不可比产品一律不填。

补充资料的部分主要包括可比产品的降低额、可比产品的降低率等,一般根据表中的有关项目实际数据和计划数据计算而得。

【做中学 11-1】 练习全部产品生产成本表(按产品种类反映)编制,如表 11-1 所示。

表 11-1　　　　　**全部产品生产成本表(按产品种类反映)**

××工厂　　　　　　　　　　　　12 月　　　　　　　　　　　金额单位:元

产品名称	实际产量/件		单位成本				本月总成本			本年累计总成本		
	本月	本年累计	上年实际平均	本年计划	本月实际	本年累计实际平均	按上年实际平均单位成本计	按本年计划平均单位成本计	本月实际	按上年实际平均单位成本计	按本年计划单位成本计	本年实际
可比产品合计							13 800	12 960	13 250	156 000	146 400	146 600
甲产品	90	1 000	120	114	115	113	10 800	10 260	10 350	120 000	114 000	113 000

续　表

产品名称	实际产量/件		单位成本				本月总成本			本年累计总成本		
	本月	本年累计	上年实际平均	本年计划	本月实际	本年累计实际平均	按上年实际平均单位成本计	按本年计划平均单位成本计	本月实际	按上年实际平均单位成本计	按本年计划单位成本计	本年实际
乙产品	50	600	60	54	58	56	3 000	2 700	2 900	36 000	32 400	33 600
不可比产品合计								6 300	6 160		40 500	40 050
丙产品	70	450		90	88	89		6 300	6 160		40 500	40 050
全部产品成本								19 260	19 410		206 160	186 650
补充资料	1. 可比产品成本降低额； 2. 可比产品成本降低率											

编制产品生产成本（按产品种类反映）表的作用体现在以下几个方面。

（1）可以分析和考核各种产品本月和本年累计的成本计划的执行结果，对各种类产品成本的节约或超支情况进行评价。

（2）可以分析和考核各种可比产品本月和本年累计的成本比上年的升降情况。

（3）对于规定有可比产品成本降低计划的产品，可以分析和考核可比产品成本降低计划的执行情况，促使企业采取措施，不断降低产品成本。

（4）可以了解哪些产品成本节约较多，哪些产品成本超支较多，为进一步进行产品单位成本分析指明方向。

2. 全部产品生产成本（按成本项目反映）表的编制

全部产品生产成本（按成本项目反映）表是按成本项目汇总反映工业企业在报告期内发生的全部生产费用以及产品生产总成本的报表。

该表可以分为生产费用和产品生产成本两部分。表中生产费用部分按照成本项目（直接材料、直接人工、制造费用等）反映报告期内发生的各种生产费用及其合计数；产品生产成本部分是在生产费用合计数的基础，加上在产品和自制产成品的期初余额，减去在产品和自制半成品的期末余额，算出产品生产成本的合计数。这些费用和成本，还可以按上年实际数、本年计划数、本月实际数和本年累计实际数，分栏反映。

该表的填列方法一般如下：

在按成本项目反映的产品生产成本表中，上年实际数应根据上年 12 月份表中的本年累计实际数填列；本年计划数应根据成本计划有关资料填列；本年累计实际数应根据本月实际数，

11

加上上月份本表的本年累计实际数计算填列。

　　表中按成本项目反映的各种生产费用数，应根据各种产品成本明细账中所记本月生产费用合计数，按照成本项目分别汇总填列。表中期初、期末在产品、自制半成品的余额，应根据各种产品成本明细账的期初、期末在产品成本和各种自制半成品明细账的期初、期末余额，分别汇总填列。

　　产品生产成本（按成本项目反映）表中本月实际和本年累计实际的产品生产成本合计数，应该与后面的产品生产成本（按产品种类反映）表中相应的产品生产成本合计数核对相符。

　　【做中学 11-2】　表 11-2 列示了某工业企业 12 月份的全部产品生产成本表（按成本项目反映）。

表 11-2　　　　　　　　　全部产品生产成本表（按成本项目反映）

××工厂　　　　　　　　　　　　　　　　12月　　　　　　　　　　　　　　　单位：元

项　目	上年实际	本年计划	本月实际	本年累计实际
1. 直接材料费用	786 000	879 500	85 000	897 600
2. 直接人工费用	368 000	397 000	40 500	426 000
3. 制造费用	356 000	386 500	39 000	412 600
生产费用合计	1 510 000	1 663 000	164 500	1 736 200
加：在产品、自制半成品期初余额	36 500	38 960	58 960	54 760
减：在产品、自制半成品期末余额	45 600	36 950	51 620	55 670
产品生产成本合计	1 500 900	1 665 010	171 840	1 735 290

　　编制产品生产成本表（按成本项目反映）的作用体现在以下几个方面。

　　（1）可以反映报告期内全部产品费用的支出情况和各种费用的构成情况，并据以进行生产费用支出的一般评价。

　　（2）将 12 月份该表本年累计实际生产费用与本年计划数和上年实际数相比较，考核和分析年度生产费用计划的执行结果，以及本年生产费用比上年的升降情况。

　　（3）将表中各期产品生产成本合计数与该期的产值、销售收入或利润进行对比，计算成本产值率、成本销售收入率或成本利润率，考核和分析该期的经济效益。

　　（4）将 12 月份该表本年累计实际的产品生产成本与本年计划数和上年实际数相比，考核和分析年度产品生产总成本计划的执行结果，以及本年产品总成本比上年的升降情况，并据以分析影响成本升降的各项因素。

　　（二）主要产品单位成本表编制

　　主要产品单位成本表是反映工业企业报告期内生产的各种主要产品的单位成本及其构成情况的报表。该表应按主要产品分别编制，即每种主要产品都要编制一张主要产品单位成本报表。该表是产品生产成本表（按产品种类反映）中某些主要产品成本的进一步反映。

　　该表按成本项目，分别反映各种主要产品的历史先进水平单位成本、上年实际平均单位成本、本年计划单位成本、本月实际单位成本和本年累计实际平均单位成本等指标，为了便于分析,该表还可以提供有关产品产量的资料。

该表的填列方法一般如下:

产品销售单价应根据产品定价表填列;本月实际产量应根据产品成本明细账或产成品成本汇总表填列;本年累计实际产量应根据上月本表的本年累计实际产量加上本月实际产量计算填列。表中历史先进单位成本应根据历史上该种产品成本最低年度的成本计算资料填列;上年实际平均单位成本、本年计划单位成本、本月实际单位成本等指标的填列方法,与"产品生产成本表(按产品种类反映)"中单位生产成本的填列方法基本相同,主要产品单位成本表仅增加了分成本项目的资料。

【做中学 11-3】　依据 A 产品的资料及其他相关资料编制××工厂 12 月份的主要产品单位成本表如表 11-3 所示。

表 11-3　　　　　　　　　　主要产品单位成本表

12 月

产品名称:A　　　　　　　　　　　　　　　　　　本月实际产量:5 件

产品规格:××　　　　　　　　　　　　　　　　　本年累计实际产量:50 件

计量单位:件　　　　　　　　　　　　　　　　　　金额单位:元

成本项目	历史先进水平	上年实际平均	本年计划	本月实际	本年累计实际平均
单位产品生产成本	765	802	780		797
其中:直接材料	605	615	600		613
直接人工	85	98	95		96
制造费用	75	89	85		88
主要经济指标	耗用量	耗用量	耗用量	耗用量	耗用量
原材料					
a 材料/千克	15	20	16		18
b 材料/千克	10	14	12		13
工时/小时	10	12	13		12.5

编制主要产品单位成本表的作用在于:

(1)可以按照成本项目考核主要产品单位成本计划的执行结果,分析各项单位成本节约或者超支的原因,为进一步分析产品成本升降的原因,寻找降低产品成本的途径指明方向。

(2)可以按照成本项目将本月实际单位成本和本年累计实际平均单位成本与上年实际平均单位成本和历史先进单位成本进行对比,了解其发展趋势。

(3)可以分析和考核主要产品的主要技术经济指标执行情况。

(三) 各种费用明细表编制

1. 制造费用明细表的结构和编制

制造费用明细表是反映工业企业在报告期内发生的制造费用总额及其构成情况的报表。

制造费用的构成,除了按照费用明细项目反映外,还应按照生产单位反映,该表汇集的制造费用只反映基本生产车间制造费用,不包括辅助生产车间制造费用。

该表一般按照制造费用的明细项目分别反映各费用的本年计划数、上年同期实际数、本月实际数和本年累计实际数。利用制造费用明细表,可以分析制造费用的构成和增减变动情况,考核制造费用预算的执行情况。

该表的填列方法一般如下。

本年计划数应该根据本年制造费用的预算资料填列;上年同期实际数应根据上年同期本表的本月实际数填列;本月实际数应根据"制造费用"总账账户所属的各基本生产车间制造费用明细账本月末的累计数汇总计算填列。本年累计实际数根据制造费用明细账中各费用项目本年累计发生额填列,也可以将本月实际数加上上月本表中本年累计实际数后填列。如果需要,也可以根据制造费用的分月计划,在表中加列本月计划数。制造费用明细表如表 11-4 所示。

表 11-4　　　　　　　　　　　　制造费用明细表

××工厂　　　　　　　　　　　　　　12 月　　　　　　　　　　　　　单位:元

项　　目	本年计划	上年同期实际数	本月实际数	本年累计实际
职工薪酬	(略)	(略)	(略)	(略)
折旧费				
办公费				
取暖费				
水电费				
机物料消耗				
低值易耗品摊销				
劳动保护费				
租赁费				
运输费				
保险费				
设计制图费				
试验检验费				
在产品盘亏和毁损(减盘盈)				
其他				
制造费用合计				

2. 期间费用明细表的结构和编制

销售费用明细表、管理费用明细表、财务费用明细表都称为期间费用明细表,是反映企业在报告期内发生的期间费用及其构成情况的报表。

编制期间费用明细表是为了反映、分析、考核期间费用的计划执行情况及其执行的结果,分析期间费用内部各项费用的构成情况和上年同期相比增减变化情况及其升降变动的主要原因。

(1)销售费用明细表的结构和编制。销售费用明细表反映企业在报告期内发生的销售费用及其构成情况的报表。该表一般按照费用项目反映各费用的本年计划数、上年同期实际数、本月实际数、本年累计实际数。

该表的填列方法一般如下：

本年计划数应该根据本年销售费用的预算资料填列；上年同期实际数应根据上年同期本表的本月实际数填列；本月实际数应根据"销售费用"总账账户所属的明细账本月末的累计数汇总计算填列。本年累计实际数根据销售费用明细账中各费用项目本年累计发生额填列，也可以将本月实际数加上上月本表中本年累计实际数后填列。销售费用明细表如表11-5所示。

表 11-5　　　　　　　　　　销售费用明细表

××工厂　　　　　　　　　　　　12月　　　　　　　　　　　　单位：元

项　目	本年计划	上年同期实际数	本月实际数	本年累计实际
职工薪酬	（略）	（略）	（略）	（略）
业务费				
运输费				
装卸费				
包装费				
保险费				
展览费				
广告费				
差旅费				
租赁费				
低值易耗品摊销				
销售部门办公费				
委托代销手续费				
销售服务费				
折旧费				
其他				
合　计				

（2）管理费用明细表的结构和编制。管理费用明细表反映企业在报告期内发生的管理费用及其构成情况的报表。该表一般按照费用项目反映各费用的本年计划数、上年同期实际数、本月实际数、本年累计实际数。

该表的填列方法一般如下。

本年计划数应该根据本年管理费用的预算资料填列；上年同期实际数应根据上年同期本表的本月实际数填列；本月实际数应根据"管理费用"总账账户所属的明细账本月末的累计数汇总计算填列。本年累计实际数根据管理费用明细账中各费用项目本年累计发生额填列，也可以将本月实际数加上上月本表中本年累计实际数后填列。管理费用明细表如表11-6所示。

11

表 11-6　　　　　　　　　　　管理费用明细表

××工厂　　　　　　　　　　　　　12 月　　　　　　　　　　　　单位：元

项　目	本年计划	上年同期实际数	本月实际数	本年累计实际
职工薪酬	（略）	（略）	（略）	（略）
折旧费				
办公费				
差旅费				
运输费				
保险费				
租赁费				
修理费				
咨询费				
诉讼费				
排污费				
绿化费				
物料消耗				
低值易耗品摊销				
无形资产摊销				
递延费用摊销				
坏账损失				
研究开发费				
技术转让费				
业务招待费				
工会经费				
职工教育经费				
待业保险费				
劳动保险费				
税金：				
房产税				
车船税				
土地使用税				
印花税				
材料、产成品盘亏和毁损（减盘盈）				
其他				
合　计				

（3）财务费用明细表的结构和编制。财务费用明细表反映企业在报告期内发生的财务费用及其构成情况的报表。该表一般按照费用项目反映各费用的本年计划数、上年同期实际数、本月实际数、本年累计实际数。

该表的填列方法一般如下。

本年计划数应该根据本年财务费用的预算资料填列；上年同期实际数应根据上年同期本表的本月实际数填列；本月实际数应根据"财务费用"总账账户所属的明细账本月末的累计数汇总计算填列。本年累计实际数根据财务费用明细账中各费用项目本年累计发生额填列，也可以将本月实际数加上上月本表中本年累计实际数后填列。财务费用明细表如表 11-7 所示。

表 11-7　　　　　　　　　　　　　财务费用明细表

××工厂　　　　　　　　　　　　　　　12 月　　　　　　　　　　　　　　　单位：元

项　目	本年计划数	上年同期实际数	本月实际数	本年累计实际数
利息支出				
汇兑损失				
手续费				
其他				

引例解析

成本报表可结合报表的特点、报送格式由企业自行确定，报送项目具有较大的灵活性；企业可以根据自身成本工作中存在的问题和技术经济指标变动对成本的影响，灵活采用日报、周报或旬报的形式，定期或不定期地向有关部门和人员提供不同内容的成本报表，以解决新业务产生的新问题。

【工作任务——全部产品生产成本报表编制】

铭创机械制造公司生产甲、乙两种零件，甲零件是可比产品，也是企业的主要产品，乙零件今年刚刚投入生产，9 月成本资料如表 11-8 表示。

表 11-8　　　　　　　　　　　9 月产品成本资料

产品	每月计划产量/件	本月实际产量/件	本年累计产量/件	本年计划单位成本/（元/件）	本月实际单位成本/（元/件）	上年实际平均单位成本/（元/件）	本年累计实际平均单位成本/（元/件）
甲	55	60	530	144	140	150	145
乙	55	56	500	177	172		165

根据以上资料编制全部产品生产成本报表。

任务分析：

该任务涉及全部产品生产成本按产品种进行编制。

操作步骤：

第一步：对全部产品生产成本报表反映项目进行选择。

第二步：找出相关数据，进行编制，如表 11-9 所示。

11

表 11 - 9 全部产品生产成本表

编制单位： 9月

产品名称	实际产量/件		单位成本/元				本月总成本/元			本年累计总成本/元		
	本月	本年累计	上年实际平均	本年计划	本月实际	本年累计实际平均	按上年实际平均单位成本计	按本年计划平均单位成本计	本月实际	按上年实际平均单位成本计	按本年计划单位成本计	本年实际
可比产品合计												
其中：甲	60	530	150	144	140	145	9 000	8 640	8 400	79 500	76 320	76 850
不可比产品合计												
其中：乙	56	600		177	172	165		9 912	9 632		88 500	82 500
全部产品成本							9 000	18 552	18 032	79 500	164 820	159 350
补充资料	1. 可比产品成本降低额； 2. 可比产品成本降低率											

任务三　成本报表分析

任务引例

　　成本会计的主要职能是核算。很多人从接触成本会计开始，就认为从事成本会计工作，只要做到有耐心，足够细心地对企业成本进行核算与计量，最后编制出成本报表，当期工作就算告一段落了。

　　要求：思考这种认识对吗？若不对，存在什么问题？

【知识准备与业务操作】

一、成本报表分析方法

　　成本报表分析是根据成本核算资料与成本计划资料以及其他有关资料，运用一系列专门方法，反映企业成本计划的完成情况，查明影响成本升降的各个因素以及变动原因，寻求降低成本的一项专门工作，成本报表分析是成本核算工作的继续，是成本会计的重要组成部分。

　　通过成本报表分析，可以正确评价企业成本费用计划的执行结果，全面评价企业内部各单位、各部门成本责任的履行情况，揭示成本升降的原因，测定各因素变动对产品成本的影响程度。通过成本报表的分析，对寻求进一步降低成本的途径和方法，改进企业生产经营管理，提

11

高经济效益有重要意义。

　　成本报表的分析方法是完成成本报表分析的重要手段,运用得当将对成本报表分析的整个过程带来有利的影响。在成本报表分析中,可以采用的分析方法多种多样,具体选用哪种方法,取决于成本形成的特点、成本报表分析所依据的资料以及成本报表分析的目的。常用的方法有比较分析法、比率分析法、因素分析法。

(一) 比较分析法

　　比较分析法也称对比分析法,是成本报表分析的主要方法,使用比较广泛。它是通过不同时期、不同情况实际数与基数的对比来揭示实际数与基数之间的数量差异,借以分析产生差异的原因,研究解决问题的方法和途径,提高成本管理水平。

美的成本控制的比较分析法

　　对比的基数由于分析的目的不同而有所不同。一般有计划数(预算数)、定额数、前期实际数、以往年度同期实际数以及本企业的历史先进水平和国内外同行业的先进水平等。

　　(1) 将实际数与计划数(预算数)对比,可以找出分析期实际成本或费用与计划期成本或费用预算之间的差异,反映计划的执行情况。

　　(2) 将本期实际数与前期实际数或以往年度同期实际数对比。此种比较可以反映成本、费用的变动趋势,考察生产的发展变化情况,反映本期同前期成本间的差距,有助于吸取历史经验,改进成本工作。

　　(3) 本企业实际成本指标与同行业先进指标对比。通过对比,可以了解企业成本水平在国内外同行业中所处的地位,反映本企业与国内外先进成本指标间的差距,以便扬长避短,明确努力的方向,挖掘降低成本的潜力,提高企业经济效益。

　　对比分析法只适用于同质指标的数量对比,例如,实际产品成本与计划产品成本对比、实际原材料费用与定额原材料费用对比、本期实际制造费用与前期实际制造费用对比,等等。在采用这种分析方法时,还应该注意相比指标的可比性、计算方法、计算期和影响指标形成的客观条件等方面因素。如果相比的指标之间有不可比因素,应先按可比的口径进行调整,然后再进行对比。这种方法一般适用于同类型企业间的比较分析。

(二) 比率分析法

　　比率是用倍数或比例表示的相对数。比率分析法是通过计算各项指标之间的比率进行分析的方法。比率数字比较简单,并且由于把两项指标的绝对数变成了相对数,从而将一些条件不同、不可比的指标变成了可比的相对数。主要有相关指标比率分析法、构成比率分析法和趋势比率分析法三种。

1. 相关指标比率分析法

　　相关指标比率分析法是对两个相互联系、相互依存但性质不同的指标计算出的比率,以实际数和计划数或者前期实际数进行对比分析,从经济活动的客观联系中深入了解企业的生产经营状况。

　　例如,由于企业规模大小等原因,单纯地对比产值、销售收入或利润等绝对数的多少,不能说明各个企业经济效益好坏,如果计算成本与产值、销售收入或利润相比的相对数,即产值成本率、销售收入成本率或成本利润率,就可以反映各企业经济效益的好坏。

2. 构成比率分析法

　　构成比率分析法也称为结构比率,它是通过计算某项指标的各个组成部分占总体的比重(即部分与总体的比率)进行数量分析的方法。例如,将构成产品成本的各个成本项目分别与产品成本总额相比,计算产品成本的构成比率;又如,将构成管理费用的各个费用项目分别与管理费用总额相比,计算管理费用的构成比率。通过分析,可以反映产品成本或者期间费用的构成是否合理,为寻找降低成本、节约费用的途径指明方向。

3. 趋势比率分析法

趋势比率分析法又称动态比率分析法,是将不同时期同类指标的数值对比,求出比率,据以分析该项指标的增减变动和发展趋势的方法。例如,将某产品若干年的单位成本指标和基年成本指标进行对比,求出趋势百分比,然后将不同年份的趋势百分比进行比较就可以从中发现企业生产经营方面的成绩与不足。

趋势比率的计算有两种方式:一种是定基发展速度,即以某个固定时期为基期,其他各期均与该时期的基数进行对比;另一种是环比发展速度,即分别以上一期为基期,下一期与上一期的基数进行对比。

比率分析法的主要优点在于:通过比率的计算,可以把某些不可比的企业变成可比的企业,扩大了比较的范围。但是比率分析法也有不足之处:比率只反映比值,不能说明其绝对数的变动;比率分析法与比较分析法一样,都不能说明指标变动的原因;当企业的一些会计事项采用不同的会计处理方法的时候,企业间比率的可比性就会受到影响。

因此,不论采用什么比率分析法,进行分析时,还应将比率的实际数与其基数进行对比,揭示其与基数之间的差异。例如,进行相关指标比率的成本利润率分析时,还应将实际的成本利润率与计划的或前期实际的成本利润率进行对比,反映其与计划、前期实际之间的差异。

(三) 因素分析法

因素分析法是将综合性经济指标分解为若干个相互联系的因素,并确定各个因素的变动对该指标的影响方向和影响程度的一种分析方法。

利用因素分析法对综合指标的变动进行分析,可以取得各项因素变动对综合指标影响程度的数据,有助于分清经济责任,更有说服力地评价企业各方面的经营管理工作。同时,利用这一方法进行分析,可以在复杂的经济活动中找出主要因素,以集中精力、抓住主要矛盾解决问题。

成本指标是一个综合指标,它受各种因素的影响,只有把成本指标分解为若干构成因素,才能明确成本指标完成好坏的原因和责任。因素分析法按照计算程序的不同可以分为连环替代法和差额计算法。

1. 连环替代法

连环替代法亦称连锁替代法,是将综合经济指标分解为各个因素后,以组成各个因素的实际数,按顺序逐次逐个替换比较的标准,来计算各个因素的变动对该指标的影响程度的一种分析方法。采用连环替代法进行分析时,应当遵循以下计算程序:

(1) 利用比较分析法将某项综合指标的实际数和基数(计划数或前期实际数)对比,找出差额作为分析对象。

(2) 确定构成该项经济指标由哪几个因素组成,根据因素的依存关系,按一定顺序排列因素。在实际工作中,一般将反映数量的因素排在前面,反映质量的因素排在后面;反映实物量和劳动量的因素排在前面,反映价值量的因素排在后面。例如,在分析直接材料费用的变动原因时,影响材料消耗总额的因素有产品产量、单位材料消耗量和材料单价三个因素,一般按产品产量、单位材料消耗量、材料单价的顺序排列因素。

（3）以基数为计算基础，按照各个因素的排列顺序，依次以各因素的本期实际数替代该因素的基数，每次替换后实际数就被保留下来，有几个因素就替换几次，直到所有的因素都替换为实际数为止，将每次替换以后的计算结果与其前一次替换以后的计算结果进行对比，依次计算每项因素的影响程度。

（4）综合各个因素的影响（有的正方向影响，有的反方向影响）程度，其代数和应等于该经济指标的实际数与基数的总差异数。

【做中学 11-4】 某产品的直接人工计件总成本由该种产品产量、单位产品生产工时和小时工资率三个因素组成，这三个因素之间的联系如式 11-1 所示。

直接人工计件总成本＝该种产品产量×单位产品生产工时×小时工资率（11-1）

假定某期该种产品有关数据列表，如表 11-10 所示。

表 11-10　　　　　　　　甲种产品直接材料费用表

项　　目	产品产量/件	单位产品生产工时/（小时/件）	小时工资率	直接人工计件总成本/元
计划	300	15	6	27 000
实　际	330	14	7	32 340

采用连环替代分析法分析如下：

分析对象：32 340－27 000＝5 340
计划指标：300×15×6＝27 000
第 1 次替代：330×15×6＝29 700　产品产量变动的影响：29 700－27 000＝2 700（元）
第 2 次替代：330×14×6＝27 720　单位产品生产工时变动的影响：27 720－29 700＝－1 980（元）
第 3 次替代：330×14×7＝32 340　小时工资率变动的影响：32 340－27 720＝4 620（元）
总差异 2 700－1 980＋4 620＝5 340

通过计算可以看出，由于产品产量的增加，人工成本上升 2 700 元，由于单位产品生产工时的降低，人工成本降低 1 980 元，由于小时工资率的上升，人工成本上升 4 620 元，三因素共同作用，使人工的成本上升 5 340 元。应该进一步查明单位产品生产工时节约和小时工资率上升的原因，然后才能对企业人工的总成本变动情况做出评价。

从以上举例可以看出，采用这种分析方法计算某项因素变动的影响程度时，具备以下特点：结果具有假定性，假定其他因素不变，只有这样才能算出该项因素变动的影响程度；计算程序连环性，在计算每一个因素变动对指标的影响数值时，除第一次是在基数基础上进行替换外，每个因素都在前一个因素替换的基础上进行采用连环比较的方法确定各个因素变化的影响结果；另外，还必须按照事物的发展规律和各因素的相互依存关系合理排列因素的顺序。

2. 差额计算法

差额计算分析法是连环替代分析法的一种简化的计算方法。它是根据各项因素的实际数与基数的差额来计算各项因素变动对综合经济指标的影响程度的一种分析方法。其应用的原理与连环替代法相同，只是在计算程序上不同。

11

【做中学 11 - 5】　根据【做中学 11 - 4】提供的资料,采用差额计算分析法计算如下:

分析对象:32 340 - 27 000 = 5 340(元)

产品产量变动的影响:(330 - 300)×15×6 = 2 700(元)

单位产品生产工时变动的影响:330×(14 - 15)×6 = - 1 980(元)

小时工资率变动的影响:330×14×(7 - 6) = 4 620(元)

总差异:2 700 - 1 980 + 4 620 = 5 340(元)

以上计算结果与连环替代分析法的计算结果完全相同,但是计算过程比较简便,所以在实际工作中应用比较广泛。

二、常见成本报表分析

(一)全部产品生产成本报表(按产品种类反映)的分析

以产品种类反映的产品生产成本的分析主要从以下两个方面进行。

1. 全部产品成本计划完成情况分析

全部产品按产品类别进行的成本计划完成情况分析,是依据分析期产品生产成本报表(按产品种类反映)进行的。全部产品的本月实际总成本和本年累计实际总成本,分别与其本月计划总成本和本年累计计划总成本进行比较,确定实际成本比计划成本的降低额和降低率,从而确定全部产品实际成本与计划成本的差异,了解成本计划的执行结果。计算过程中计划总成本是按实际产量计算的,因此,进行对比的商品计划总成本是经过调整后的实际产量计划总成本,剔除了产量变动对总成本的影响。

全部产品成本计划降低额和计划降低率的计算如式 11 - 2、式 11 - 3 所示。

$$全部产品成本降低额 = 计划总成本 - 实际总成本 = \sum(实际产量 \times 计划单位成本)$$
$$- \sum(实际产量 \times 实际单位成本) \qquad (11 - 2)$$

$$全部产品成本降低率 = 成本降低额 \div 计划总成本 \times 100\% \qquad (11 - 3)$$

通过式 11 - 3 计算得出的数值如果是正数,表示成本降低额(率);如果为负数,表示成本超支额(率)。全部产品成本计划完成情况分析表如表 11 - 11 所示。

表 11 - 11　　　　　全部产品成本计划完成情况分析表

××工厂　　　　　　　　　　　　　　　　20××年度

产品名称	实际产量/件	单位成本/(元/件)			实际产量的总成本/元			与计划成本比	
		上年实际	本年计划	本年实际	按上年实际平均单位成本计算	按本年计划单位成本计算	本年实际	成本降低额/元	成本降低率/%
可比产品					156 000	146 400	146 600	- 200	- 0.14
甲产品	1 000	120	114	113	120 000	114 000	113 000	1 000	0.88
乙产品	600	60	54	56	36 000	32 400	33 600	- 1 200	- 3.70
不可比产品					40 500	40 050		450	1.11

11

续　表

产品名称	实际产量/件	单位成本/(元/件)			实际产量的总成本/元			与计划成本比	
		上年实际	本年计划	本年实际	按上年实际平均单位成本计算	按本年计划单位成本计算	本年实际	成本降低额/元	成本降低率/%
丙产品	450		90	89		40 500	40 050	450	1.11
合　计					186 900	186 650	250	0.13

在上述全部产品成本计划完成情况分析表中,为了指标的可比性,总成本都是按实际产量计算的。在本例中,实际成本与计划成本比较,总成本节约了 250 元,成本降低率超支0.13%。在主要产品中,甲产品成本计划节约额为 1 000 元,成本降低率为 0.88%;乙产品成本计划超支额为 1 200 元,超支率为 3.7%;不可比产品丙产品成本计划节约 450 元,成本降低为1.11%。对超支及节约情况应进行进一步分析,查明原因。

2. 可比产品成本计划完成情况分析

可比产品成本降低计划包括计划成本降低额(率)和实际成本降低额(率)。

(1)计划降低额是可比产品计划总成本比计划产量的上年总成本的降低额数,降低率是指降低额除以计划产量的上年总成本的比率。计算方法如式 11-4、式 11-5 所示。

$$
\text{可比产品计划降低额} = \sum (\text{计划产量} \times \text{上年实际平均单位成本}) - \sum (\text{计划产量} \times \text{计划单位成本}) \tag{11-4}
$$

$$
\text{可比产品计划降低率} = \text{可比产品计划降低额} \div \text{全部可比产品计划产量按上年实际平均单位成本计算的总成本} \times 100\% \tag{11-5}
$$

【做中学 11-6】　计算全部可比产品的成本降低任务即计划降低额和计划降低率,如表 11-12 所示。

表 11-12　　　　　　　　20××年度可比产品成本计划表

产品名称	计划产量/件	单位成本/(元/件)		总成本/元		计划降低任务	
		上年实际	本年计划	上年成本	计划成本	降低额/元	降低率/%
可比产品							
甲产品	300	120	114	36 000	34 200	1 800	5
乙产品	600	60	54	36 000	32 400	3 600	10
合　计				72 000	66 600	5 400	7.5

(2)实际降低额是可比产品实际总成本比实际产量的上年总成本的降低额数,降低率是指降低额除以实际产量的上年总成本的比率。计算方法如式 11-6、式 11-7 所示。

$$
\text{可比产品实际降低额} = \sum (\text{实际产量} \times \text{上年实际平均单位成本}) - \sum (\text{实际产量} \times \text{本年实际单位成本}) \tag{11-6}
$$

11

$$可比产品实际降低率＝实际降低额÷全部可比产品实际产量按上年$$
$$实际平均单位成本计算的总成本×100\% \tag{11-7}$$

【做中学 11-7】　中盛机电制造有限公司 20××年度可比产品成本的实际完成情况表,如表 11-13 所示,请计算全部可比产品成本的实际降低额和实际降低率,并与计划降低额和计划降低率进行对比,分析其成本降低任务完成情况。

表 11-13　　　　　20××年度可比产品成本实际完成情况表

产品名称	实际产量/件	单位成本/(元/件)			总成本/元			实际降低情况	
		上年实际	本年计划	本年实际	上年成本	计划成本	本年实际	降低额/元	降低率/%
可比产品									
甲产品	1 000	120	114	113	120 000	114 000	113 000	1 000	0.88
乙产品	600	60	54	56	36 000	32 400	33 600	-1 200	-3.70
合　计					156 000	146 400	146 600	-200	-0.14

$$计划降低额＝(300×120＋600×60)-(300×114＋600×54)＝72 000-66 600＝5 400$$
$$计划降低率＝5 400÷72 000×100\%＝7.5\%$$
$$实际降低额＝(1 000×120＋600×60)-(1 000×113＋600×56)$$
$$＝156 000-146 600＝9 400(元)$$
$$实际降低率＝9 400÷156 000＝6.03\%$$

可见,可比产品实际降低额超额完成了计划,比计划多降低 4 000 元;实际降低率没有完成计划,低于计划 1.47%。

(3)因素分析。可比产品成本降低额是根据各种产品的产量、品种结构和单位成本确定的。影响可比产品成本降低任务完成的因素有以下三个。

① 产品产量。成本计划降低额是根据各种产品计划产量制定的,而实际成本降低额是根据各种产品的实际产量计算的。因此,在产品品种结构和单位成本不变时,产品产量增减,就会使成本降低额发生同比例的增减,但不会使成本的降低率发生变化。

$$可比产品产量变动对成本降低额的影响＝\sum(实际产量×上年实际平均单位成本)×计$$
$$划降低率-计划降低额＝(1 000×120＋600×60)×7.5\%-5 400＝6 300$$

成本计划降低率不发生任何改变,为 7.5%。

② 产品品种结构。由于各种可比产品成本降低率不同,如果成本降低率大的产品在全部可比产品中所占的比重比计划提高,则整体的降低额和降低率都会加大;反之亦然。

$$产品品种结构变动对成本降低额的影响＝[\sum(实际产量×上年实际平均单位成本)-$$
$$\sum(实际产量×本年计划单位成本)]-\sum(实际产量×上年实际平均单位成本)×计划降低$$
$$率＝(156 000-146 400)-156 000×7.5\%＝9 600-156 000×7.5\%＝-2 100$$

产品品种结构变动对成本降低率的影响＝产品品种结构变动对成本降低额÷全部可比产品实际产量按上年实际平均单位成本计算的总成本×100\%＝-2 100÷156 000×100\%＝-1.35\%

③ 产品单位成本。可比产品的计划降低额和计划降低率,是根据本年计划成本和上年实际成本对比确定的,实际降低额和实际降低率是根据本年实际成本和上年实际成本对比确定的。当本年计划实际单位成本比本年计划单位成本下降或者上升时,必然会引起可比产品成本降低额和成本降低率的变化,在其他因素不变的条件下,产品实际单位成本比计划降低得越多,降低额和降低率就越大;反之亦然。

产品单位成本变动对成本降低额的影响 $=\left[\sum(\text{实际产量}\times\text{上年实际平均单位成本})-\sum(\text{实际产量}\times\text{本年实际单位成本})\right]-\left[\sum(\text{实际产量}\times\text{上年实际平均单位成本})-\sum(\text{实际产量}\times\text{本年计划单位成本})\right]=(156\,000-146\,600)-(156\,000-146\,400)=-200$

产品单位成本的变动对成本降低率的影响 = 产品单位成本变动对成本降低额 ÷ 全部可比产品实际产量按上年实际平均单位成本计算的总成本 $\times100\%=-200\div156\,000\times100\%=-0.13\%$,结果如表 11-14 所示。

表 11-14　可比产品成本降低任务完成情况分析表

各因素的影响程度	成本降低额/元	成本降低率/%
产量变动影响	6 300	0
品种结构变动的影响	−2 100	−1.35
单位成本变动的影响	−200	−0.13
合　计	4 000	−1.48

由上可知,企业可比产品实际降低额超额完成了计划,比计划多降低 4 000 元;实际降低率没有完成计划,低于计划的 1.48%。

(二) 全部产品生产成本报表(按成本项目反映)的分析

按成本项目反映的产品生产成本表,一般采用对比分析法、结构比率分析法和相关指标比率分析法进行。

【做中学 11-8】　依据【做中学 11-7】企业编制的按成本项目反映的产品生产成本表和产品成本计划,进行全部产品总成本按成本项目的分析如表 11-15 所示。

表 11-15　全部产品成本计划完成情况分析——按成本项目分析

××工厂　　　20××年度

成本项目	实际产量的总成本/元		与计划成本比	
	按本年计划单位成本计算	本年实际	成本降低额/元	成本降低率/%
直接材料	879 500	897 600	−18 100	−2.06
直接人工	397 000	426 000	−29 000	−7.30
制造费用	386 500	412 600	−26 100	−6.75
合　计	1 663 000	1 736 200	−73 200	−4.40

从表 11-15 中可以看到,按成本项目反映的全部产品成本计划完成情况,与计划比较的成本降低额 -73 200 元,成本降低率为 -4.40%,从表中可以看出,构成产品总成本的三个成本项目,直接材料项目、直接人工和制造费用项目均超支,与计划比较的降低率分别为 -2.06%、-7.30% 和 -6.75%,超支的原因应进一步分析。

三、主要产品单位成本报表分析

主要产品是指分析期正常生产、大量生产的产品,其产量、消耗量、成本、收入及利润在全部产品中所占比重很大,是成本分析的重点。

主要产品单位成本分析的意义,在于揭示各种产品单位成本及其各个成本项目的变动情况,尤其是各项消耗定额的执行情况;确定产品结构、工艺和操作方法的改变,以及有关技术经济指标执行结果对产品单位成本的影响,查明产品单位成本升降的具体原因,从而为今后进一步降低成本找到具体的途径和方法。

主要产品单位成本分析主要依据主要产品单位成本表、成本计划和各项消耗定额资料,以及反映各项技术经济指标的业务技术资料等进行。分析的程序一般是先检查各种产品单位成本实际比计划、比上年实际、比历史最好水平的升降情况;然后,按成本项目分析其增减变动,查明造成单位成本升降的具体原因。为了在更大的范围内找差距、挖潜力,在可能的条件下,还可以组织厂际间同种类产品单位成本的对比分析。

(一)主要产品单位成本计划完成情况分析

单位成本计划完成情况的分析,是根据"主要产品单位成本表"上的有关数据资料以及其他有关资料,首先分析单位成本实际数与基准数的差异,确定单位成本是升高还是降低了,升降幅度是多少;然后再按成本项目分别进行比较分析,考察每个项目的升降情况;最后,可针对某些主要项目的升降情况,做进一步深入的分析,查明引起成本项目升降的原因。

[做中学 11-9]　现根据表 11-3 甲产品单位成本表中的资料编制分析表,如表 11-16 所示。

表 11-16　　　　　　　　　甲产品单位成本分析表

成本项目	比历史先进水平		比上年实际平均		比本年计划	
	降低额/元	降低率/%	降低额/元	降低率/%	降低额/元	降低率/%
直接材料	-8	-1.32	2	0.33	-13	-2.17
直接人工	-11	-12.94	2	2.04	-1	-1.05
制造费用	-13	-17.33	1	1.12	-3	-3.53
合 计	-32	-5.29	5	0.62	-17	-2.13

从上表的分析结果可知,甲产品本年实际单位成本与上年相比降低了 5 元,但却没有完成计划,比计划单位成本超支了 17 元,和历史先进水平也存在一定的差距。为了查明成本升降的原因,并找到降低成本的途径,就需要深入地分析各个成本项目。

11

（二）主要成本项目分析

1. 直接材料项目分析

直接材料成本在产品成本中往往占有较大的比重，该项成本的升降对产品单位成本以至于总成本的高低有着重要的影响，因此对直接材料项目的分析，是产品单位成本各成本项目分析的重点。

一般来说，影响单位产品成本直接材料的基本因素是单位产品材料耗用量和材料单价。这两个因素变动对单位产品直接材料成本超支或节约的影响程度，可分别按式 11-8、式 11-9 计算。

$$材料耗用量变动的影响 = \sum（实际单位耗用量 - 计划单位耗用量）\times 计划价格 \quad (11-8)$$

$$材料单价变动的影响 = \sum（实际单价 - 计划单价）\times 实际耗用量 \quad (11-9)$$

【做中学 11-10】　假定乙产品所耗用的 a、b 两种材料的有关资料，如表 11-17 所示。请分析其直接材料项目。

表 11-17　乙产品直接材料成本分析表

材料名称	耗用量/千克		材料单价/(元/千克)		材料成本/元		差异/元	
	计划	实际	计划	实际	计划	实际	计划	实际
a 材料	16	18	15	16	240	288	30	18
b 材料	12	13	30	25	360	325	30	-65
合　计	-	-			600	613	60	-47

分析对象：613-600=13(元)

材料耗用量变动影响：(18-16)×15+(13-12)×30=60(元)

材料价格变动影响：(16-15)×18+(25-30)×13=-47(元)

由此可知，乙产品直接材料成本实际比计划超支 13 元，是由材料耗用量变动超支 60 元和材料价格变动节约 47 元两因素的共同影响。对于 a、b 两材料的耗用量实际比计划减少或增加的现象，应进一步进行分析，以便总结经验挖掘降低成本的潜力。

2. 直接人工项目分析

单位产品直接人工的多少，取决于生产单位产品的生产工时和小时工资率两个因素。单位产品的生产工时反映劳动生产率水平的高低，小时工资率则反映平均工资水平的高低。一般情况下，单位产品的直接人工与本企业平均工资水平成正比，与劳动生产率成反比，即劳动生产率提高意味着单位产品消耗的工时减少，将使直接人工成本减少；而劳动生产率的增长往往伴随着平均工资水平的提高，使直接人工成本增加。因此，只有劳动生产率的增长速度超过平均工资增长率时，才会使产品成本降低。

单位产品工时消耗量和小时工资率的变化对单位产品直接人工的影响，可按式 11-10、式 11-11 计算。

11

$$工时消耗量变动的影响 = \sum \big[(实际单位工时消耗量 - 计划单位工时消耗量) \times 计划小时工资率\big] \quad (11-10)$$

$$小时工资额变动的影响 = \sum \big[(实际小时工资率 - 计划单位工资率) \times 实际单位工时消耗量\big] \quad (11-11)$$

【做中学 11-11】 假定 A 产品的有关单位产品直接人工成本资料,如表 11-18 所示。

表 11-18　　　　　　　单位产品直接人工成本分析表

项　目	计划数	实际数	差异
单位产品生产工时/小时	13	12.5	-0.5
小时工资率/(元/小时)	8	10	2
单位产品直接人工成本/(元/件)	104	125	21

分析对象:125 - 104 = 21(元)

单位产品工时变动影响:(12.5 - 13) × 8 = -4(元)

小时工资率变动影响:(10 - 8) × 12.5 = 25(元)

两个因素共同影响: -4 + 25 = 21(元)

分析结果表明,A 产品直接人工成本超支 21 元,是单位产品生产工时减少和平均小时工资增加共同作用的结果。其中,由于单位产品生产工时减少 0.5 小时,使单位产品直接人工成本减少 4 元;平均小时工资增加 2 元,使直接人工成本超支 25 元。说明直接人工成本升高主要是由于工资水平的增长高于劳动生产率的提高所致。

3. 制造费用项目分析

制造费用是生产单位为组织和管理生产所产生的各项费用,通常应按照一定标准分配到各种产品成本之中。单位产品制造费用通常受单位产品生产工时(或其他分配标准)和小时费用分配率(或其他分配率)两个因素的影响。单位产品生产工时取决于劳动生产率的高低,而小时费用率则受费用总额变动的影响。在制造费用总额不变的情况下,单位产品中的制造费用就取决于劳动生产率的高低,劳动生产率越高,单位产品消耗的工时就越少,所分配到的制造费用也越少;相反,劳动生产率越低,单位产品消耗的工时越多,分配到单位产品中的制造费用也就越多。

单位产品生产工时和费用分配率的变动对单位产品制造费用的影响,可按式 11-12、式 11-13 计算。

11

$$工时消耗量变动的影响 = \sum \big[(实际单位工时消耗量 - 计划单位工时消耗量) \times 计划小时费用分配率\big] \quad (11-12)$$

$$小时费用分配率变动的影响 = \sum \big[(实际小时费用分配率 - 计划小时费用分配率) \times 实际单位工时消耗量\big] \quad (11-13)$$

【做中学 11－12】　　仍以 A 产品为例,其单位产品制造费用资料如表 11－19 所示。

表 11－19　　　　　　　　　　单位产品制造费用成本分析表

项　目	计划数	实际数	差异
单位产品生产工时/小时	13	12.5	−0.5
小时费用分配率/(元/小时)	6.077	8	1.923
单位产品制造费用/(元/件)	79	100	21

分析对象:$100-79=21$(元)

单位产品工时变动影响:$(12.5-13)\times6.077=-3.038$(元)

小时费用分配率变动影响:$(8-6.077)\times12.5=24.038$(元)

两个因素共同影响:$-3.038+24.038=21$(元)

由以上计算表明,甲产品单位成本中制造费用超支 21 元,是由于工时变动减少 3.038 元、小时费用分配率增加 24.038 元两项因素综合影响而形成的。单位产品生产工时减少,表明企业生产工人劳动生产率提高了,这是企业工作业绩的表现。对小时费用分配率超支的原因,应进一步分析制造费用总额及其构成项目。

四、各种费用明细表分析

(一)制造费用明细表分析

对制造费用明细表进行分析所应采用的方法,主要是对比分析法和构成比率分析法。

1. 对比分析法分析

在采用对比分析法进行分析时,通常先将本月实际数与上年同期实际数进行对比,揭示本月实际与上年同期实际之间的增减变化。在表中列有本月计划数的情况下,则先应进行这两者的对比,以便分析和考核制造费用月份计划的执行情况。在将本年累计实际数与本年计划数进行对比时,如果该表不是 12 月份的报表,这两者的差异只反映年度内计划完成情况,它能发出信号,提醒人们注意已经发生的问题。例如,该表是 5 月份的报表,而其本年累计实际数已经接近、达到甚至超过本年计划的半数量,就应注意节约以后各月的费用,以免全年的实际数超过计划数。如果该表是 12 月份的报表,则本年累计实际数与本年计划数的差异就是全年费用计划执行的结果。为了具体分析制造费用增减变动和计划执行好坏的情况和原因,上述对比分析应该按照费用项目进行。由于制造费用的项目很多,分析时应该选择超支或节约数额较大或者费用比重较大的项目有重点地进行。

评价各项目费用超支或节约时应该联系费用的性质和用途具体分析,不能简单地将一切超支都看成是不合理的、不利的;也不能简单地将一切节约都看成是合理的、有利的。例如,修理费和劳动保护费的节约,可能使机器带病运转,影响机器寿命,可能缺少必要的劳动保护措施,影响安全生产。只有在保证机器设备的维修质量和正常运转,保证安全生产的条件下节约修理费和劳动保护费才是合理的、有利的。又如,机物料消耗的超支也可能是由于追加了生产计划,增加了开工班次,相应增加了机物消耗的结果。这样的超支也是合理的,不是成本管理的责任。

11

此外,在分项目进行制造费用分析时,还应特别注意"在产品盘亏和毁损"以及"停工损失"等非生产性的损失项目的分析。这些项目的发生额都是生产管理不良的结果。在分析"在产品盘亏和毁损"项目时,还应注意其中有无盘盈的抵销数。因为在产品盘盈的价值会冲减、掩盖一部分盘亏和毁损的损失。在产品盘盈也是由于生产管理不良或者核算上差错造成的,不是生产车间工作的成绩。

2. 构成比率分析法分析

采用构成比率分析法进行制造费用分析时,可以计算某项费用合计数的构成比率,也可将制造费用分为与机器设备使用有关的费用(例如机器设备的折旧费、修理费、机物料消耗等,如果动力费不专设成本项目,还应包括动力费)、与机器设备使用无关的费用(例如车间管理人员工资及福利费、办公费等),以及非生产性损失等几类,分别计算其占制造费用合计数的构成比率。可以将这些构成比率与企业或车间的生产、技术特点联系起来,分析其构成是否合理;也可以将本月实际和本年累计实际的构成比率与本年计划的构成比率和上年同期实际的构成比率进行对比,揭示其差异和与上年同期的增减变化,分析差异的增减变化是否合理。

(二) 期间费用明细表分析

期间费用明细表的分析方法与制造费用明细表的分析方法基本相同,在分析各项费用是超支还是节约时,不能简单地把一切超支现象看成不合理、不利的,也不能简单地把一切节约都看成合理的、有利的。在分析时应当注意以下四个方面。

1. 对于某些支出和损失项目,应当结合抵销数进行分析

如财务费用明细表中的利息支出和汇兑损益。

2. 对于固定费用项目,直接可以用实际数和基数比较绝对差异来确定其节约还是超支

固定费用一般指不随生产、销售业务量变动而变动,相对固定的费用。如管理费用中的折旧费、职工薪酬、工会经费等。

3. 对于变动费用,应当联系业务量,计算相对的节约和超支额

计划费用是按照计划产量编制的,上年的实际费用是按照上年的实际生产的产量发生的,一旦本期的实际产量发生变化,费用中与产量成正比关系的变动费用就会改变。

4. 对于期间费用的分析,还可以将费用项目归类进行具体研究

管理性费用如职工薪酬、工会经费分析数额变动指标的变动原因的同时,还应该从缩减开支、提高效率方面提出具体措施;业务性费用如业务招待费分析时应当结合业务量、企业规模查出不合理的地方;发展性费用如职工教育经费,与企业的发展联系密切,分析时既不能一味追求降低,也不能盲目扩大;防护性费用,如劳动保护费,跟企业的安全生产有关,要结合国家有关安全生产规定进行分析;非生产性费用如材料盘亏,分析时应当分析发生的原因,着重检查企业工作质量,并与企业推行的经济责任制度结合分析。

引例解析

成本分析是成本核算工作的继续,它贯穿于成本管理工作的全过程,包括事前分析、事中分析和事后分析。成本分析在企业管理中起着极其重要的作用,作为一个成本会计人员,必须重视成本分析;否则,成本核算工作的成果就不能得到充分有效的利用,也就不能更好地实现成本管理的目的。

【工作任务——对全部产品生产成本计划完成情况分析】

铭创机械制造公司生产甲、乙两种零件,甲零件是可比产品,也是企业的主要产品,乙零件今年刚刚投入生产,9月成本资料表如表11-20所示。

表 11-20　　　　　　　　　　全部产品生产成本表

编制单位:　　　　　　　　　　　　　9月

产品名称	实际产量/件		单位成本/(元/件)				本月总成本/元			本年累计总成本/元		
	本月	本年累计	上年实际平均	本年计划	本月实际	本年累计实际平均	按上年实际平均单位成本计	按本年计划平均单位成本计	本月实际	按上年实际平均单位成本计	按本年计划单位成本计	本年实际
可比产品合计												
甲产品	60	530	150	144	140	145	9 000	8 640	8 400	79 500	76 320	76 850
不可比产品合计												
乙产品	56	600		177	172	165		9 912	9 632		88 500	82 500
全部产品成本							9 000	18 552	18 032	79 500	164 820	159 350

补充资料	1. 可比产品成本降低额; 2. 可比产品成本降低率

根据以上资料对全部产品生产成本计划完成情况进行分析。

任务分析:

该任务涉及全部产品生产成本计划完成情况分析,即可比产品计划降低额与计划降低率的分析。

操作步骤:

第一步:编制全部产品生产成本计划完成情况表,如表11-21所示。

表 11-21　　　　　　　　全部产品成本计划完成情况表

9月　　　　　　　　　　　　　　　　　金额单位:元

产品名称	计划总成本	实际总成本	降低额	降低率/%
可比产品				
甲产品	76 320	76 850	−530	−0.69
不可比产品				
乙产品	88 500	82 500	6 000	6.78
合　计	164 820	159 350	5 470	3.32

第二步:根据计划完成数据进行分析。

从表中可以看出,全部产品本年累计实际比计划降低5 470元,降低率3.32%,但是从甲产品来看并没有完成计划,超支530元,超支0.69%,乙产品完成了成本降低计划。

项 目 小 结

本项目内容结构如图 11－1 所示。

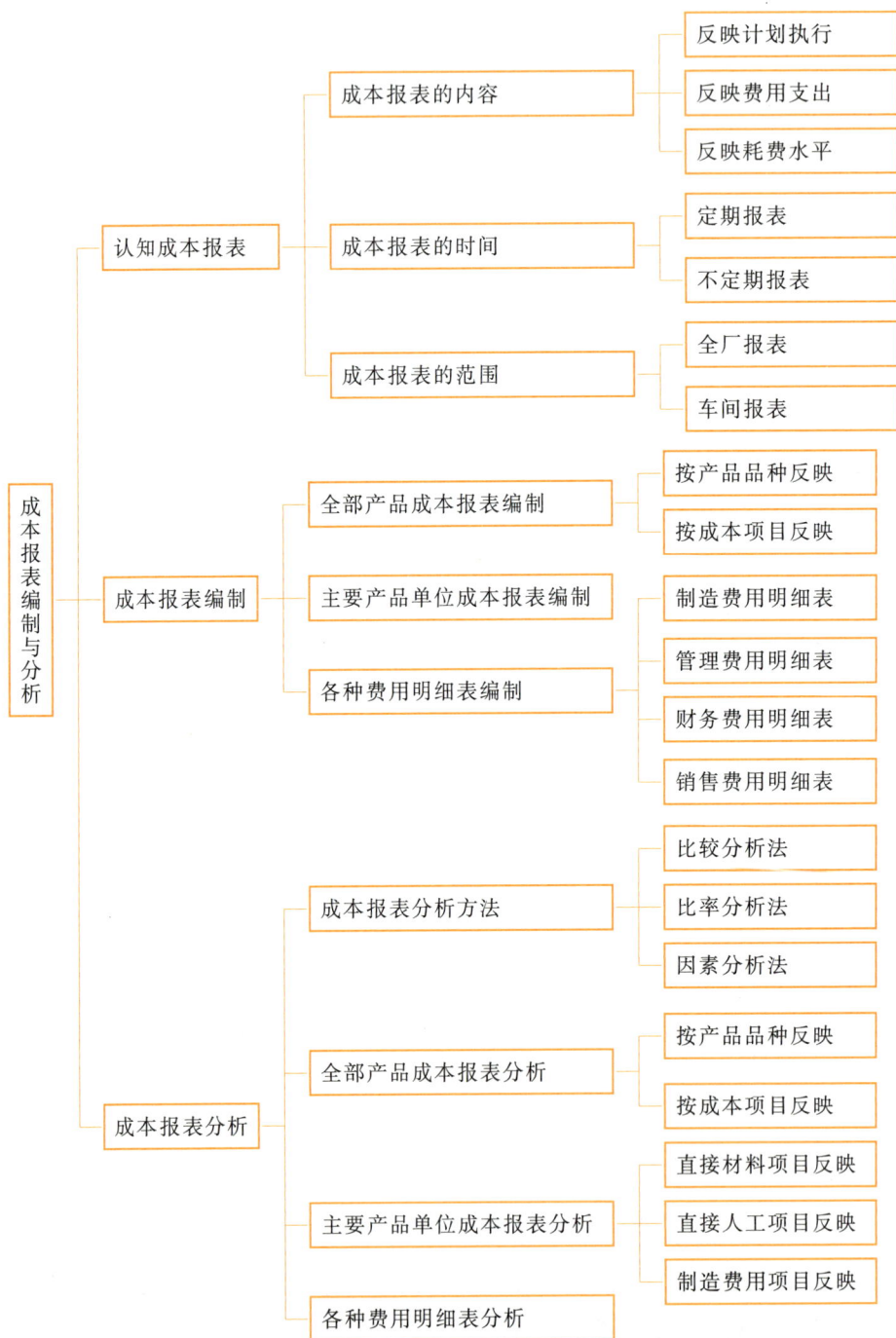

图 11－1　成本报表编制与分析内容结构图

项目十二　成本控制

项目十二
思政案例
导入

◇ **职业能力目标**

1. 了解成本控制的意义。
2. 掌握成本控制的方法。
3. 掌握生产成本控制的方法。

◇ **典型工作任务**

依据企业实际情况,制定科学合理的成本控制方案;对不同的成本控制方法进行评判选择。

任务一　认知成本控制

任务引例

M 公司是一家电器制造企业,在降低市场费用、裁员、压低采购价格等方面,频繁变招,其路数始终围绕着成本与效率。近年来,M 公司已经为终端经销商安装了进销存软件,这是实现"供应商管理库存"(以下简称 VMI)和"管理经销商库存"中的一个步骤。

对于 M 公司来说,其较为稳定的供应商共有 300 多家,其零配件(出口、内销产品)加起来一共有 3 万多种。利用信息系统,M 公司在全国范围内实现了产销信息的共享。有了信息平台做保障,M 公司原有的 100 多个仓库精简为 8 个区域仓,在 8 小时可以运到的地方,全靠配送。这样一来 M 公司流通环节的成本降低了 15‰~20‰。运输距离长(运货时间 3~5 天)的外地供应商,一般都会在 M 公司的仓库里租赁一个片区(仓库所有权归 M 公司),并把其零配件放到片区里面储备。

在 M 公司需要用到这些零配件的时候,它就会通知供应商,然后再进行资金划拨、取货等工作。这时,零配件的产权才由供应商转移到 M 公司手上——而在此之前,所有的库存成本都由供应商承担。此外,M 公司在 ERP(企业资源管理)基础上与供应商建立了直接的交货平台。供应商在自己的办公地点,通过互联网就可登录到 M 公司的页面上,查看 M 公司的订单内容,如品种、型号、数量和交货时间等,然后由供应商确认信息,这样一张采购订单就已经合法化了。

　　实施 VMI 后,供应商不需要像以前一样疲于应付 M 公司的订单,也不用备很多货,一般有能满足 3 天的需求即可。M 公司零部件年库存周转率逐年攀升,零部件库存的天数也不断降低。

　　库存周转率提高后,一系列相关的财务"风向标"也随之"由阴转晴",让 M 公司"欣喜不已":资金占用降低、资金利用率提高、资金风险下降、库存成本直线下降。

　　要求:请分析 M 公司的成本控制的方法。

【知识准备与业务操作】

一、成本控制的定义

　　成本控制的过程是运用系统工程的原理对企业在生产经营过程中发生的各种耗费进行计算、调节和监督的过程,也是一个发现薄弱环节、挖掘内部潜力、寻找一切可能降低成本途径的过程。科学地组织实施成本控制,可以促进企业改善经营管理、转变经营机制、全面提高企业素质,使企业在市场竞争的环境下生存、发展和壮大。

　　成本控制就是指以成本作为控制的手段,通过制定成本总水平指标值、可比产品成本降低率以及成本中心控制成本的责任等,达到对经济活动实施有效控制的目的的一系列管理活动与过程。

　　成本控制是成本管理的一部分,致力于满足成本要求。满足成本要求主要是指满足顾客、最高管理者、相关方以及法律法规等对组织的成本要求。成本控制的结果应能使被控制的成本达到规定的要求。为使成本控制达到规定的、预期的成本要求,就必须采取适宜的和有效的措施,包括作业、成本工程以及成本管理技术与方法,如 ABC 作业成本法、ABM 作业成本管理、SC 标准成本法、目标成本法、CD 降低成本法、SCM 战略成本管理、质量成本管理、环境成本管理、存货管理、成本预警、成本控制方案,等等。

　　开展成本控制活动的目的就是防止资源浪费,使成本降到尽可能低的水平,并保持已降低的成本水平。

　　成本控制反对"秋后算账"的做法,提倡预先控制和过程控制。因此,成本控制必须遵循预先控制和过程方法的原则,并在成本发生之前或在发生的过程中去考虑和研究为什么要发生这项成本,应不应该发生,应该发生多少,应该由谁来发生,应该在什么地方发生,是否必要,决定后应对过程活动进行监视、测量、分析和改进。

二、成本控制的对象

　　成本控制的对象是成本发生的过程,包括设计过程、采购过程、生产和服务提供过程、销售过程、物流过程、售后服务过程、管理过程、后勤保障过程等所发生的成本。

　　成本控制应是全面控制的概念,包括全员参与和全过程控制。

三、成本控制的内容

　　成本控制的内容非常广泛,但是,这并不意味着事无巨细地平均使用力量,成本控制应该有计划、有重点地区别对待。各行各业、不同企业有不同的控制重点,控制内容一般可以从成本形成过程和成本构成两个角度加以考虑。

（一）按照成本形成过程划分

1. 产品投产前的控制（事前控制）

产品投产前的控制内容主要包括产品设计成本、加工工艺成本、物资采购成本、生产组织方式、材料定额与劳动定额水平等。这些内容对成本的影响最大，可以说产品总成本的60％取决于这个阶段的成本控制工作的质量。这项控制工作属于事前控制方式，在控制活动实施时真实的成本还没有发生，但它决定了成本将会怎样发生，它基本上决定了产品的成本水平。

2. 制造过程中的控制（事中控制）

制造过程是成本实际形成的主要阶段。绝大部分的成本支出在这里发生，包括原材料、人工、能源动力、各种辅料的消耗、工序间物料运输费用、车间以及其他管理部门的费用支出。投产前控制的种种方案设想、控制措施能否在制造过程中贯彻实施，大部分的控制目标能否实现和这阶段的控制活动紧密相关，它主要属于事中控制方式。由于成本控制的核算信息很难做到及时，会给事中控制带来很多困难。

3. 流通过程中的控制（事后控制）

流通过程中的控制内容包括产品包装、厂外运输、广告促销、销售机构开支和售后服务等费用。在目前强调加强企业市场管理职能的时候，很容易不顾成本地采取种种促销手段，反而抵销了利润增量，所以也要做定量分析。

（二）按成本构成划分

1. 原材料成本控制

在制造业中原材料费用占了总成本的很大比重，一般在60％以上，高的可达90％，是成本控制的主要对象。影响原材料成本的因素有采购、库存费用、生产消耗、回收利用等，所以原材料控制可从采购、库存管理和消耗三个环节着手。

2. 薪酬费用控制

薪酬在成本中占有一定的比重，增加薪酬又被认为是不可逆转的。控制薪酬与效益同步增长，减少单位产品中薪酬的比重，对于降低成本有重要意义。控制薪酬成本的关键在于提高劳动生产率，它与劳动定额、工时消耗、工时利用率、工作效率、工人出勤率等因素有关。

3. 制造费用控制

制造费用开支项目很多，主要包括折旧费、租赁费、辅助生产费用、车间管理人员薪酬等，虽然它在成本中所占比重不大，但因不引人注意，浪费现象十分普遍，是不可忽视的一项内容。

4. 企业管理费控制

企业管理费指为管理和组织生产所发生的各项费用，开支项目非常多，也是成本控制中不可忽视的内容。上述这些都是绝对量的控制，即在产量固定的假设条件下使各种成本开支得到控制。在现实系统中还要达到控制单位成品成本的目标。

四、成本控制的基础工作

成本控制的起点，或者说成本控制过程的平台就是成本控制的基础工作。成本控制不从基础工作做起，成本控制的效果和成功可能性将受到很大影响。成本控制的基础工作有以下几个方面。

美的人力成本控制方法

（一）定额制定

定额是企业在一定生产技术水平和组织条件下，人力、物力、财力等各种资源的消耗达到的数量界限，主要有材料定额和工时定额。成本控制主要是制定消耗定额，只有制定出消耗定额，才能在成本控制中起作用。工时定额的制定主要依据各地区收入水平、企业工资战略、人力资源状况等因素。在现代企业管理中，人力成本越来越大，工时定额显得特别重要。在工作实践中，根据企业生产经营特点和成本控制需要，还会出现动力定额、费用定额等。定额管理是成本控制基础工作的核心，建立定额领料制度，控制材料成本、燃料动力成本，建立人工包干制度，控制工时成本，以及控制造费用，都要依赖定额制度。没有很好的定额，就无法控制生产成本；同时，定额也是成本预测、决策、核算、分析、分配的主要依据，是成本控制工作的重中之重。

（二）标准化工作

标准化工作是现代企业管理的基本要求，它是企业正常运行的基本保证，它促使企业的生产经营活动和各项管理工作达到合理化、规范化、高效化，是成本控制成功的基本前提。在成本控制过程中，下面四项标准化工作极为重要。

1. 计量标准化

计量是指用科学方法和手段，对生产经营活动中的量和质的数值进行测定，为生产经营，尤其是成本控制提供准确数据。如果没有统一计量标准，基础数据不准确，那就无法获取准确成本信息，更无从谈控制。

2. 价格标准化

成本控制过程中要制定两个标准价格，一是内部价格，即内部结算价格，它是企业内部各核算单位之间，各核算单位与企业之间模拟市场进行"商品"交换的价值尺度；二是外部价格，即在企业购销活动中与外部企业产生供应与销售的结算价格。标准价格是成本控制运行的基本保证。

3. 质量标准化

质量是产品的灵魂，没有质量，再低的成本也没有意义。成本控制是质量控制下的成本控制，没有质量标准，成本控制就会失去方向，也谈不上成本控制。

4. 数据标准化

制定成本数据的采集过程，明晰成本数据报送人和入账人的责任，做到成本数据按时报送，及时入账，数据便于传输，实现信息共享；规范成本核算方式，明确成本的计算方法；对成本的书面文件按照国家公文格式，统一表头，形成统一的成本计算图表格式，做到成本核算结果准确无误。

（三）制度建设

在市场经济中，企业运行的基本保证，一是制度、二是文化，制度建设是根本，文化建设是补充。没有制度建设，就不能固化成本控制运行，就不能保证成本控制质量。成本控制中最重要的制度是定额管理制度、预算管理制度和费用申报制度等。在实际中，制度建设存在两个问题。一是制度不完善。在制度内容上，制度建设更多地从规范角度出发，看起来像命令。正确的做法应该是制度建设要从运行出发，这样才能使责任人找准位置，便于操作。二是制度执行不到位。主要表现在过分强调管理基础差、人员限制等客观原因，一出现利益调整内容，就收缩起来，导致制度形同虚设。

　　M公司在业务链后端的供应体系进行优化的同时,也正在加紧对前端销售体系的管理进行渗透。在经销商管理环节上,利用销售管理系统可以统计到经销商的销售信息(分公司、代理商、型号、数量、日期等),而近年来则公开了与经销商的部分电子化往来,以前半年一次的手工性的繁杂对账,现在则进行业务往来的实时对账和审核。

　　在前端销售环节,M公司作为经销商的供应商,为经销商管理库存。这样的结果是,经销商不用备货了,"即使备也是五台十台这种概念"。经销商缺货,M公司立刻就会自动送过去,而不需经销商提醒。经销商的库存"实际是M公司自己的库存"。这种存货管理上的前移,M公司可以有效地削减和精准地控制销售渠道上昂贵的存货,而不是任其堵塞在渠道中,让其占用经销商的大量资金。

　　库存周率提高一次,可以直接为M公司节省超过2 000万元人民币的费用。由于采取了一系列措施,M公司已经在库存上尝到了甜头,其销售量同比增长50%～60%,但成品库存却降低了,因而保证其在激烈的市场竞争环境中维持了相当高的利润。

任务二　　了解成本控制的方法和程序

　　Z集团所在的A省L市虽然是个群山环绕的小市镇,但是由于A省整体闹电荒,加之上万家的电器厂如同发豆芽一样地挤在这个小镇中,电力供应的矛盾非常严峻,而这时人机交互式生产在保障订单的交付方面的优势就显而易见。同时,低压电器行业属于劳动密集型产业,对设备的使用可以大大减轻劳动力市场波动的影响。

　　虽然自动化生产效率高,但是设备购置费是一笔巨大的投入,终端车间的4条自动生产线,一条要500多万元人民币,设备的逐年折旧肯定会加大企业的生产成本。而且,越是复杂的设备,维修成本也越高。终端车间的自动线每年的维修费也要几十万元。一条自动线一般能够替代五六十个工人,按当时Z集团的工资水平计算,这些工人一年的工资总额只有100多万元。用人工还是机器,Z集团的选择角度就是看成本。

　　在整个Z集团的工业园,只有12条全自动生产线,手工仍占70%以上,终端公司的装配仍是由手工完成。在Z集团终端电器公司的第一间生产车间,通道右边是真正的手工生产线,一排排望不到头的工作台,没有惯常所见的传送带。工人将工件拼装好后,就会用一根普通的橡皮筋轻轻捆起,放到一边,隔一段时间由搬运工送到下一个工序。几千个工作台上同时传来的"咔咔"的工件碰撞声,显得热烈而忙碌。另一边是四条纯粹的自动化生产线,工件由机器手传到下一个工序,长长的生产线上只有两个工人走来走去,来回巡视。除了拼装和包装工序外,中间的几个工序已经都由机器来完成。

　　正是采用了这种混合式生产单元,不仅仅成本得到了有效控制,提高了效率,而且生产线更具有了弹性,在处理多品种、多规格订单时更加明显。

　　要求:请根据以上案例分析Z集团的成本控制方法。

【知识准备与业务操作】

一、成本控制方法概述

成本控制方法是指完成成本控制任务和达到成本控制目的的手段。成本控制方法是多种多样的,不同的阶段、不同的问题,所采用的方法是不一样。即使同一个阶段,对于不同的控制对象或出于不同的管理要求,其控制方法也不尽相同。例如,仅就事前控制来说,就有用于产量或销售量问题的本量利分析法;有用于产品设计和产品改进的价值分析法;有解决产品结构问题的线性规划法;有用于材料采购控制的最佳批量法。因此,对于一个企业来说,具体选用什么方法,应视本单位的实际情况而定,必要时还可以自己设计出一个适合自己需要的特殊方法。

选择成本控制方法首先需要了解成本的特性与分类,通常可从以下三个方面考虑:

(1)成本发生的变动性与固定性。变动成本随产量的变动而变化,固定成本则不受产量因素的影响。

(2)成本对产品的直接性和间接性。直接生产成本与产品生产直接相关,间接生产成本与产品生产相关性不明显。

(3)成本的可控性和不可控性。可控成本与不可控成本随时间条件的变化会发生相互转化。

对于变动成本如直接材料、直接人工,可采取按消耗定额和工时定额进行控制的方法。对于固定成本如固定制造费用,则可采取按计划或预算进行控制的方法。从成本控制的范围来讲,直接生产成本可将指标分解落实到生产班组、员工,间接生产成本则应分类将指标分解落实到有关职能部门及员工。从成本的可控性来讲,需按不同的责任层次、管理范围落实成本责任,使归口控制的成本对各责任单位来讲具有可控性,真正起到控制的作用。

实行成本控制的步骤为:制定并下达成本标准,作为控制的依据;发动员工积极参与成本标准的实现;根据成本标准审核成本开支,防止损失浪费的发生;计算脱离成本标准的差异,分析其发生原因,确定责任归属;修改成本标准,改进成本控制方法,使成本进一步降低。

实行成本控制要求企业各级管理人员重视成本控制工作,保持成本标准的先进合理性,建立健全经济责任制,明确权责划分和奖惩办法,树立全面经济核算观点,正确处理产量、质量和成本的关系。

二、成本控制的主要方法

(一)绝对成本控制法

绝对成本控制法是把成本支出控制在一个绝对金额中的一种成本控制方法。

标准成本和预算控制是绝对成本控制的主要方法。

(二)相对成本控制法

相对成本控制法是指企业为了增加利润,要从产量、成本和收入三者的关系来控制成本的方法。

实行这种成本控制,一方面可以了解企业在多大的销量下收入与成本的平衡,另一方面可以知道当企业的销量达到多少时,企业的利润最高。所以,相对成本控制是一种更行之有效的方法,它不仅是基于实时实地的管理思想,更是从前瞻性的角度,服务于企业战略发展的管理来实现成本控制。

(三) 全面成本控制法

全面成本控制法是指对企业生产经营所有过程中发生的全部成本、成本形成中的全过程、企业内所有员工参与的成本控制。

企业应围绕财富最大化这一目标，根据自身的具体实际和特点，建立管理信息系统和成本控制模式，确定以成本控制方法、管理重点、组织结构、管理风格、奖惩办法等相结合的全面成本控制体系，实施目标管理与科学管理相结合的全面成本控制制度。

(四) 定额法

定额法是以事先制定的产品定额成本为标准，在生产费用发生时，就及时提供实际发生的费用脱离定额耗费的差异额，让管理者及时采取措施，控制生产费用的发生额，并且根据定额和差异额计算产品实际成本的一种成本计算和控制的方法。

(五) 本量利分析法

本量利分析法是在成本性态分析和变动成本法的基础上发展起来的，主要研究成本、销售数量、价格和利润之间数量关系的方法。它是企业进行预测、决策、计划和控制等经营活动的重要工具，也是管理会计的一项基础内容。

(六) 成本企划法

成本企划法实质是成本的前馈控制，即先确定一定的方法和步骤，根据实际结果偏离目标值的情况和外部环境变化采取相应的对策，调整先前的方法和步骤，然后针对未来的必达目标，据此对目前的方法与步骤进行弹性调整，因而是一种先导性和预防性的控制方式。

(七) 目标成本法

目标成本法是日本制造业创立的成本管理方法，是以给定的竞争价格为基础决定产品的成本，以保证实现预期的利润，即首先确定客户会为产品或服务所付的价款，然后再设计能够产生期望利润水平的产品、服务以及运营流程。

三、生产成本控制的方法

(一) 生产成本控制的主要方法

生产成本控制的主要方法如图 12-1 所示。

1. 定额成本法

(1) 劳动工时定额。职工生产单位时间内应完成的产品数量。

(2) 物质消耗定额。物质消耗定额包括原材料消耗定额、能源消耗定额、工具消耗定额、劳保用品消耗定额。

(3) 人员定额。物质消耗定额包括单位作业时间内规定的从事作业人员。

(4) 作业定额。作业定额包括生产作业计划期量、在制品、半成品期量。

2. 标准成本法

标准成本法是把生产过程开始之前的事前计划、生产过程进行中的事中控制和生产过程完成之后的事后计算和分析有机结合起来的一种成本计算方法。有了标准成本，就可以把它作为事中控制和事后计算的基准。并进一步分析差异的原因，为管理决策提供有用的差别成本信息。

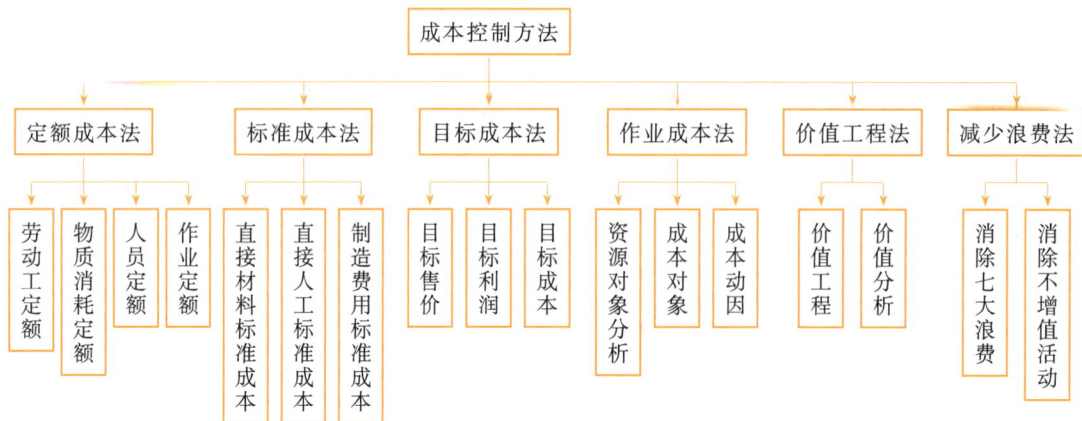

图 12-1　生产成本的控制方法

标准成本法一般适用于产品品种较少的大批量生产企业,尤其是存货品种变动不大的企业,并且对企业的管理有很高的要求。而单件、小批和试制性生产企业因为要反复制定、修改标准成本,得不偿失,比较少采用。

标准成本要按照直接材料、直接人工和制造费用分别制定。每个项目都要确定标准数量和标准价格,再把它们的乘积作为该项目的标准成本。正常和即期的标准成本都应当制定得合理、恰当。太高的标准难以实现,高不可攀,适得其反,会挫伤员工的积极性;太低的标准为懒惰、低效率和浪费开了方便之门,影响了企业的效益。为了制定合适的标准,必须全厂各部门共同努力,技术部门与执行标准的员工共同确定数量标准,财会部门和有关部门共同确定价格标准,在企业经理领导下,各部门沟通、协商,共同制定出经过努力可以达到的标准成本。

3. 目标成本法

目标成本法是对产品进行利润计划和成本管理的方法。目标成本法的目的是研发及设计阶段设计好产品的成本,而不是试图在制造过程降低成本。目标成本的公式如式 12-1 至式 12-3 所示。

$$目标成本=目标售价-目标利润 \tag{12-1}$$
$$目标成本=预计销售收入-应缴税金-目标利润 \tag{12-2}$$
$$目标利润=预计销售收入\times目标销售利润率 \tag{12-3}$$

目标成本管理的核心在于目标成本的制定和目标成本的分解,产品各零件、部件的目标成本按价值分析方法获取。

4. 作业成本法

作业成本计算是 20 世纪 80 年代初期在国外的一些公司中开始萌芽的,至今已有 30 多年的历史。在这 30 多年的发展过程中,作业成本计算在许多先进的公司中得以实施,并取得了卓著的成效。

作业成本计算首先将企业所消耗的制造费用通过资源动因分配到作业,形成作业的成本,然后再将作业的成本通过作业成本动因分配到成本对象,形成成本对象的成本。通过这一过程,作业成本计算改进了传统的成本分配方法采用单一成本分配基础(如直接人工小时、机器小时等)的弱点,力图找到资源消耗与成本对象之间的因果关系,从而得到更加精确的产品成本。

5. 价值工程法

人们买商品,并非买物品"本身",而是在买它的"机能""用途""作用",也就是它的"价值"。怎样用最低的"成本"来达到产品需要的"机能"? 这是价值工程法要考虑的核心问题。

(1) 价值工程的四项原则。

① 怀疑原则——所有的对象都有不经济、不合理的地方,都可以使成本更低。

② 标准化原则——扩大标准件,减少专用件;减少自制件,扩大外购件;减少品种、规格、用料、用人。

③ 排除原则——去掉无用、多余、过量的功能、生产方式和组织方式。

④ 替代原则——在保持相同的性能和要求下,研究用不同的零件、不同的材料、不同的用人、地点、运输方式等。

(2) 价值分析的内容。

① 是什么。

② 有什么用处。

③ 要达到什么质量功能。

④ 结构、形状可否改变。

⑤ 尺寸可否改变。

⑥ 公差或加工记号是否要求过分。

⑦ 可否改变设计,去掉无用零件。

⑧ 有无可改作标准件、通用件、外购件。

⑨ 能否合并或减少零件。

⑩ 有无更好的替代加工方法。

⑪ 有无更易加工的材料。

⑫ 有无更便宜的材料。

⑬ 有无可替代的新材料。

⑭ 有无减少加工、检验、装配的工具。

6. 减少浪费法

半成品堆积如山,生产线却停工待料;成品积压,客户却天天催货;正在做的是不需要做的,需要做的却等在一边;一边交期紧急,一边返工返修不断;很容易买到的螺栓、螺母却保留一二年的用量;整批产品常常因为一两个零件而耽误;有人没事做,有事没人做。这些在企业里常见的现象,都是浪费,如图 12-2 所示。

图 12-2　合理成本外的各种浪费现象

浪费就是不产生增加价值的加工、动作、方法、行为和计划。

在企业里浪费通常有以下几个方面:

(1) 过量生产造成的浪费。只考虑本工序生产方便,不考虑下道特别是装配的实际需要;只考虑本工序的尽其所能,忽略了上下道工序间的平衡和配套;多劳多得造成生产者"提前和超额";超出下道工序加工需要的数量;考虑员工工作安排生产以后要用的产品;计划失误、信息传递失误造成的浪费;害怕换模生产超出实际需要、以后需要的产品;强烈的本位主义,忽视

12

计划的安排和调度。

（2）过剩的浪费。设计过剩;品质过剩;检查过剩;设备精度过剩;包装过剩。

（3）等待的浪费。自动机器操作中,人员的"闲视"等待。

①分工过细的等待:工作分配找调度员,维修找机修工,检验找检验员,换模找调整工等。

②设备的等待:闲置、空余,时开时停,只停不开。

③物料的等待:仓库里、现场久放不用的材料、在制品。

④场地的等待:未能产生使用效果的空地、建筑物。

⑤时间的等待:上下道工序没有衔接造成的脱节。

⑥人员的等待:有事没人做,有人没事做。

（4）加工的浪费。负荷不足、经常空转的流水线;机床运转中过长、过高的行程;超过设计要求的加工精度;用大型精密设备加工普通零件;用高效率设备加工一般数量零件;超过产品本身价值的包装;建筑物过于保守的隐蔽工程、没有作用的装饰。

（5）搬运的浪费。中转环节过多:重复地放置、堆放、移动、整理;车间及设备平面布局不合理的往返运输;搬运工具不合理、搬运容器不合理;计划不周及不良品增多造成的搬运。

（6）库存的浪费。所有企业都在喊资金不足,原因也是共有的,全部变成了库存被"贮存"起来了。

（7）动作的浪费。

（8）产品缺陷的浪费。产品报废带来的损失;返工返修带来的人员工时的损失;材料的损失;额外检查的损失;设备占用的损失;可能造成降级降价的损失。

（二）在生产成本控制过程中应遵守两个基本原理

（1）控制成本发生的过程(过程控制方法 PDCA 循环)。

（2）持续地降低和保持,最终使成本降到尽可能低的水平。

（三）在生产成本控制过程中需要解决四个基本问题

（1）浪费源和提高成本因素是否得到识别和确定。

（2）如何消除或减少这些浪费源和提高成本因素。

（3）是否已经消除了这些浪费源和提高成本因素。

（4）已降低的成本水平是否得到持续控制和保持。

（四）四个核心控制方法

（1）成本管理的核心就是把成本降到尽可能低的水平并保持已降低的成本水平。

（2）降低和保持成本的核心就是控制提高成本因素。

（3）控制提高成本因素的核心就是全面、系统、充分和准确地识别和确定提高成本因素(包括:浪费和浪费源)。

（4）识别和确定提高成本因素的核心就是了解和掌握成本因素的发生过程和原因。

四、成本控制的程序

（一）加强成本的事前控制

1. 制定行之有效的成本控制标准

主要是在产品生产之前,对影响成本的各有关因素进行分析研究,制定出一套适应企业具体情况的成本控制制度,将各项经济指标层层细化,分解到各责任部门。同时,相应地制定可控费用的管理办法,做到硬指标、硬任务和奖罚激励措施并举,增强广大员工战胜困难的信心,积极参与成本管理。该制度应尽可能制定得可以衡量,比较具体且可以考核,如果不能衡量差异,就不能界定成本控制结果的好坏,使控制过程难以操纵。该制度应抓住关键点,而且数目不宜太多,以便有利于控制。

2. 建立成本控制的归口、分级责任制度

在成本控制的归口负责制下,各职能部门在成本管理和控制方面分别承担一定的责任。其中,生产部门负责生产任务的安排、下达,保证完成产量;供销部门负责制定物资储备定额,控制物资的消耗,节约物资的采购、保管费用;劳动部门负责劳动的合理组织,制定劳动定额,提高工时利用率和劳动生产率,控制工资支出;机电部门负责制定设备利用定额,提高设备利用率,降低设备修理成本,减少维护保养费用;动力部门负责水、电等动力定额的制定和管理,在保证生产需要的前提下,努力控制动力消耗;其他各有关部门负责与本身责任有关的成本管理和控制工作,提高工作效率,减少费用支出。当然,成本归口控制不应局限于几个成本指标,而必须同时从增产和节约两方面着手,抓好成本控制工作,才能全面提高经济效益。

3. 制定切实可行的目标责任成本

目标责任应是建设性、创新性的,而不是惩罚性的,目的是通过实行管理控制来促使全体职工实现企业的成本管理目标。因此,该责任成本应具有挑战性,而同时又切实可行、经过努力是可以达到的。

(二) 强化成本的日常控制

1. 对材料的控制

对材料的控制,应从两方面入手:一是材料消耗量的控制,二是材料价格的控制,而以对材料消耗量的控制为主。

要控制材料消耗量,应做到以下两点。

(1) 应按标准消耗量为依据,严格实行限额发料制度。各部门只能在规定的限额内分期、分批领用,需要超过限额领用材料时,必须先查明原因,经过一定的批准手续,采用超额领料单进行补偿。

(2) 要实行材料总量控制,即对原来的各种定额实行重新测定,降低各种定额的消耗量,从而达到控制总支出的目的。

对材料价格的控制,主要是控制材料的买价,虽然买价的变动主要是由外界因素所引起的,但从内部控制方面也可以做到以下三点。

(1) 签订供应合同时,在保证规格、质量要求的前提下,尽量争取最低的价格。

(2) 财务部门应要求供应部门严格按照规定的价格采购材料,而不应以高价购入生产急需的稀缺材料或其他材料。

(3) 对于供应单位任意抬高价格,财会部门应拒绝支付货款的抬高部分。

对价格上涨幅度较大的材料,实行单项控制,即确定主要材料,实行跟踪考核,并确定每月狠抓一种主要材料降耗作为突破口,彻底消灭浪费现象。提高材料自制加工能力,充分利用车间现有的生产自制能力,进一步提高材料自制加工的能力,做到能自己加工的一律不外出加工,自己能生产的一律不外购。

12

2. 对薪酬的控制

对薪酬的控制,主要是从有效利用工时、提高劳动生产率和监督工资基金的合理使用等方面进行。

在日常生产中,应根据工时或产量标准分配生产任务,及时正确反映实际产量的标准工时与实际工时,以及工时差异和差异的形成原因,按照责任归属,把这些差异反馈到责任者或责任部门,以便结合具体情况制定出新的措施,迅速防止不利差异的扩大,巩固和发展有利差异。

企业必须按照薪酬政策、定员人数和月工资标准,并根据经常性资金、各种津贴和非工作时间的工资标准编制工资基金计划。为了控制工资基金计划,还应对部门下达工资基金指标,控制工资基金的支出,并定期考核。这就要求财务部门配合劳工部门,监督各部门严格遵守编制定员,按有关规定来支付奖金和工资,不得乱发奖金、任意扩大津贴享受范围、增加项目和提高标准;严格执行有关工资待遇规定,防止多发的现象;对于加班加点要严格控制,必须事先经过领导批准,才能发放加班加点工资。

3. 对制造费用的控制

对制造费用的控制,应从有效利用生产能力、提高工作效率和降低消耗水平等方面入手。

制造费用的日常控制,必须按月编制费用指标,控制费用开支。每月开始前,企业财务部门要会同各有关费用的归口管理部门,根据季度费用预算并结合各月具体情况,对各单位确定和下达各项费用的控制指标。各部门要在确定的指标范围内控制费用开支,其中固定费用应按项目控制开支绝对数额;属于变动费用的,还应结合工时、工人人数、设备数量和产量的多少控制费用开支。财务部门和归口单位要根据下达指标对费用开支进行监督和检查,促使费用指标的完成。

实行费用指标归口分级管理,明确责任单位。实行这一控制方法时,应按费用的性质确定归口责任单位,对于变动费用部分应分解成若干小指标,下达给班组以及个人,由他们自己控制使用。财务部门是综合管理一般费用的主管部门,应按期审查各项费用预算,做好综合平衡工作;经常监督和检查制造费用预算的执行情况,及时掌握费用升降趋势,提出节约开支的建议;推动和指导各归口分级管理单位加强管理,以促进费用不断降低。

(三) 发挥成本事后控制的作用

成本的事后控制是事中控制的延续,而事中控制是事后控制的前提。成本有了事中控制,就能在每一项生产费用发生之前或发生之时加以控制,把它限制在合理范围以内,以达到降低成本的目的。但是,事中控制还有一定的局限性,它只限于一时、一地、一事的单项成本控制,至于总体全局,对于一个时期、一个单位、一种产品的综合成本进行分析和考核,则有待于成本的事后控制才能有效实施。

1. 形成一个正式的成本控制报告制度

应从下而上逐级编制成本控制报告,向企业有关部门报送。成本控制报告的内容同责任单位承担的成本责任相一致,但应根据例外管理原则突出重要的信息,而且还要同岗位责任制相联系,区分可控费用与不可控费用。报告的形式尽量采用表格的形式,一般用责任单位的实际消耗,同应达到的标准相比较,其差异反映了责任单位的工作质量。有关人员根据这种报告,对自己负责管理的事项,及时掌握执行情况,了解产生问题的原因,决定深入调查的重点方向,以及采取何种措施等。财务部门可以建立并完善有关成本台账制度,将每月的产量、材耗和工资等费用及时收集、汇总编制成本快报,把成本管理贯穿于生产经营和投入产出的全过程,提高事前和事后的成本监控能力,为企业管理和领导决策提供翔实和准确的依据。

2. 开展成本差异调查,尽快采取措施纠正偏差

成本控制将会使企业管理层注意到目标责任成本控制的偏差,但它只是指出了存在的问题,而没有说明应采取的措施。那么,就应该有针对性地采取纠正措施,查明责任者,分别情况,分出轻重缓急,提出改进措施,加以贯彻执行。对于重大差异项目的纠正,可发动有关部门和人员进行广泛的研究和讨论,提出多种可能的解决方案,然后进行各种方案的对比分析,从中选出最优方案,确定方案实施的方法步骤及负责执行的部门和人员,在执行过程中也要加以监督检查。方案实施完成后,还要检查方案实现后的经济效益,衡量是否达到了预期目标。

3. 建立奖惩制度,把各责任中心工作与物资利益紧密结合

具体来说,把责任成本指标纳入考核范围,按照"责、权、利"相结合和"多节多奖、少节少奖、不节不奖、超支罚款"的原则进行考核。同时奖惩机制必须健全,促使全员积极参与。根据不同的需求设定不同的激励方式,例如,对于普通员工的激励可采取奖罚浮动工资的办法实现激励;对于中层领导则以业绩的考核为主,辅以精神鼓励和一定的物质奖励,即基层的物资奖罚居多,而中高层以精神鼓励荣誉为主。

成本控制的好坏,直接关系着企业的经济效益的好坏。一位经济学家说过:"节省一分钱好比赚得一分钱。"话虽好讲,但要将其利用到企业成本管理中并产生作用,则需要企业领导坚定的决心和勇气,需要企业每一位员工积极参与,需要科学的预算,滚动的、准确的动态管理以及具有激励作用的奖罚方式等,才能使企业的成本得到有效的控制。

引例解析

在对人力的应用上,正泰集团仔细研究生产线分解与劳动力要素配置的关系,根据每一道工序对生产速度的要求,对上游的工序进行重新整合。

正泰集团对处理不同型号订单的生产方式别出心裁,由于订单的多样性,必然使固定的自动流水线生产变得困难,并且不经济,而采用人机混合的方式就可以合理调度这种变动。

另外,对于一些经常自动流水线生产效率并不高的工序,也从整条生产线上抽离出来,采用密集劳力的方式单独进行加工,这样改进后发现效率提高很多。正泰集团对生产成本的敏感是外人无法想象的,他们精确计算生产线上的某些环节是否适用引进自动线,这似乎不能被简单指责为拒绝技术升级的保守。

在降低生产成本方面的举措不仅体现在对生产线的生产要素分解、组合与替代的理解上,也体现在它们对生产损耗的控制上。

正泰集团将原材料进行分级处理,充分利用人力和机器的不同特点实现原料的最大利用。

在对纯粹人工操作的生产线上,一道工序和另一道工序之间的搬运时间都被精确测量,直至整体效率达到最佳。对于工序的设计,也是秉持最佳效率原则,经过试验,一个人负责的工序越少,速度才能更快,就将工序进一步细分,更密集地使用人力,从而使正泰集团的流水线保证了对大量订单的处理能力。

人机合成模式虽然可以降低成本,但是如果没有工人良好的素质,一切都白搭。特别是在中国大多数还是受教育水平很低、流动频繁的普通民工。

为了保证新招聘员工快速上手,降低培训成本,对于包括技术文件等很小的细节,正泰集团也正在进行适当的修改。"让图形发挥更大的价值",采用形象教育手段,工人在干中学,整体素质提高很快。在文件处理上,也尽可能采用让较低文化程度的员工看得懂的表达方式。

此外,人的效率不同于流水线,需要不断摸索、改进和提高。而正泰集团通过劳动竞赛和奖罚制度、目标定人定岗承包等方式,不断调动非流水线部分的工人效率。同时建立了内部计算机网,随时了解一线生产情况,包括每个员工的出勤、员工的到位情况、员工的生产情况、缺勤的原因等。

任务三 成本控制实例分析

【实例分析1——百安居的成本控制】

节俭从来就不是个大问题,但却需要大本领才能做得彻底、做得不留遗憾。特别是对于当今零售行业来说,利润微薄的同时还要快速扩张,不实行低成本运营就难以生存,可谓成本决定存亡。

百安居(B&Q),隶属于世界500强企业之一、拥有30多年历史的大型国际装饰建材零售集团——英国翠丰集团。如此财大气粗的公司却将节俭发展为一种生存哲学,在日常的运营中阐释着什么叫"细者为王"。

一、客户不会为你的奢侈埋单

北京四季青桥百安居一楼卖场,偏僻的西南角摆了张小桌子,来访者在有些破旧的登记簿上签字后,通过狭窄的楼道,华北区的百安居总部就借居于此,与明亮宽敞的卖场相比,办公区显得寒碜,办公用品适用而不奢华。

华北区总经理办公室照样简陋,一张能容6人的会议桌,毫无档次可言的普通灰白色文件柜。没有老板桌,总经理坐的椅子(用"凳子"这个词也可以)和普通员工一样,连扶手都没有,就这几件物品,办公室已不宽裕。

总经理手中的签字笔只要1.5元,由行政部门按不高于公司的指导价去统一采购——这听上去有些令人惊叹。而他们选用廉价笔的理由是,既然都能写字,为什么要用贵的呢?

这就是百安居的节俭哲学:企业的所有支出,都是建立在可以给客户提供更多价值的基础之上。换句话说,企业所有的投入都应该为客户服务,以提供给客户更多的让渡价值为本。

于是有没有老板桌不成为问题,选择廉价笔也理所当然。对于那些对客户没有直接价值的支持部门进行照明控制,以及对空调温度的控制同样如此。因为客户不会为你的奢侈埋单。

正是这种节约的意识,百安居的营运费用占销售额的百分比远低于同行。以百安居北京金四季店为例,京城另一家营业面积同样为2万平方米的建材超市,销售额只有金四季的1/2,

营运费用却比金四季店多出一倍。

二、价值分析的全球坐标

价值分析的要义就是从客户的角度评估企业的所有支出,百安居的数据库不会让客户多花一分冤枉钱,这就是最好的选择。

通过多年来在全球范围内的经营活动,百安居随时注意收集各地数据,并据此形成各种费用在不同情况下的不同标准,它包括核心城市、二类城市;单层店、二层店等不同参考体系。而且在已有的控制体系中,当标准同实际实施情况比较时,任何有助于降低成本的差异都能够被用来作为及时更正的依据。

以百安居营运成本中的人事成本为例,他们对人事的成本控制,控制的是总量,特别是员工数量,而对员工的个人收入不加限制,简单地说,人力配置项目与人均利润息息相关。

2万多平方米的卖场,只有230多名员工,平均100平方米配置1名。顾客所看到的店员由三部分人组成,固定员工、供应商所派的促销员、配送和收银中的部分小时工,在衣着的颜色和标识上会有区别。

此外,临时工占员工总数的20%~30%,目前主要只在部分配送和收银工作中使用。人员配置的调整,主要从部门、全店、全国人力效率(每小时的销售额)的对比为主来考虑,其次再考虑商店的具体情况(如卖场形状、面积、现货比例等)。人员的配置主要包括与销售相关的部门以及支持部门。

在此后的运营过程中,会根据实际情况继续对人员配置进行调整,如对销售相关的部门员工配置,他们会设置以各部门为纵向坐标,"标准配置、实际配置、建议配置、销售达成、员工效率"等项为横向坐标的表格进行分析汇总(商店部门员工效率=部门销售实际÷部门人时;前后台部门员工效率=商店销售实际÷部门人时)。而对防损、物业、行政、团购等支持部门,主要采取定岗编制,调整原因则以事实描述为主。

三．精细化管理的立体行动

有了价值分析,有了全球数据库对比,有了标准,唯一难的就是如何确保实施。一个人节俭比较容易,而要让超过6 000名员工,在超过300 000平方米的营业区内将节俭发展成一种组织行为,则难上难,但百安居办到了。

没有数字衡量,就无从谈及节俭和控制。

对于一些直接的、显性的成本项目,"每一项费用都有年度预算和月度计划,财务预算是一项制度,每一笔支出都要有据可依,执行情况会与考核挂钩,"卫哲说。

"员工工资、电费、电工安全鞋、推车修理费、神秘顾客购物……"5月份的营运报表上记录着137类费用单项。其中,可控费用(人事、水电、包装、耗材等)84项,不可控费用(固定资产折旧、店租金、利息、开办费摊销)53项。尽管单店日销售额曾突破千万元,营运费用仍被细化到几乎不能再细化的地步,有的甚至单月费用不及100元。

每个月、每个季度、每一年都会由财务汇总后发到管理者的手中,超支和异常的数据会用红色特别标识,管理者会对报告中的红色部分相当留意。在会议中,相关部门需要对超支的部分做出解释。

预算只能对金额可以量化的部分进行明确的控制,但是如何实施,以及那些难以金额化的部分怎么降低成本呢?百安居的标准操作规范(SOP)将如何节俭用制度固化下来,取得了良好的效果。

一套成型的操作流程和控制手册在百安居被使用,该手册从电能、水、印刷用品、劳保用品、电话、办公用品、设备和商店易耗品八个方面提出控制成本的方法。例如,将用电的节俭规定到了以分钟为单位,如用电时间控制点从 7:00 到 23:30,依据营业、配送、春夏秋冬季和当地的日照情况划分为 18 个时间段,相隔最长的有 7 个小时,相隔最短的仅有两分钟。

"我们希望所有员工不要混淆'抠门'与'成本控制'的关系,原则上,'要花该花的钱,少花甚至不花不该花的钱',我们要讲究花钱的效益。"《营运控制手册》的前言部分如此写道。而且"降低损耗,人人有责"的口号随处可见。这种文化的灌输从新员工入职培训时就已经开始,并且常常在每天晨会中不断灌输、强化。

【实例分析 2——B 家居公司成本控制】

党的二十大以来,企业的成本负担愈发受到重视,党中央相继出台了多项针对性的降本增效政策,围绕着税收、金融、人力资源与制度交易成本等方面不断细化降本增效的政策内容,强化政策实效。在大规模降本增效的政策背景下,成本控制深刻影响着企业发展,对企业而言至关重要。B 家居公司在降本增效、打造企业成本力方面进行了全面的成本管理与控制。

一、成本优势战略

B 家居公司基于所面临的外部环境决定成立成本优势战略委员会,全力打造企业成本力,提升企业的经营质量,树立企业的市场地位。

(一) 战略解读

(1) 降本范围。全公司,其中零售、工程两大业务板块全流程价值链为重点。

(2) 总体思路。通过供应链系统变革实现研供产协同。以市场为导向,先拿下、再攻坚,实现系统降本。

(3) 前提条件。满足客户需求的前提下保障产品交期和质量适度。

(4) 战略方向。持续降本,逐步构建全面成本管理体系。

(二) 战略愿景

打造具有行业领先的成本力水平。

(三) 战略解码地图 (图 12 - 3)

二、成本控制的方法

(一) 全面成本管理法

全面成本管理(total cost management,TCM)是运用成本管理的基本原理与方法体系,依据现代企业成本运动规律,以优化成本投入、改善成本结构、规避成本风险为主要目的,对企业经营管理活动实行全过程、广义性、动态性、多维性成本控制的基本理论、思想体系、管理制度、机制和行为方式。所谓"全面"包括三个方面,即全员、全面、全过程,亦称为全面成本管理的"三全性"。

1. 成立降本组织

B 家居公司为全力打造企业成本力,由总裁亲自担任组长,成立战略领导组织,组织囊

图 12-3　战略解码地图

括研发、供应链、制造、财经等部门核心领导人员,该组织负责整体成本战略的方向性决策制定和风险把控,成本所涉各业务环节均会根据自身特性设立战略执行组织,推动战略的有效实施。各组织均由公司有效层级的绩效牵引及组织目标考核,以确保战略落地有效实施。

2. 全面成本管理的基本框架

全面成本管理的基本框架包括财务、客户、企业内部业务流程和企业学习成长四个方面。

(1)财务。以权责发生制为基础的利润最大化是企业的财务目标,以权益净利率等核心指标构建的评价体系来评估是否能创造长期的股东价值。

(2)客户。企业使客户满意的关键在于保证质量。全面质量管理指出客户是质量概念的核心。关注客户、关注质量必须关注质量成本、产品生命周期成本及环保成本。

(3)企业内部业务流程。企业内部业务流程中的研究开发流程使企业应当进行开发能力评估及作业成本管理。

(4)企业学习成长。在组织的背景下,竞争力以不同的方式发展。许多企业越来越倾向于借助学习工具来更快地培植核心竞争力。

在以培植核心竞争力为目标的全面成本管理框架中,财务是终极目标,客户是关键,企业内部业务流程是基础,企业学习成长是核心。四者相互作用、相互影响,有助于衡量、培植和提

12

升企业的核心竞争力。

3. 全面成本管理的核心：价值链分析

价值链分析法是由美国哈佛商学院教授迈克尔·波特提出来的，是一种寻求确定企业竞争优势的工具。企业有许多资源、能力和竞争优势，如果把企业作为一个整体来考虑，又无法识别这些竞争优势，这就必须把企业活动进行分解，通过考虑这些单个的活动本身及其相互之间的关系来确定企业的竞争优势，具体的活动流程与交互关系如图 12-4 所示。

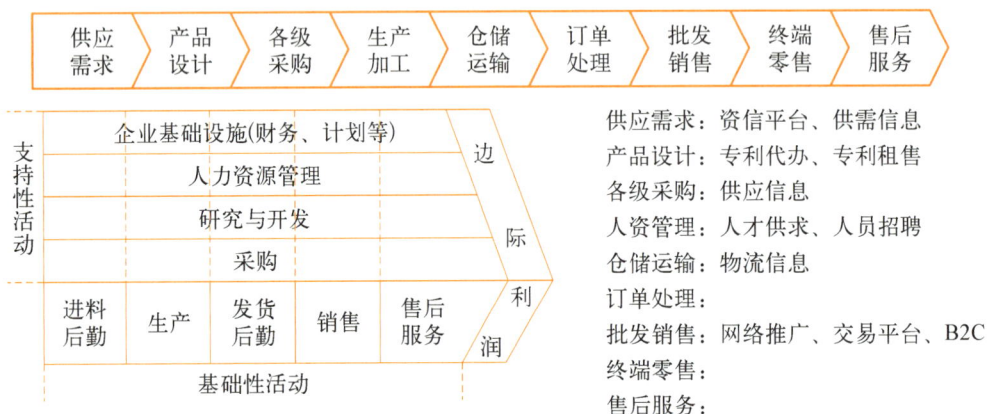

供应需求：资信平台、供需信息
产品设计：专利代办、专利租售
各级采购：供应信息
人资管理：人才供求、人员招聘
仓储运输：物流信息
订单处理：
批发销售：网络推广、交易平台、B2C
终端零售：
售后服务：

图 12-4　B 家居公司价值链分析

全面成本管理立足于长远的战略目标，致力于培养企业的核心竞争力。企业成本与其价值活动有着共生关系，所有成本都能被分摊到每一项价值活动之中。B 家居公司分析企业价值链的目的在于分析企业运行的哪个环节可以提高客户价值或降低生产成本，通过价值链分析，识别企业中哪些是增值的作业予以加强，对不增值的作业进行优化或让其增值，通过分析B 家居公司强化采购谈判、招标竞价、降低库存、降低生产料工费成本、提高人效、严控日常费用等措施，有效地降低了企业的运营成本。

4. 开展降本增效提案活动

B 家居公司在整个公司范围内开展降本增效提案活动，积极鼓励所有员工参与活动，员工从改善工艺流程、降低采购价格、提升材料利用率、提高人力资本效率、提高设备利用率、降低能耗等方面积极建言献策，公司半年和年度按照个人提案累计收益进行评比，充分激励员工提案热情。提案流程如下。

（1）提案人填写纸质版产品降本提案申请表，各制造中心由品类负责人签字，职能部门由部门负责人签字，涉及其他领域分成的要约定分成比例，提交对应的财务业务伙伴（business partner，BP）审核。

（2）财务 BP 审核提案的可行性、预计收益计算的科学性等，签字确认。

（3）提案人通过公司办公自动化系统在线提交降本提案流程，并上传财务 BP 签字的纸质申请表，然后按照公司实际审批流程逐层审批。

（4）财务经理审批后将流程转交财务 BP 登记台账，如表 12-1 所示，涉及分成的各领域财务 BP 根据签字表进行降本划转。

（二）目标成本控制法

随着市场竞争的加剧，定制家居行业价格竞争越来越激烈，企业想生存唯有将前方压力向

表 12 - 1 降本提案登记台账

领域	部门	提案申请人	负责人	具体执行人	内部编号	降本增效举措/项目	提案分类	是否立项	推进状态	收益起止时间	预计收益金额/万元

后方传导,公司根据市场定价采取目标成本法进行成本倒逼控制。

目标成本控制是指在企业生产经营过程中,按照预先制订的成本计划来调节影响成本费用的各种因素,以将企业内部各部门各种耗费控制在计划范围内,从而达到使企业降低成本费用、提高经济效益的目的。目标成本控制法在世界上许多行业中被广泛应用。邯郸钢铁公司、美菱集团等均运用了目标成本法进行成本控制和绩效管理,均取得了显著成效。

目标成本控制法首先以市场营销和市场竞争为基础确定产品市场销售价格,然后以具有竞争性的市场价格和目标利润倒推出产品的目标成本,体现了市场导向。目标利润则是企业持续发展目标的体现,因此,目标成本控制法是将企业经营战略与市场竞争有机结合起来的全面成本管理系统。

目标成本的计算公式为:目标成本=用户可以接受的价格-目标利润-税金。

在这种目标成本制中,新产品的成本不再是产品设计过程的结果,而是成为该过程的一个开端。产品设计的任务是设计出功能和质量满足客户要求,可以目标成本进行生产,能使公司赚到预期利润的产品。

目标成本管理是目标管理和成本管理的结合。B 家居公司目标成本管理的关键措施如下:

1. 进行目标成本预测

目标成本预测是根据有关资料,运用一定的方法,对将来不同情况下可能发生的成本及成本的变化趋势进行测算。B 家居公司根据上年的营业收入、毛利情况,结合当下的市场研判、具备的资源情况预测出下年的营业收入,结合各部门降本的目标预测出毛利提升情况,从而预测出下年的成本。

2. 制定目标成本

制定科学合理的目标成本是成本控制的前提和基础,也是目标成本管理贯彻实施的关键。目标成本制定要遵循"先进性、科学性、可行性"原则。

在目标成本预测和决策的基础上,B 家居公司对计划期内产品的生产耗费和各种产品的生产水平设定标准,并与全面预算结合起来,对材料利用率、人均产出、单位费用等制定相关标准,以书面文件的形式确定下来。

3. 分解目标成本

为明确责任,使目标成本成为各级奋斗的目标,在确定目标成本之后,B家居公司对其进行自上而下的逐级分解,如制造事业部负责人对本事业部总成本目标负责,然后分解到各制造中心,各制造中心再分解到各生产车间,车间再分解到班组,让大家形成"人人头上有指标,千斤重担众人挑"的责任感。分解目标成本时贯彻可控性原则,凡上级可控而下级不可控的成本,由上级控制,不再向下分解,同级之间谁拥有实际控制权就分解给谁。

4. 组织实施

目标确定后,B家居公司上级人员抓重点综合性管理,主动放权给下级成员。各部门负责人对部门内的业务进行重新审视,寻找降本增效的点,进行业务流程的改善,以达成既定的目标。

5. 进行成本核算与分析

企业要根据产品成本对象,采用相应的成本计算方法,对成本进行归集与分配,计算出各种产品的实际总成本、单位成本。计算出相关成本后要与目标成本进行对比分析,寻找出差异的原因,采取措施,以进一步降低产品成本。B公司每月召开公司、事业部、工厂三级成本分析会,对成品毛利、降本金额、单位成本、材料利用率、人均产出、设备利用率等指标进行深入分析研究,找出同比、环比、目标比的差异原因,要求各责任部门采取改进措施。

6. 进行目标成本考核

企业应定期对目标成本计划及相关指标的实际完成情况进行总结和评价,以鼓励先进,鞭策后进,履行成本管理责任。B家居公司每月各级负责人在毛利率、降本额、单位成本、人均产出等各方面进行绩效考核和评比排名,与其工资挂钩,以调动各级负责人成本控制的积极性。

(三)成本管理信息化

信息化作为先进的管理技术与现代信息结合的产物,将企业的物流、资金流、信息流高度有效地集成在一起,为成本管理提供了高效的数据收集、处理和传递平台,以支撑成本预测、决策、控制、考核等关键环节的开展。因此企业要发挥信息化在成本管理中的重要作用,实现对成本的动态管理,从而提高企业市场竞争力和持续盈利能力。

B家居公司通过系统进行成本核算,并设立成本精细化项目,优化成本核算与成本管理,主要进行了以下优化改进。

(1)完善物料清单系统。原来的系统只是维护了板材、封边条,现在添加了胶水与包装材料,让系统结构更加完善。

(2)优化工艺路线,更新了工艺定额让其与实际更加吻合。

(3)优化了资源分摊规则,将之前部门下挂十几种资源类别整合为五种以内资源类别,较好地提升了系统的运行速度。

(4)将原先用领用数减去盘点数倒挤消耗的方法,调整为正向投料,将原先月末一次投料改为多次投料,从而实现实时成本,能及时地了解公司成本的实际状况。

(5)形成公司统一共识的《成本指标库和数据定义》,开发成本分析平台,实现从系统自动抓取相关成本分析数据。

通过以上成本信息化改革和优化,使得数据获取的效率及数据质量有了较大提升,缩短了2天月结时间,成本分析的工作效率也提升30%以上。

（四）生产成本控制

B 家居公司生产制造成本约占总产品成本的 80％以上，对生产成本的控制为整个公司成本控制的重中之重。

1. 生产成本的构成

（1）直接材料费用。直接材料费用是指构成产品实体或有助于产品形成的各种原材料及主要材料、辅助材料、外购半成品、包装材料等。

（2）直接人工费用。直接人工费用是指直接从事产品制造的生产工人工资，包括基本工资、工资性奖金、津贴、劳保福利费用及各种补贴等。

（3）资产折旧费用。固定资产（如厂房、设备）分摊的折旧费，固定资产的折旧年限一般要满足《企业所得税法实施条例》等相关法律规定中折旧年限的要求。

（4）燃料/动力费用。燃料/动力费用是指机械在运转或施工作业中所耗用的固体燃料（如煤炭、木材）、液体燃料（汽油、柴油）、电力、水力和风力等的费用。

（5）制造费用。制造费用是指企业为生产产品和提供劳务而发生的各项间接费用，包括工资及工资附加费、折旧费、修理费、机物料消耗、劳动保护费、水电费、办公费、差旅费、季节性和修理期间停工损失及其他不能直接计入产品生产成本的费用。

（6）期间费用。期间费用包括企业销售费用、管理费用、财务费用三大费用，此三大费用作为期间费用，计入发生当月的损益之中。

2. 材料成本控制

（1）采购成本控制。控制采购成本对于企业提高利润至关重要。一般来说，采购成本占制造业总成本 60％～80％，因此控制与削减采购成本是控制制造业成本的核心环节。

采购成本通常包括采购价格成本、物料维持成本、订购管理成本及采购不当导致的间接成本。其中采购价格成本包括供应商的产品制造成本和供应商的目标利润。物料维持成本主要分固定成本和变动成本。固定成本如仓库折旧、仓库员工固定工资等。变动成本如物料资金的利息、物料的破损和变质损失、物料的保险费用等。订购管理成本是指企业为了完成采购活动而产生的各种费用，如办公、差旅、通信、快递等费用。采购不当导致的间接成本是指由于采购中断或者采购过早而造成的损失，包括停工待料损失、延迟发货损失、丧失销售机会损失和商誉损失等。

B 家居公司主要采取以下方法进行采购成本控制。

① 集权采购。B 家居公司为了降低分散采购的选择风险和时间成本，获得规模效应和满足全球化的要求，决定将原先分散的采购变为集权采购，主要采取总部集中订货、分开收货、集中付款模式。

② 招标采购。招标是一种按规定的条件，由卖方投报价格，择期当众开标、公开比价，以符合规定的最低价者得标的一种买卖契约行为。B 家居公司招标采购流程包括发标、开标、决标、签约四个阶段。

③ ABC 分类法。B 家居公司将采购物料按全年采购额从大到小排序，将其划分为三大类，分别为 A 类、B 类和 C 类。其中 A 类物料价值最高，应高度重视；处于中间的 B 类物料受重视程度稍低；C 类物料价值低，只需要进行例行控制管理。

（2）建立限额领料制度。B 家居公司引入定制家居行业较先进的 H 公司的云材料组批优化系统，将一定数量订单的板材组合在一起进行优化裁切，大大地提升了材料利用率，由排程人员根据优化后的材料用量开具领料申请。如果领用材料已全部用完,但产品尚未生产完毕,生产部门要填制计划外领料单,找相关责任人签字后再去仓库领料。

如果物料清单上标准用量计算有误,找订单解料人员签字并修改物料清单。如果是工人操作失误导致用料超额,找车间主任签字,由车间负责超额物料的成本。车间主任事后需对员工进行培训,防止员工错误操作。如果是机床故障造成材料损坏,找设备维护人员签字确认。如果是原材料本身质量问题,找采购部门负责人签字,并由采购部门承担成本责任。

生产统计人员每月汇总超额领料单,统计超额材料的数量、金额和原因,报给主管生产的领导和财务 BP,并召集相关责任人开会,讨论解决问题的方案。

(3)呆滞材料和呆滞存货管理。呆滞材料有两种,一种是质量好但目前非生产所需,且不知道什么时候会用上的材料;另一种是生产所需,但买的太多,暂时用不上因此产生囤积的材料。呆滞存货是指卖不掉的存货。

① 预防管理。预防呆滞材料及存货,各相关部门均需要发挥其职能。如销售部需要做好市场预测和销售计划,搞清楚客户要求的产品规格、标准、数量等。研发部在研发时尽量使用标准化材料,研发产品时尽量正确无误,提高材料利用率,简化产品设计,尽量用本地或国内材料,研究替代材料的可行性和本材料的其他用途。采购部制定样品标准、进料验收、退货追踪的规则。生产部做好生产计划,保持产销协调,避免销售人员错估市场需求,也要避免为了提高生产效率、摊薄固定成本超量生产。同时,避免一次领用过多材料,以防材料丢失、变质或超量生产产品。

② B 家居公司呆滞材料和呆滞存货处理措施如下。

对呆滞材料进行处理,首先将其修改、加工后,想办法用到其他产品生产上;其次,将其低价卖给供应商、同行或其他企业;最后,将报废材料卖给废品回收企业。

对呆滞存货进行处理,一般采用如下方法:打折、低价处理;搭配出售、做赠品销售,如买一送一;便民用品发给员工当福利;报废存货卖给废品回收企业。

3. 实施全面生产维护降低生产成本

全面生产维护是以全系统的预防维修为过程、以全员参与为基础的设备保养和维修管理体系。

B 家居公司主要从四个方面进行设备的生产维护。

(1)改善设备的每个零件。B 家居公司对企业与设备相关的损失进行分析研究,每次改进一类损失,对于惯性问题进行一次全面的物理分析,发现问题产生的原因并逐一消除。

(2)为操作人建立一个自主维护项目。改变操作人员对设备的看法是实施自主维护的首要目标,自主维护主要是把设备维护在最佳状态,避免损失,这些引起损失的异常情况通常包括润滑不够、油污垢或者污染引起的过度磨损、螺栓松动或脱落等。

(3)对员工进行技术培训。B 家居公司通过技术培训提升员工操作与维护技能,技术培训覆盖各类设备的通用部件。

(4)成立早期设备管理项目。为了减少设备的维修与维护,B 家居公司成立早期设备管理项目使企业朝着免维护设计这个目标努力。早期设备管理项目包括建立设计、测试及反馈系统,将这个贯穿设备的整个生命周期。

4. 通过生产线平衡降低生产成本

现代制造业进行流水线作业,细化降低了作业难度,使工人作业熟练程度得到提高,从而提高了作业效率。然而作业细化之后，各工序的作业时间在理论与实际之间不可能完全相等，这就导致了工序间作业负荷不均衡的现象，这种现象通常被称为"瓶颈效应"。为此 B 家居公司采取以下方法对各工序的作业时间进行平衡，要求作业标准化，使生产线能够顺畅运作，实现生产线的平衡。

（1）动作分析。动作分析是在确定工作程序后，研究如何消除人体各种动作的浪费以寻求省力、省时、安全和最经济的动作，删除无效动作，使操作更加简便、有效，从而提高工作效率。

（2）程序分析。程序分析是以整个生产过程为研究对象，研究分析每个工艺流程，看是否有多余或者重复的作业、工序是否合理、搬运是否太多、等待时间是否太长等，以便进一步改善工作程序和工作方法。

（3）操作分析。操作分析是通过研究以人为主的工序，使操作者、操作对象、操作工具三者得到科学、合理的布置和安排，达到工序合理、减轻劳动强度、减少作业时间的要求，以提高产品品质和产量为目的而进行的分析。

（4）处理好人、机、环境三大要素间的关系。如果没有人员之间、机器之间、人机之间的相互协调与配合，就谈不上"合理"二字，这样就会出现人等人、人等机、机等人以及机等机等一系列严重影响生产线平衡的等待和浪费。B 家居公司严格按照动作经济原则对每个岗位进行作业的每个动作进行审查，发现问题及时纠正，尽量避免产生瓶颈工序，正确处理好人、机、环境三大要素间的关系，达到生产线的平衡。

（5）做好整个生产计划的协调。B 公司成立运作计划部，做好前方订单销售计划、物料采购到货计划与生产排产计划，合理规划设计好每条生产线的产能，提前识别风险，做好淡旺季订单排产计划及资源配置计划，使得整个生产能够有序进行。

5. 消除生产中的浪费

要消除企业的浪费必须先了解生产现场究竟存在哪些浪费，传统意义上认为材料报废、退货、废弃物等就是浪费，而现在则认为浪费就是指所有不增值的活动，包括时间、成本的浪费。常见的浪费有原材料与供应品的浪费、机械设备和工具的浪费、人力资源的浪费、时间的浪费、空间的浪费。

企业通过发现存在于工作现场的 3U（unreasonableness，不合理；unevenness，不均匀；uselessness，浪费和无效）现象，运用 3U 备忘录法消除浪费、改善作业。

6. 进行库存控制

如果存货过多，会占用较多的资金并且会增加仓储费用、保险费用、维护费用、管理人员工资等。企业应当从订货点的选择、订货数量的确定，以及货品的分类、验收与存储等方面降低存储成本和资金占用的机会成本，提高资金周转率。

B 家居公司从以下方面对库存进行控制。

（1）制订合理的采购计划。B 家居公司运用系统，通过动作计划部对订单进行合理的预测，根据企业的物料清单及库存情况，生成物料需求清单，然后再根据主生产计划合理安排到货，降低库存，降低呆滞材料产生的风险。

（2）运用 ABC 物料分类法。ABC 物料分类法也称按价值分配法，是将每种物料的年用量乘以其单价，然后按价值从大到小进行排列。

A 类物料在品种上占 15%～20%，价值却在 65%～80%，对于价值较大品种较少的 A 类物料采取勤进货、勤发料、设置合理的安全库存、与供应商保持密切联系等方法尽量减少其

12

库存。

B类物料品种占20%～40%，价值在15%～20%，其管理方法在A类和C类物料之间，可采用常规方法管理。

C类物料品种占40%～60%，价值却在5%～15%，C类物料与A类物料相反，品种数众多，但价值较低，不需投入过多管理资源，以便集中资源管理A类物料。

（3）供应商管理库存（vendor managed inventory，VMI）。VMI是一种以用户和供应商双方都获得最低成本为目的的，在一个共同的协议下由供应商管理库存，并不断监督协议执行情况和修正协议内容，使库存管理得到持续改进的合作性策略。这种库存管理策略打破了传统的各自为政的库存管理模式，体现了供应链的集成化管理思想，适应市场变化的要求，是一种新的、有代表性的库存管理思想。B家居公司与一些需求量大的材料供应商达成框架协议，由其在B家居公司附近设立工厂和仓库，既实现准时化供货，又能从整个供应链上降低库存，使双方都获利。

7. 开展节能降耗活动

能耗为企业成本的重要组成部分，企业应当制订节能计划，实施节能措施，并进行节能技术培训。

B家居公司主要从以下方面进行能耗控制。

（1）与光伏发电机构合作。光伏发电是利用半导体界面的光生伏特效应而将光能直接转变为电能的一种技术。B家居公司将厂房、办公楼屋顶用于光伏发电，所发的电打折供给B家居公司使用，有效地降低了电价。

（2）做好能源消耗的原始记录，建立能耗台账。B家居公司给每个车间装上电表、水表、燃气表，每月定期进行抄表，并且有财务人员陪同监督，以保证抄表数据的正确，并登记能耗台账。

（3）设立单位能耗指标进行考核。B家居公司每个车间均设立单位能耗指标，每月分析单位能耗波动原因，对超标的进行惩罚，节约的进行奖励。

（4）采用先进的技术成果节约能耗。B家居公司在设备采购时尽量选用先进的节能型设备，员工宿舍采用节水开关，采用光控技术和时钟继电器控制室外照明的开关，调整好锅炉的气门和风门，使其处于最佳燃烧状态。

三、成本控制的评价

成本控制的评价是对成本控制效果的评估，目的在于改善原有的成本控制活动并激励约束员工和团体的成本行为。

B家居公司将成本控制与全面预算及员工的绩效考核有机结合起来，全年降本突破1亿元，为公司经营利润做出突出贡献，成本控制的核心指标及计算方法如下。

（一）板材材料利用率提升

橱柜、衣柜、整装、外贸、工程：（本年1至 n 月材料利用率－上年1至 n 月材料利用率）×上年材料平均价格×本年1至 n 月耗用量；

门墙：（本年1至 n 月单位用量－上年1至 n 月单位用量）×上年材料平均价格×本年1至 n 月产量

（二）封边条、胶水、膜皮、油漆等辅材用量下降

（本年1至 n 月单位用量－上年1至 n 月单位用量）×上年材料平均价格×本年1至 n 月

产量

（三）包装改进及材料用量下降

（本年 1 至 n 月单位包装材料成本－上年 1 至 n 月单位包装材料成本）×本年 1 至 n 月产量－可比包装材料降价金额（或＋可比包装材料涨价金额）

（四）单位人工下降

（本年 1 至 n 月单位直接人工－上年 1 至 n 月单位直接人工）×本年 1 至 n 月产量

（五）单位制造费用下降

（本年 1 至 n 月单位制造费用－上年 1 至 n 月单位制造费用）×本年 1 至 n 月产量－可比维修配件降价金额（或＋可比维修配件涨价金额）

（六）贴面厂产能提升及自贴成本下降

新增外购转自贴的板材：（本年 n 月完工成本－上年平均采购价）×本年 n 月产量－可比材料降价金额或＋可比材料涨价金额（仅外购转自贴部分的材料价格变动的金额）

全部自贴的板材：（本年×月完工单位工费－上年平均完工工费成本）×本年×月产量

本年产能提升多贴的板材：超出上年产能的部分：（本年 n 月完工成本－上年平均采购价）×本年 n 月产量－可比材料降价金额（或＋可比材料涨价金额）（仅外购转自贴部分的材料价格变动的金额）

（七）材料销售利润增加

废料处理：本年 1 至 n 月销售收入－上年 1 至 n 月销售收入

（八）赋能和职能部门费用率下降

本年 1 至 n 月赋能和职能部门费用－上年 1 至 n 月赋能和职能部门费用率×本年 1 至 n 月出厂价收入

上年 1 至 n 月赋能和职能部门费用率＝上年 1 至 n 月赋能和职能部门费用÷上年 1 至 n 月出厂价收入

（九）专项降本举措

取消五金综合包：厨柜订单套数×上年五金综合包单价；

其他专项举措如不在上述 8 项范围内，则按提案计算方法计算降本成果。

（十）材料降比价

某物料（本年 1 至 n 月材料单价－上年 1 至 n 月材料单价）×本年 1 至 n 月材料出库的数量

项 目 小 结

本项目内容结构如图 12－5 所示。

```
                                          ┌─────────────────────┐
                                          │    成本控制的定义      │
                                          ├─────────────────────┤
                    ┌──────────────┐      │    成本控制的对象      │
                    │  认知成本控制  │──────┼─────────────────────┤
                    └──────────────┘      │    成本控制的内容      │
                                          ├─────────────────────┤
                                          │   成本控制的基础工作    │
                                          └─────────────────────┘

                                          ┌─────────────────────┐
                                          │    绝对成本控制法      │
                                          │    相对成本控制法      │
                                          │    全面成本控制法      │
                                          │    定额法            │
                                          │    本量利分析法       │
                                          │    成本企划法        │
                                          │    目标成本法        │
                                          └─────────────────────┘
                                                                    ┌─────────────┐
                                                                    │  定额成本法   │
  ┌─────┐         ┌──────────────┐      ┌─────────────────────┐     │  标准成本法   │
  │ 成  │         │ 了解成本控制的方 │──────│   生产成本的控制方法   │─────│  目标成本法   │
  │ 本  │─────────│   法和程序     │      └─────────────────────┘     │  作业成本法   │
  │ 控  │         └──────────────┘                                  │  价值工程法   │
  │ 制  │                                                          │  减少浪费法   │
  └─────┘                                ┌─────────────────────┐     └─────────────┘
                                         │    成本控制的程序      │
                                         └─────────────────────┘

                    ┌──────────────┐
                    │  成本控制实例分析 │
                    └──────────────┘
```

图 12 - 5 成本控制内容结构图

附录　企业产品成本核算制度(试行)

第一章　总　　则

第一条　为了加强企业产品成本核算工作,保证产品成本信息真实、完整,促进企业和经济社会的可持续发展,根据《中华人民共和国会计法》、企业会计准则等国家有关规定制定本制度。

第二条　本制度适用于大中型企业,包括制造业、农业、批发零售业、建筑业、房地产业、采矿业、交通运输业、信息传输业、软件及信息技术服务业、文化业以及其他行业的企业。其他未明确规定的行业比照以上类似行业的规定执行。

本制度不适用于金融保险业的企业。

第三条　本制度所称的产品,是指企业日常生产经营活动中持有以备出售的产成品、商品、提供的劳务或服务。

本制度所称的产品成本,是指企业在生产产品过程中所发生的材料费用、职工薪酬等,以及不能直接计入而按一定标准分配计入的各种间接费用。

第四条　企业应当充分利用现代信息技术,编制、执行企业产品成本预算,对执行情况进行分析、考核,落实成本管理责任制,加强对产品生产事前、事中、事后的全过程控制,加强产品成本核算与管理各项基础工作。

第五条　企业应当根据所发生的有关费用能否归属于使产品达到目前场所和状态的原则,正确区分产品成本和期间费用。

第六条　企业应当根据产品生产过程的特点、生产经营组织的类型、产品种类的繁简和成本管理的要求,确定产品成本核算的对象、项目、范围,及时对有关费用进行归集、分配和结转。

企业产品成本核算采用的会计政策和估计一经确定,不得随意变更。

第七条　企业一般应当按月编制产品成本报表,全面反映企业生产成本、成本计划执行情况、产品成本及其变动情况等。

第二章　产品成本核算对象

第八条　企业应当根据生产经营特点和管理要求,确定成本核算对象,归集成本费用,计算产品的生产成本。

第九条　制造企业一般按照产品品种、批次订单或生产步骤等确定产品成本核算对象。

(一)大量大批单步骤生产产品或管理上不要求提供有关生产步骤成本信息的,一般按照产品品种确定成本核算对象。

（二）小批单件生产产品的,一般按照每批或每件产品确定成本核算对象。

（三）多步骤连续加工产品且管理上要求提供有关生产步骤成本信息的,一般按照每种(批)产品及各生产步骤确定成本核算对象。

产品规格繁多的,可以将产品结构、耗用原材料和工艺过程基本相同的产品,适当合并作为成本核算对象。

第十条　农业企业一般按照生物资产的品种、成长期、批别(群别、批次)、与农业生产相关的劳务作业等确定成本核算对象。

第十一条　批发零售企业一般按照商品的品种、批次、订单、类别等确定成本核算对象。

第十二条　建筑企业一般按照订立的单项合同确定成本核算对象。单项合同包括建造多项资产的,企业应当按照企业会计准则规定的合同分立原则,确定建造合同的成本核算对象。为建造一项或数项资产而签订一组合同的,按合同合并的原则,确定建造合同的成本核算对象。

第十三条　房地产企业一般按照开发项目、综合开发期数并兼顾产品类型等确定成本核算对象。

第十四条　采矿企业一般按照所采掘的产品确定成本核算对象。

第十五条　交通运输企业以运输工具从事货物、旅客运输的,一般按照航线、航次、单船(机)、基层站段等确定成本核算对象;从事货物等装卸业务的,可以按照货物、成本责任部门、作业场所等确定成本核算对象;从事仓储、堆存、港务管理业务的,一般按照码头、仓库、堆场、油罐、筒仓、货棚或主要货物的种类、成本责任部门等确定成本核算对象。

第十六条　信息传输企业一般按照基础电信业务、电信增值业务和其他信息传输业务等确定成本核算对象。

第十七条　软件及信息技术服务企业的科研设计与软件开发等人工成本比重较高的,一般按照科研课题、承接的单项合同项目、开发项目、技术服务客户等确定成本核算对象。合同项目规模较大、开发期较长的,可以分段确定成本核算对象。

第十八条　文化企业一般按照制作产品的种类、批次、印次、刊次等确定成本核算对象。

第十九条　除本制度已明确规定的以外,其他行业企业应当比照以上类似行业的企业确定产品成本核算对象。

第二十条　企业应当按照第八条至第十九条规定确定产品成本核算对象,进行产品成本核算。企业内部管理有相关要求的,还可以按照现代企业多维度、多层次的管理需要,确定多元化的产品成本核算对象。

多维度,是指以产品的最小生产步骤或作业为基础,按照企业有关部门的生产流程及其相应的成本管理要求,利用现代信息技术,组合出产品维度、工序维度、车间班组维度、生产设备维度、客户订单维度、变动成本维度和固定成本维度等不同的成本核算对象。

多层次,是指根据企业成本管理需要,划分为企业管理部门、工厂、车间和班组等成本管控层次。

第三章　产品成本核算项目和范围

第二十一条　企业应当根据生产经营特点和管理要求,按照成本的经济用途和生产要素内容相结合的原则或者成本性态等设置成本项目。

第二十二条 制造企业一般设置直接材料、燃料和动力、直接人工和制造费用等成本项目。

直接材料,是指构成产品实体的原材料以及有助于产品形成的主要材料和辅助材料。

燃料和动力,是指直接用于产品生产的燃料和动力。

直接人工,是指直接从事产品生产的工人的职工薪酬。

制造费用,是指企业为生产产品和提供劳务而发生的各项间接费用,包括企业生产部门(如生产车间)发生的水电费、固定资产折旧、无形资产摊销、管理人员的职工薪酬、劳动保护费、国家规定的有关环保费用、季节性和修理期间的停工损失等。

第二十三条 农业企业一般设置直接材料、直接人工、机械作业费、其他直接费用、间接费用等成本项目。

直接材料,是指种植业生产中耗用的自产或外购的种子、种苗、饲料、肥料、农药、燃料和动力、修理用材料和零件、原材料以及其他材料等;养殖业生产中直接用于养殖生产的苗种、饲料、肥料、燃料、动力、畜禽医药费等。

直接人工,是指直接从事农业生产人员的职工薪酬。

机械作业费,是指种植业生产过程中农用机械进行耕耙、播种、施肥、除草、喷药、收割、脱粒等机械作业所发生的费用。

其他直接费用,是指除直接材料、直接人工和机械作业费以外的畜力作业费等直接费用。

间接费用,是指应摊销、分配计入成本核算对象的运输费、灌溉费、固定资产折旧、租赁费、保养费等费用。

第二十四条 批发零售企业一般设置进货成本、相关税费、采购费等成本项目。

进货成本,是指商品的采购价款。

相关税费,是指购买商品发生的进口关税、资源税和不能抵扣的增值税等。

采购费,是指运杂费、装卸费、保险费、仓储费、整理费、合理损耗以及其他可归属于商品采购成本的费用。采购费金额较小的,可以在发生时直接计入当期销售费用。

第二十五条 建筑企业一般设置直接人工、直接材料、机械使用费、其他直接费用和间接费用等成本项目。建筑企业将部分工程分包的,还可以设置分包成本项目。

直接人工,是指按照国家规定支付给施工过程中直接从事建筑安装工程施工的工人以及在施工现场直接为工程制作构件和运料、配料等工人的职工薪酬。

直接材料,是指在施工过程中所耗用的、构成工程实体的材料、结构件、机械配件和有助于工程形成的其他材料以及周转材料的租赁费和摊销等。

机械使用费,是指施工过程中使用自有施工机械所发生的机械使用费,使用外单位施工机械的租赁费,以及按照规定支付的施工机械进出场费等。

其他直接费用,是指施工过程中发生的材料搬运费、材料装卸保管费、燃料动力费、临时设施摊销、生产工具用具使用费、检验试验费、工程定位复测费、工程点交费、场地清理费,以及能够单独区分和可靠计量的为订立建造承包合同而发生的差旅费、投标费等费用。

间接费用,是指企业各施工单位为组织和管理工程施工所发生的费用。

分包成本,是指按照国家规定开展分包,支付给分包单位的工程价款。

第二十六条 房地产企业一般设置土地征用及拆迁补偿费、前期工程费、建筑安装工程费、基础设施建设费、公共配套设施费、开发间接费、借款费用等成本项目。

土地征用及拆迁补偿费,是指为取得土地开发使用权(或开发权)而发生的各项费用,包括土地买价或出让金、大市政配套费、契税、耕地占用税、土地使用费、土地闲置费、农作物补偿费、危房补偿费、土地变更用途和超面积补交的地价及相关税费,拆迁补偿费用、安置及动迁费用、回迁房建造费用等。

前期工程费,是指项目开发前期发生的政府许可规费、招标代理费、临时设施费以及水文地质勘查、测绘、规划、设计、可行性研究、咨询论证费、筹建、场地通平等前期费用。

建筑安装工程费,是指开发项目开发过程中发生的各项主体建筑的建筑工程费、安装工程费及精装修费等。

基础设施建设费,是指开发项目在开发过程中发生的道路、供水、供电、供气、供暖、排污、排洪、消防、通信、照明、有线电视、宽带网络、智能化等社区管网工程费和环境卫生、园林绿化等园林、景观环境工程费用等。

公共配套设施费,是指开发项目内发生的、独立的、非营利性的且产权属于全体业主的,或无偿赠与地方政府、政府公共事业单位的公共配套设施费用等。

开发间接费,指企业为直接组织和管理开发项目所发生的,且不能将其直接归属于成本核算对象的工程监理费、造价审核费、结算审核费、工程保险费等。为业主代扣代缴的公共维修基金等不得计入产品成本。

借款费用,是指符合资本化条件的借款费用。

房地产企业自行进行基础设施、建筑安装等工程建设的,可以比照建筑企业设置有关成本项目。

第二十七条　采矿企业一般设置直接材料、燃料和动力、直接人工、间接费用等成本项目。

直接材料,是指采掘生产过程中直接耗用的添加剂、催化剂、引发剂、助剂、触媒以及净化材料、包装物等。

燃料和动力,是指采掘生产过程中直接耗用的各种固体、液体、气体燃料,以及水、电、汽、风、氮气、氧气等动力。

直接人工,是指直接从事采矿生产人员的职工薪酬。

间接费用,是指为组织和管理厂(矿)采掘生产所发生的职工薪酬、劳动保护费、固定资产折旧、无形资产摊销、保险费、办公费、环保费用、化(检)验计量费、设计制图费、停工损失、洗车费、转输费、科研试验费、信息系统维护费等。

第二十八条　交通运输企业一般设置营运费用、运输工具固定费用与非营运期间的费用等成本项目。

营运费用,是指企业在货物或旅客运输、装卸、堆存过程中发生的营运费用,包括货物费、港口费、起降及停机费、中转费、过桥过路费、燃料和动力、航次租船费、安全救生费、护航费、装卸整理费、堆存费等。铁路运输企业的营运费用还包括线路等相关设施的维护费等。

运输工具固定费用,是指运输工具的固定费用和共同费用等,包括检验检疫费、车船税、劳动保护费、固定资产折旧、租赁费、备件配件、保险费、驾驶及相关操作人员薪酬及其伙食费等。

非营运期间费用,是指受不可抗力制约或行业惯例等原因暂停营运期间发生的有关费用等。

第二十九条　信息传输企业一般设置直接人工、固定资产折旧、无形资产摊销、低值易耗品摊销、业务费、电路及网元租赁费等成本项目。

直接人工,是指直接从事信息传输服务的人员的职工薪酬。

业务费,是指支付通信生产的各种业务费用,包括频率占用费,卫星测控费,安全保卫费,码号资源费,设备耗用的外购电力费,自有电源设备耗用的燃料和润料费等。

电路及网元租赁费,是指支付给其他信息传输企业的电路及网元等传输系统及设备的租赁费等。

第三十条 软件及信息技术服务企业一般设置直接人工、外购软件与服务费、场地租赁费、固定资产折旧、无形资产摊销、差旅费、培训费、转包成本、水电费、办公费等成本项目。

直接人工,是指直接从事软件及信息技术服务的人员的职工薪酬。

外购软件与服务费,是指企业为开发特定项目而必须从外部购进的辅助软件或服务所发生的费用。

场地租赁费,是指企业为开发软件或提供信息技术服务租赁场地支付的费用等。

转包成本,是指企业将有关项目部分分包给其他单位支付的费用。

第三十一条 文化企业一般设置开发成本和制作成本等成本项目。

开发成本,是指从选题策划开始到正式生产制作所经历的一系列过程,包括信息收集、策划、市场调研、选题论证、立项等阶段所发生的信息搜集费、调研交通费、通信费、组稿费、专题会议费、参与开发的职工薪酬等。

制作成本,是指产品内容制作成本和物质形态的制作成本,包括稿费、审稿费、校对费、录入费、编辑加工费、直接材料费、印刷费、固定资产折旧、参与制作的职工薪酬等。电影企业的制作成本,是指企业在影片制片、译制、洗印等生产过程所发生的各项费用,包括剧本费、演职员的薪酬、胶片及磁片磁带费、化妆费、道具费、布景费、场租费、剪接费、洗印费等。

第三十二条 除本制度已明确规定的以外,其他行业企业应当比照以上类似行业的企业确定成本项目。

第三十三条 企业应当按照第二十一条至第三十二条规定确定产品成本核算项目,进行产品成本核算。企业内部管理有相关要求的,还可以按照现代企业多维度、多层次的成本管理要求,利用现代信息技术对有关成本项目进行组合,输出有关成本信息。

第四章 产品成本归集、分配和结转

第三十四条 企业所发生的费用,能确定由某一成本核算对象负担的,应当按照所对应的产品成本项目类别,直接计入产品成本核算对象的生产成本;由几个成本核算对象共同负担的,应当选择合理的分配标准分配计入。

企业应当根据生产经营特点,以正常生产能力水平为基础,按照资源耗费方式确定合理的分配标准。

企业应当按照权责发生制的原则,根据产品的生产特点和管理要求结转成本。

第三十五条 制造企业发生的直接材料和直接人工,能够直接计入成本核算对象的,应当直接计入成本核算对象的生产成本,否则应当按照合理的分配标准分配计入。

制造企业外购燃料和动力的,应当根据实际耗用数量或者合理的分配标准对燃料和动力费用进行归集分配。生产部门直接用于生产的燃料和动力,直接计入生产成本;生产部门间接用于生产(如照明、取暖)的燃料和动力,计入制造费用。制造企业内部自行提供燃料和动力的,参照本条第三款进行处理。

制造企业辅助生产部门为生产部门提供劳务和产品而发生的费用,应当参照生产成本项目归集,并按照合理的分配标准分配计入各成本核算对象的生产成本。辅助生产部门之间互相提供的劳务、作业成本,应当采用合理的方法,进行交互分配。互相提供劳务、作业不多的,可以不进行交互分配,直接分配给辅助生产部门以外的受益单位。

第三十六条　制造企业发生的制造费用,应当按照合理的分配标准按月分配计入各成本核算对象的生产成本。企业可以采取的分配标准包括机器工时、人工工时、计划分配率等。

季节性生产企业在停工期间发生的制造费用,应当在开工期间进行合理分摊,连同开工期间发生的制造费用,一并计入产品的生产成本。

制造企业可以根据自身经营管理特点和条件,利用现代信息技术,采用作业成本法对不能直接归属于成本核算对象的成本进行归集和分配。

第三十七条　制造企业应当根据生产经营特点和联产品、副产品的工艺要求,选择系数分配法、实物量分配法、相对销售价格分配法等合理的方法分配联合生产成本。

第三十八条　制造企业发出的材料成本,可以根据实物流转方式、管理要求、实物性质等实际情况,采用先进先出法、加权平均法、个别计价法等方法计算。

第三十九条　制造企业应当根据产品的生产特点和管理要求,按成本计算期结转成本。制造企业可以选择原材料消耗量、约当产量法、定额比例法、原材料扣除法、完工百分比法等方法,恰当地确定完工产品和在产品的实际成本,并将完工入库产品的产品成本结转至库存产品科目;在产品数量、金额不重要或在产品期初期末数量变动不大的,可以不计算在产品成本。

制造企业产成品和在产品的成本核算,除季节性生产企业等以外,应当以月为成本计算期。

第四十条　农业企业应当比照制造企业对产品成本进行归集、分配和结转。

第四十一条　批发零售企业发生的进货成本、相关税金直接计入成本核算对象成本;发生的采购费,可以结合经营管理特点,按照合理的方法分配计入成本核算对象成本。采购费金额较小的,可以在发生时直接计入当期销售费用。

批发零售企业可以根据实物流转方式、管理要求、实物性质等实际情况,采用先进先出法、加权平均法、个别计价法、毛利率法等方法结转产品成本。

第四十二条　建筑企业发生的有关费用,由某一成本核算对象负担的,应当直接计入成本核算对象成本;由几个成本核算对象共同负担的,应当选择直接费用比例、定额比例和职工薪酬比例等合理的分配标准,分配计入成本核算对象成本。

建筑企业应当按照《企业会计准则第 15 号——建造合同》的规定结转产品成本。合同结果能够可靠估计的,应当采用完工百分比法确定和结转当期提供服务的成本;合同结果不能可靠估计的,应当直接结转已经发生的成本。

第四十三条　房地产企业发生的有关费用,由某一成本核算对象负担的,应当直接计入成本核算对象成本;由几个成本核算对象共同负担的,应当选择占地面积比例、预算造价比例、建筑面积比例等合理的分配标准,分配计入成本核算对象成本。

第四十四条　采矿企业应当比照制造企业对产品成本进行归集、分配和结转。

第四十五条　交通运输企业发生的营运费用,应当按照成本核算对象归集。

交通运输企业发生的运输工具固定费用,能确定由某一成本核算对象负担的,应当直接计入成本核算对象的成本;由多个成本核算对象共同负担的,应当选择营运时间等符合经营特点的、科学合理的分配标准分配计入各成本核算对象的成本。

交通运输企业发生的非营运期间费用,比照制造业季节性生产企业处理。

第四十六条 信息传输、软件及信息技术服务等企业,可以根据经营特点和条件,利用现代信息技术,采用作业成本法等对产品成本进行归集和分配。

第四十七条 文化企业发生的有关成本项目费用,由某一成本核算对象负担的,应当直接计入成本核算对象成本;由几个成本核算对象共同负担的,应当选择人员比例、工时比例、材料耗用比例等合理的分配标准分配计入成本核算对象成本。

第四十八条 企业不得以计划成本、标准成本、定额成本等代替实际成本。企业采用计划成本、标准成本、定额成本等类似成本进行直接材料日常核算的,期末应当将耗用直接材料的计划成本或定额成本等类似成本调整为实际成本。

第四十九条 除本制度已明确规定的以外,其他行业企业应当比照以上类似行业的企业对产品成本进行归集、分配和结转。

第五十条 企业应当按照第三十四条至第四十九条规定对产品成本进行归集、分配和结转。企业内部管理有相关要求的,还可以利用现代信息技术,在确定多维度、多层次成本核算对象的基础上,对有关费用进行归集、分配和结转。

第五章 附 则

第五十一条 小企业参照执行本制度。

第五十二条 本制度自 2014 年 1 月 1 日起施行。

第五十三条 执行本制度的企业不再执行《国营工业企业成本核算办法》。

主要参考文献

[1] 财政部会计资格评价中心.财务管理[M].北京：经济科学出版社,2023.

[2] 郑卫茂.成本会计实务[M].北京：电子工业出版社,2013.

[3] 于富生.成本会计学[M].北京：中国人民大学出版社,2012.

[4] 丁元霖.成本会计[M].5 版.上海：立信会计出版社,2023.

[5] 蒋国发.成本会计[M].北京：清华大学出版社,2013.

[6] 万寿义,任月君.成本会计[M].大连：东北财经大学出版社,2010.

[7] 赵春宇.成本会计实训[M].北京：高等教育出版社,2022.

[8] 郑时勇.制造企业生产成本全面管控手册[M].北京：人民邮电出版社,2022.

教学资源服务指南

高等教育出版社

感谢您使用本书。为方便教学，我社为教师提供资源下载、样书申请等服务，如贵校已选用本书，您只要关注微信公众号"高职财经教学研究"，或加入下列教师交流QQ群即可免费获得相关服务。

最新目录
样书申请
资源下载
试卷下载
云书展

"高职财经教学研究"公众号

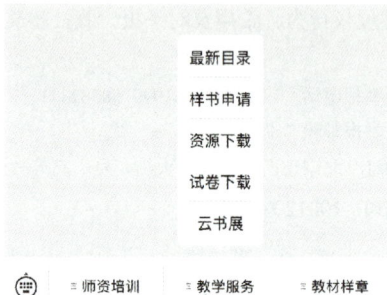

师资培训　　教学服务　　教材样章

资源下载：点击"**教学服务**"—"**资源下载**"，或直接在浏览器中输入网址（http://101.35.126.6/），注册登录后可搜索相应的资源并下载。（建议用电脑浏览器操作）

样书申请：点击"**教学服务**"—"**样书申请**"，填写相关信息即可申请样书。

试卷下载：点击"**教学服务**"—"**试卷下载**"，填写相关信息即可下载试卷。

样章下载：点击"**教材样章**"，即可下载在供教材的前言、目录和样章。

师资培训：点击"**师资培训**"，获取最新会议信息、直播回放和往期师资培训视频。

联系方式

会计QQ3群：473802328　　会计QQ2群：370279388　　会计QQ1群：554729666

（以上3个会计QQ群，加入任何一个即可获取教学服务，请勿重复加入）

联系电话：（021）56961310　　电子邮箱：3076198581@qq.com

在线试题库及组卷系统

我们研发有10余门课程试题库："基础会计""财务会计""成本计算与管理""财务管理""管理会计""税务会计""税法""审计基础与实务"等，平均每个题库近3000题，知识点全覆盖，题型丰富，可自动组卷与批改。如贵校选用了高教社沪版相关课程教材，我们可免费提供给教师每个题库生成的各6套试卷及答案（Word格式难中易三档，索取方式见上述"试卷下载"），教师也可与我们联系咨询更多试题库详情。